華志文化

華志文化

每個人
都要會的
幽默學

《影響一生的幽默學》

　　十六世紀時，班·瓊生把「幽默」一詞引入藝術領域，意指人物愚蠢、滑稽的特性。到十八世紀初才演變成我們現代意義上的說詞，以詼諧的形式來表現具有美感意義的內容的美學術語。「幽默」一詞來自拉丁語，原意指「潮濕」，後來變成心理學術語。指由其比例來決定人的心理情緒的「體液」（血液、黏液、黃膽汁、黑膽汁），後來演變成指人的性情、氣質或脾氣，並進而變為針對荒謬、滑稽等具有獨特反應的一種特殊的性格、氣質或脾氣。

　　當人們一旦被社會的框架給桎梏住，習慣一成不變的生活形式後，上班、通勤時間、下班，回家，生活周而復始，除非更換就業環境，或積極拓展社交生活，生活才有可能產生變化；但變化之後，隨之而來的又是不變。這就是現代人普遍認為生活沉悶的外在原因之一。因此，要想改變生活，首先要跳出原來的生活模式，請看下列三則幽默故事。

　　①在芝加哥有個人，他一心想得到某俱樂部主席的位置。他在一次對俱樂部成員的演說中，表現得過了頭，在不到兩小時的演說過程中，他至少說了五十則笑話，並配以豐富的表情和確實引人大笑的手勢。聽眾們被逗得哈哈大笑，末了，在講完最後一則笑話時，有人大叫：「再來一個！」這位老兄也真的再來了一個，再次把人逗得瘋狂大笑。但是他沒有當上俱樂部主席。他的票數是候選人中的倒數第二。當他悶悶不樂地走出俱樂部時，他問那位喊「再來一個」的聽眾：「你說我比他們差嗎？」「不，一點也不差，」

那人說，「你比他們風趣多了，你可以去當喜劇演員。」

②著名軍閥馮玉祥將軍當年選妻，特意選用了面談的方式。他先問對方的都是同一個問題：「你為什麼要同我結婚？」有的姑娘羞澀地說：「因為你官大，和你結婚就是官太太。」有的欽佩地回答：「你是英雄，我就是愛慕英雄。」對她們的回答，馮玉祥均不置可否，一笑了之。後來他遇到皮膚黝黑、相貌平平而又不重修飾的女性李德全，她的回答是：「上帝怕你做壞事，派我來監督你。」馮玉祥覺得她頗有個性，大為欣賞，終於有情人喜結伉儷。久經沙場、見多識廣的馮玉祥，選擇終身伴侶不會再如常人只重嬌豔美女，他不會欣賞一個只想當官太太的女人，也不會接納一個只看重他英雄光環的女人，李德全的幽默之處便在於她十分清晰地洞悉了馮玉祥的內心世界，因為他需要的正是這樣一個助手。

③在一次酒會上，幽默文學家馬克‧吐溫說：「美國國會中的有些議員是狗娘子養的。」記者把馬克‧吐溫的話公之於眾，國會議員大為憤怒，紛紛要求馬克‧吐溫澄清或道歉，否則將訴諸法律。幾天後，馬克‧吐溫向聯邦國會議員道歉的文章在《紐約時報》上登載了，文中寫道：「本人在酒會上說『有些國會議員是狗娘子養的』不甚妥當，故特登報聲明，把我的話修改如下：「美國國會中的有些議員不是狗娘子養的。」表面上馬克‧吐溫是在向那些國會議員道歉，但是「有些國會議員是狗娘子養的」與「有些國會議員不是狗娘子養的」並無軒輊，而這黑色幽默卻被多數人，尤其是大聲撻伐他的國會議員所接受，避免了一場風波，這就是幽默學的魅力所在。

人生有許多無奈、愁苦與悲傷。在生活中，豈能事事盡如人意？但是，幽默卻是雨過天晴、迎向陽光的人生態度。之所以如此，是因為生活賦予了幽默歡樂、機智、豁達等深厚的哲理和藝術

內涵，讀懂了它們，也就讀懂了人生，從而知道如何坦然地面對人生。

　　幽默是人類另類智慧、另類思維的高級精神活動的產物。幽默是一個人的學識、才華、智慧、靈感在語言表達中的閃現，它帶給人們更多的是歡笑與激情。在我們的生活中，幽默無處不在。

　　幽默的藝術主要在於它能製造不變中的變，讓枯燥的工作變得有趣、輕鬆，不再對生活感到沉悶。學會幽默與懂得幽默，就能夠不費一兵一卒使對方坦然接受，進而踏出人際交往的第一步，是學會待人接物最輕鬆的一個方法。

　　本書分門別類，觸類旁通的教你「笑裡藏刀」的生活藝術和曲徑通幽的生活訣竅。它是一部改變人生境遇的書，並能為自己的人生樹立一道優雅的心態。

Contents
目 錄

第一章
挖掘成功與幸福的幽默寶藏

第二章
徜徉於幽默的百草園

Contents

第三章
用幽默的力量締造非凡人生

第四章
營造最浪漫的愛情幽默天堂

第五章
幸福家庭活力的幽默潤滑劑

第六章
揮灑職場魅力的終生利器

一、親親職場幽默

Contents

挖掘成功與幸福
的幽默寶藏

　　縱觀古今中外的偉人，他們大都有幽默的心態與談吐，並經常用幽默化解生活與事業的危機。幽默決定著事業的成敗，它是成功者必備的素質，是我們改變命運的智慧寶藏。

一、幽默改變人生

　　生活對所有的人都一視同仁，那些成功者之所以取得了非凡的事業，大都是因為他們能夠以微笑面對困難重重的人生，能夠以幽默風趣的心態應對人生的風雨歷程。所以，你要想成功，就必須挖掘幽默的智慧寶藏，從而改變人生。

● 幽默是風雨人生的處世智慧

　　生活對所有的人都一視同仁，快樂的人之所以快樂，就是因為他們總是用樂觀的心態面對人生的風雨歷程。對於現在的人們來說，幽默越來越重要，被稱為氣氛的潤滑劑和特定情況下一招制勝的「殺手鐧」。

1. 用幽默擺脫窘境

美國鋼琴家波奇有一次在美國密西根州的福林特城演出，發現全場的座位只坐了不到五成的觀眾。他當時非常失望，但是他並沒有表現出來，而是走向舞台的前面，對觀眾說：「福林特這個城市裡的人一定很有錢，我看到你們每個人都買了兩三個座位的票。」於是全場觀眾大笑，演出得以順利進行。

窘境是我們每一個人都可能遇到的，有的人在這種尷尬的時刻往往會不知所措，但是波奇先生在這裡卻用幽默的語言，既贏得了到場觀眾的心，又擺脫了自己的窘境，改變了自己難堪的狀況。

一天，英國作家蕭伯納在街上行走，被一個騎自行車的冒失鬼撞倒在地上，幸好沒有受傷，只虛驚了一場。騎車的人急忙扶起他，連連道歉，可是蕭伯納卻惋惜地說：「你的運氣不佳，先生，你如果把我撞死了，你就可以名揚四海了！」

蕭伯納只一句妙語，就把他和肇事者雙方從不愉快的、緊張的窘境中解脫出來了。蕭伯納的幽默不僅使自己給對方留下了難忘的印象，同時又顯示了自己的友愛和寬容。

蕭伯納的脊椎骨有病，去醫院檢查。醫生對蕭伯納說：「有一個辦法，從你身上其他部位取下一塊骨頭來代替那塊壞了的脊椎骨，」接著又說，「這手術很困難，我們從來沒有做過。」

蕭伯納聽了醫生的介紹後，淡淡地一笑說：「好呀！不過請告訴我，你們打算付給我多少手術實驗費？」

很明顯，醫生的意思是這次手術所要收取的費用不同一般。如果蕭伯納在這樣的場合與醫生爭論，或表示不滿、失望，將會和醫生處於對立的局面。而對立的結果，會給雙方帶來難堪，也會影響雙方合作和治療的效果。但一個很棘手的問題，被蕭伯納運用幽默的方式處理得極其巧妙，避免了不愉快的爭執。

2. 用幽默給人教益

幽默具有穿透力，是用奇特的構思透過一定的形式造成喜劇性的藝術效果。它在笑的後面隱藏著對事物的嚴肅態度，在詼諧中蘊含著真理，把諱莫如深的東西彰顯出來，讓人們在笑聲中發現荒謬、曝露缺點、認識本質，從而進行理性認識和道德評價。用幽默的方式來表達真理，遠比用直截了當的嚴肅說教容易使人們接受。在笑聲中表達自己的意見或對別人的批評，並讓人在寬鬆的心境中接受，避免因過於生硬呆板、單刀直入的說教而引起緊張、尷尬、難堪的情緒。所以幽默具有獨特的教育功能，它能讓人在笑聲中領會你話中的涵義，頓悟人生的真諦。比枯燥、抽象的說理容易使人接受。比直接的一本正經的講道理更富於說服力和教育性。更易使人接受觀點、溝通思想。更具有深遠、雋永、耐人尋味的藝術魅力，能展現出真善美的感人力量。

幽默雖然只有三言兩語，卻輕鬆詼諧，深寓哲理而啟迪人的心智，使人開竅。一句巧妙的幽默勝過好多句平淡乏味的攀談。

比如，一位青年拿著樂曲手稿去見名作曲家羅西尼，並當場演奏。羅西尼邊聽邊脫帽。青年問：「是不是屋內太熱了？」

羅西尼說：「不，我有一個見到熟人就脫帽的習慣。在你的曲子裡，我碰到的熟人太多了，不得不頻頻脫帽啊！」青年的臉紅了，因為羅西尼用幽默的方式委婉地道出了他抄襲別人作品的事實。

運用這種表達方式，既可以用委婉含蓄的話烘托暗示，巧用邏輯概念，對對方進行批評、反駁，又可以保證雙方的關係不至於因批評、反駁而惡化。

恩格斯曾經說過：「幽默是具有智慧、教養和道德上優越感的表現。」由此可見，簡單的幽默並不簡單，它是一個人綜合素質的另一種表現。用幽默的態度處世，可以卸掉那些原本壓在你肩膀上

的壓力，也可以讓你能夠始終以樂觀的心態對待人生，幽默還可以讓你在尷尬的處境中展現迷人的魅力。

幽默是希望和他人建立良好關係不可缺少的道具。當一個人要表達內心的不滿時，如果能使用幽默的語言，別人聽起來會順耳一些；當一個人需要把別人的態度從否定改變到肯定時，幽默具有很強的說服力；當一個人和他人關係緊張時，即使在一觸即發的關鍵時刻，幽默也可以使彼此從容地擺脫不愉快的窘境或消除矛盾。

3. 用幽默活躍氣氛

在一些聚會上，幾個緊張的話題過去了，主持人可能會提議：來，每個人講個笑話。大夥兒輕鬆輕鬆，於是大家的精神的確放鬆了。

幽默是活躍氣氛最有效的方式。如果長時間接受單調、抽象、枯燥的刺激，人們會很容易因感到乏味而產生厭煩的情緒，使精神處於抑制狀態，這時如果恰當地插入一些幽默的內容，就會像大熱天喝了一杯可口的清涼飲料而感到精神振奮，情緒高漲，不知不覺中忘卻了疲勞，驅散了倦意。

愛迪生的天才不僅表現在發明上，其實他的幽默才能更是一絕。

愛迪生不僅將許多科學發明貢獻給社會，而且，他的住所還被他安置了不少發明設施。當然，這都是自用的。

一天，有個朋友來看望愛迪生，但他進門時卻費了好大力量才推開了門。進門後，客人向愛迪生抱怨道：「你這門也裝得太緊了，我推門都推出了汗。」

「啊，謝謝你的幫忙，這樣，我屋頂上的水箱又壓進了幾十公升水了！」愛迪生高興地對這位朋友說。

幽默可以使你與周圍的人和事融會在一種親密無間的氣氛中，

消除心理上的隔閡。所以，幽默對於我們人類來說，是風雨人生的
處世法寶。

● 幽默是幫你擺脫困境的利器

幽默是嚴酷現實的融化劑，幽默不僅可以使我們正確面對困
難，而且能幫助我們走出困境、超然解脫。在為達到自己的目標而
奮鬥的工作中，在處理與一起共事的同事們的關係上，都需要我們
充分使用和發揮幽默的力量。

在第二次世界大戰的歐洲戰場上，盟軍總司令艾森豪到亞琛附
近視察一支陷入困境的部隊。

艾森豪是一個天才的演說家，他一番熱情洋溢的演講博得了官
兵們的熱烈掌聲。可是，當他走下講台時，卻不慎摔倒在泥漿裡，
大家轟然大笑起來。

艾森豪沒有惱怒。他趕緊從泥漿裡爬起來，風趣地說：「泥漿
告訴我，我的巡視極其成功。」

艾森豪的輕鬆幽默感染了陷入困境的美軍官兵，使這支部隊的
官兵士氣大振。

一個議員到鄉下發表他的競選演講。誰知他才講到一半，許多
農民便向他投擲番茄、雞蛋、爛水果，以示反對。

議員面對向他拋來的東西和農民的抗議，鎮定自若，他一邊抹
掉身上的污漬，一邊說：「我也許不清楚你們的難處，但是如果你
們同意我當選，我一定有辦法應付過剩的農產品的問題！」

幽默就是在關鍵時刻揭示問題或避免正面的衝突，以積極向上
的態度、樂觀的情緒、迂迴的方式去面對困境。如果議員正面與農
民對抗，他便無法得到承認和理解。正面對抗往往會引起怨恨，使
溝通和回應中斷；如果他迴避問題，那麼他的施政方針就永遠無法
使聽眾執行。但是，他以一種幽默的思考方式，去告知對方，讓對

方以發展、寬容的眼光對待他的政見，這樣，就贏得了對方的理解和信任。

　　幽默的語言可以使我們的內心從緊張和重壓下釋放出來，化作輕鬆的一笑。在溝通中，幽默的語言如同潤滑劑，可有效地降低人與人之間的「摩擦係數」，化解衝突和矛盾，並使我們從容擺脫在溝通中可能遇到的困境。

　　有位大法官，他的寓所隔壁有個音樂迷，常常把音響的音量放大到使人難以忍受的程度。這位法官無法休息，便拿著一把斧子，來到鄰居家的門口。他說：「我來修修你的音響。」

　　音樂迷嚇了一跳，急忙表示道歉。

　　法官說：「該道歉的是我，你別到法庭去告我，瞧，我把凶器都帶來了。」說完兩人像朋友一樣笑開了。

　　處理這種比較棘手的問題，最好用彼此雙方都能接受的方式，而不能為了表達自己的看法而不惜刺傷別人，傷了和氣，那樣，煩惱會增加一倍。

　　幽默能使人急中生智，化解困境，或者從危險的境地脫身而出，創造性地、完美地解決問題。凡是具有較高情緒智力的人，都特別善於用幽默來應付緊急情況。

　　一位紳士正在餐館裡進餐，忽然發現菜湯裡有一隻蒼蠅。他揚手招來侍者，冷冷地諷刺道：「請問，這東西在我的湯裡做什麼？」

　　侍者彎下腰，仔細看了半天，回答道：「先生，牠在仰泳！」餐館裡的顧客被逗得捧腹大笑。

　　在這種情況下，無論侍者如何解釋、道歉，都只能受到尖銳的批評，甚至會引起顧客的憤怒。但是，幽默幫了他的忙，把他從困境中解救出來，使氣氛得以緩和。

　　有一次，英國國王喬治三世到鄉下打獵，中午時感覺肚子有

些餓了，就到附近的一家小飯店，點了兩個雞蛋暫時充饑。吃完雞蛋，店主拿來帳單。

喬治三世看了一眼僕役接過來的帳單，很憤怒地說：「兩個雞蛋要兩英鎊！雞蛋在你們這裡一定是非常稀有的吧？」

店主畢恭畢敬地回答：「不，陛下，雞蛋在這裡並不稀有，國王才稀有。雞蛋的價格必然要和您的身分相稱才行。」

喬治三世聽完不禁哈哈大笑，讓僕役付了賬離去。

惹得龍顏大怒後，店主本來完全有可能一命嗚呼，但他幽默的言辭不僅讓他保全了性命，還多得了一筆收入。

德國詩人海涅是一個猶太人，在一個晚會上，一個旅行家心懷鬼胎地對海涅說：「我發現了一個小島，你猜猜，這個島上什麼使我感到驚奇？不瞞你說，在這個島上沒有猶太人和驢子。」

海涅一聽他話中帶刺，便冷靜地說：「那好辦，只要我和你一起到島上去，就可以彌補這個缺陷了，你也不必再驚奇了。」海涅的回答機智、幽默、詼諧，那位不懷好意的旅行家頓時變得啞口無言了。

當你遇到急迫而又棘手的問題時，不要驚惶失措，要冷靜以待，隨機應變，以幽默的方式，讓自己臨危解難，轉危為安。

◉ 幽默是改變人生的籌碼

綜觀古今中外那些偉人，他們大都有幽默的心態與談吐，並經常採用幽默化解生活與事業的危機，改變自己的人生。

林肯是美國歷屆總統中談吐極為幽默的一位政治家，他經常採用幽默的方式去表明自己的政治主張，用笑的藝術來緩和緊張空氣，從而戰勝危難。

林肯作為共和黨的候選人參加總統競選，他面對的競爭對手是民主黨人道格拉斯。道格拉斯是一個大富翁，他租用了漂亮的競選

列車，在車上安裝一尊大炮，每到一站鳴炮三十二響，加上樂隊奏樂，聲勢之大超過了美國歷史上任何一次競選。道格拉斯洋洋得意地說：「我要讓林肯這個鄉巴佬聞聞我的貴族氣味。」

林肯出身貧寒，競選總統是沒有專車的，每到一站，朋友們為他準備了一輛耕田用的馬拉車。但是，他有他的「殺手鐧」，那就是機智幽默的語言藝術。在參加競選演講時，有人問他有多少財產，他這樣回答：「有人寫信問我有多少財產，我有一位妻子和三個兒子，都是無價之寶。此外，還租有一個辦公室，室內有桌子一張，椅子三把，牆角還有大書架一個，架上的書值得每人一讀。我本人既窮又瘦，臉蛋很長，不會發福，我實在沒有什麼可依靠的，唯一可依靠的就是你們。」

林肯的演說，機智幽默，巧妙地掩飾了家庭並不富裕這一窘迫的事實，以誠感人，以情動人，能不感動聽眾嗎？林肯成功了，如願以償地當上了美國的第16任總統，成了美國人敬仰的領導者。由此可見，機智幽默的語言具有改變一個人命運的神奇魅力。

在近代歷任美國總統中，雷根總統也是善於用幽默和笑話取得事業成功的政治家。1984年雷根競選連任總統時，他的年齡成了競選的主要話題，他是美國歷史上年齡最大的總統候選人，他的對手孟岱爾比他年輕得多。在電視辯論時，雷根說：「我不希望把年齡當成競選的話題，也絕不會用對方太年輕、經驗不足作為把柄來攻擊對方。」

雷根的幽默充滿了機智與謀略。

愛因斯坦除了相對論的偉大發現外，他對兩點間的距離也做過一個幽默的論證。

愛因斯坦在美國普林斯頓大學任教時，曾在暑假開始的學期結束會議上發表過一個簡短而風趣的演說。當時，學生們詢問愛因斯坦在學術上有無新發現，他不得不即席宣布：「我有一個發現：兩

點之間的最短距離，是指暑假的開端到暑假的結束。祝諸位過好暑假。」

幽默是成功的階梯，透過幽默達到事業頂峰的事例很多很多，但幽默有時也以一種很出乎意料的形式出現：

英國萬克斯亞郡的法庭上，一位婦女正與丈夫鬧離婚，其理由是她丈夫有了外遇。法官問道：「瓊斯太太，你能不能告訴法庭，與你丈夫私通的『第三者』是誰？」瓊斯太太爽快地說：「當然可以，『她』就是臭名遠揚、家喻戶曉的足球。」法官聽後哭笑不得，只得勸道：「足球非人，你只能控告足球生產廠！」

誰知瓊斯太太果真在法庭上指控了年生產量為二十萬個足球的宇宙足球廠。更出乎意料的是，瓊斯太太居然大獲全勝。該廠賠償了她孤獨費十萬英鎊。足球廠老闆說：「瓊斯太太與丈夫鬧離婚，正說明我們工廠生產的足球的魅力，而她的控訴給我們工廠做了一次絕妙的廣告。」

幽默是一種樂觀向上的精神面貌，有幽默感的人總是滿懷希望地正視未來，常往光明的一面看，這正是人類成功的訣竅，是改變平凡人生的籌碼。

有人形容，充滿幽默的人生是富有的人生，在人類智慧的財富中，幽默像夜空中神祕的星星數也數不清。資料顯示，美國的三百多家大公司的行政主管人員，參加了一次幽默意見調查，結果表明：97％的企業主管相信，幽默在企業界具有相當的價值；60％的企業主管相信，幽默感最主要決定個人事業的成功程度。

二、幸福人生從幽默開始

幽默本是快樂的催化劑，它可以幫我們擺脫種種煩惱。在生活中，多一點幽默感，少一點氣急敗壞；多一點樂觀豁達，少一點你死我活，以幽默的力量來引導自己的生活與事業，你就會獲得幸

福。

幽默是快樂的催化劑

幽默是幫我們克服生活中各種困難的良藥，幽默是快樂的催化劑，幽默給我們帶來了無窮的樂趣。生活中的每個人，都應當多一點幽默感，少一點氣急敗壞、偏執極端，以幽默的力量來引導自己的生活與事業，以新的人生觀來面對窮困、失意或煩惱的處境，你就會生活得輕鬆而幸福。

聚會中，愛麗絲做好的髮型突然垮了下來，她並沒有窘得想鑽進地洞裡，而是這樣對她的朋友說：「我想一定是我要拿吹風機時，錯抓了電動攪拌器！」

湯姆去剪頭髮，理髮師把他的頭髮剪得太短了，於是，他向家人解釋說：「理髮師教我怎麼存頭髮，甚至還給我一把掃帚和一個紙袋。」

我們再來看看男人和女人的爭執。假設「你」是男人，對女權運動的看法和「她」……一位女性朋友、熟人、親戚或同事意見不合。

你會這樣駁斥她：「我知道女人不是弱者。要六個男人才能把一個男人送進墳墓；但是用女人的話，只要一個就足夠了。」

一顆洋蔥能讓人流眼淚，但是沒有一種蔬菜能讓人笑。

我們每個人對政府的措施和政策多少都會有些不滿，何必發牢騷、抱怨、訴苦？讓妙語和警句的幽默力量成為你消氣的良方吧。

「美國真是一個偉大的國家……每個人都可以有第二個家、第二部汽車和第二台電視機。只要你找到第二個工作、第二個抵押品和第二個運氣。」

「我們一向忽視了國內天然氣的最大來源地之一……政治家。」

「美國是個製造奇蹟的國度。人無法靠收入生活，但是他竟也活過來了。」

「電價漲得太高的話，火炬就會成為地位的象徵。但是諺語又說：為了節省用電而早早上床是不智之舉——如果製造出雙胞胎（Twin）的話。」

其實你對任何不滿、反對、錯誤或不平，幾乎都可以運用幽默的力量來扭轉局面。

你是否對現代生活的某些方面感到煩憂和惶恐？幽默的力量能夠幫助你，使你以平靜、輕鬆的心情與人分享人生。

現代社會需要幽默

幽默是人生自信的旗幟，幽默是自我心態的鬆馳，幽默感是一個人在現代社會生存和發展的必要條件。

人生路上，總會有些不如意，總會有些無奈。而幽默這種特殊的情緒表現，可以淡化人的消極情緒，消除沮喪和痛苦，讓我們尋回幻想和自信，讓我們脫離尷尬的窘境，讓我們的心態在沉重的壓力下得到鬆馳和休息。

用幽默來處理煩惱與矛盾，會使人感到和諧愉快，相融友好。機智而又敏捷地指出別人的缺點或優點，在微笑中加以肯定或否定。

有一次，德國大詩人歌德在公園裡散步，在一條狹窄的小路上，遇到一個曾經尖刻批評過他作品的批評家。這位批評家傲慢地說：「我是從不給笨蛋讓路的。」

這個人一點也沒有幽默感，簡直是當面罵人，而且以粗野地罵人為榮。如歌德和他直接對抗，以眼還眼，以牙還牙，那自然也未嘗不可，但那樣就一點幽默感也沒有了，同時也就意味著降低自己的人格和水準。

　　歌德是這樣回答的：「而我，恰恰相反。」寥寥幾個字，道出了歌德的胸襟與涵養，也顯現出了詩人的幽默。

　　幽默是一種寬容精神的表現。要善於體諒他人，要使自己學會幽默，就要學會雍容大度，克服斤斤計較，同時還要樂觀。

　　浮躁難以幽默，裝腔作勢難以幽默，鑽牛角尖難以幽默，捉襟見肘難以幽默，遲鈍笨拙難以幽默，只有從容，平等待人，超脫，遊刃有餘，聰明透徹才能幽默。

　　有三個男人一起前往火車站，但到達車站時，發現南下的火車已經開走了。雖然心中十分掃興，但也沒辦法，只好等下一班火車。

　　於是三個男人就一起到鐵路餐廳裡吃東西、聊天，消磨時間。話匣子一開，他們男人七嘴八舌，談得十分起勁，一下子把時間給忘了。

　　當他們猛然想起火車開車的時間到了，便趕緊抓起行李，衝往火車月台。

　　此時，火車已準時緩緩開動，於是三人急忙沿著月台追趕已逐漸開走的火車。

　　其中，前面兩個人速度比較快，終於在千鈞一髮之際，被驗票員推上了最後一節車廂。但是第三個男人，因為行李比較重，跑得慢，所以沒有趕上火車，只好氣喘喘地看著兩個朋友漸漸遠去。

　　突然之間，沒趕上火車的男人站在月台上，忍不住大笑起來。

　　「你怎麼了？沒趕上火車，怎麼還哈哈大笑呢？」驗票員在旁不解地問。

　　「剛剛被推上火車的那兩個朋友，是來為我送行的！」

　　在我們遇到不順心的事或不好對付的人時，不妨笑一笑，或來點幽默，淡泊名利，不要把困難看得太嚴重，不要自尋煩惱，自我折磨，生活將因此變得多姿多彩，情趣盎然。

🔵 幸福人生從幽默開始

在不順心的生活中，幽默能幫助你排解愁苦，減輕生活重負。用幽默的態度對待生活，你就不會總是憤世嫉俗，牢騷滿腹。

有一家住戶的水管漏水，院子裡已經流滿了水。修理工答應馬上就來，結果等了大半天才見到他的身影。他懶洋洋地問住戶：「太太，現在情況如何啦？」

主人說：「還好，在等你的時候，孩子已學會游泳了。」

這位女主人的說法雖然過於誇張，但幽默的巧妙運用淡化了她對修理工的不滿情緒。

如果你想發揮幽默的力量來幫助你與他人建立和諧的關係，最終達成你人生的目標，那就在日常生活中培養自己的幽默感吧。

餐館是人際關係十分複雜的場所之一，也是培養和發揮幽默力量的理想場所。掌握幽默藝術，運用幽默的力量是餐館侍者必備的一種素質。如果你是餐廳經理，或者是餐館的老闆，就應該在你的員工中帶頭營造幽默的氛圍，且讓客人感到那種親切和詼諧是發自內心的。

舉一個發生在餐館的例子：

一位顧客坐在一家高級餐廳的桌邊，把餐巾繫在脖子上。餐廳經理很反感，叫來一個女侍應生說：「你讓這位紳士懂得，在我們的餐廳裡，那樣的做法是不允許的，但一定要注意說話的方式。」

女侍應生來到那位顧客的桌旁，很有禮貌地問：「您是刮鬍子，還是理髮？」

顧客立即意識到自己的失態，趕緊取下了餐巾。

餐廳的老闆和侍者均是運用幽默力量的老手，這一點顯而易見。這一旁敲側擊不僅沒有得罪顧客，反而可能使他在腦海中對餐廳產生良好的印象。

　　著名演說家羅伯特說：「我發現幽默具有一種把年齡變為心理狀態的力量，而不是生理狀態的。」他說他要盡可能在年輕的時候死去。

　　他有一句著名的妙語是：「青春永駐的祕訣是謊報年齡」。他七十歲時，有很多朋友來看望他，其中有人勸他戴上帽子，因為他頭頂禿了。羅伯特回答說：「你不知道光著頭有多好，我是第一個知道下雨的人！」

　　同樣，幽默還能使人在經濟拮据、捉襟見肘的時候不感到恐懼。

　　有一位保險公司職員，他存了幾年的錢，好不容易買了一輛小汽車。有一次，他教太太開車，車下坡時，煞車突然失靈了。

　　「我停不下來！」他太太大叫，「我該怎麼辦？」

　　「禱告吧！親愛的。」保險公司職員也大叫，「性命要緊，不過你最好找便宜的東西去撞！」

　　車撞在路旁的一個鑄鐵垃圾箱上，車頭撞壞了。然而他們爬出車子時，並沒有為損失了一大筆財產而沮喪，反而為剛才的一段對話大笑起來。目睹的行人以為他們瘋了，或是以為百萬富翁在以離奇的方式尋找刺激。

　　既使在最簡單的情況下，你的幽默也能幫助你改變周圍的煩惱氣氛。在這點上，你可以學學妙語大王奧曼的作法。

　　有一次，奧曼花了很大力氣才擠進公共汽車，他對滿是怨恨的乘客們說：「我總算進來了，雜貨、百貨、女用內衣。各位吸一口氣，把身體拉長，這裡有一點太擠了！」

　　每當我們因心中喜悅而開懷大笑之後，常常會感到精神振奮，對自己、對周圍的一切都充滿了信心。

　　女喜劇演員卡洛‧柏妮有一次坐在餐廳裡用午餐。這時，一位刁鑽古怪的老婦人走向她的餐桌，當著許多人的面用手摸卡洛的臉

龐。她的手指滑過卡洛的五官，然後帶著歉意說：「對不起，我摸不出你有多好。」

「是啊！」卡洛說，「我看起來也沒有多好看。」

老婦人又仔細看看卡洛的五官，說：「不錯，是沒有多好看。」

這時卡洛笑起來，說：「又摸又看的，好看的也變成不好看的。」

在場的人不由得全笑了。

卡洛不愧是喜劇演員，她的神色自若是來自心理上的平衡。

如果我們想在社會生活中給人留下好印象，就得像卡洛那樣，把自己活潑的生命帶進這場合中去。一個面帶怒容、缺乏幽默或是神情憂鬱的人，是不會比一個面露微笑、看起來健康快樂的人更受人歡迎的。

紐約一家著名的時裝公司董事長史度茲曾經說過：「世界上最美妙的聲音就是笑聲。它比任何音樂或娓娓的情話都美妙。誰能使他的朋友、同事、顧客、親人們發出笑聲，那麼他就是在彈奏無與倫比的音樂。」

記住吧，幸福人生從幽默開始。你只要運用你的幽默力量，你就會有一個美好幸福的人生。

三、發掘幽默的智慧寶藏

在人類諸多的智慧財富中，幽默可以說是其中很重要的一種。它對於人們的作用，如同樹木需要陽光、空氣和水分一樣。

● 幽默是煩惱的「驅逐器」

心理學家認為，笑能放鬆肌肉，減緩心臟跳動，並能降低血壓。笑能促進身體內部發生變化，使內分泌系統活躍起來，這對減

輕疾病大有好處。笑還能消除煩悶、緊張、歉疚、沮喪、頭痛和背痛，笑能使人輕鬆舒暢。每當你咯咯地笑或捧腹大笑時，大腦就會釋放出體內自然的鎮痛荷爾蒙，那些荷爾蒙會引起內分泌，這是一種能減輕疼痛的天然麻醉劑。所以，學會幽默，不僅有助於你擺脫交際生活中的困窘，而且能讓你感到溫馨快樂。

在我們的日常生活中，這種放下煩惱的幽默更是處處可見，時時運用。

有的司機車開得太快，結果出了車禍，輕則重傷，重則喪命。為了使人們提高警惕，便可以運用幽默語言來進行勸告，則更有效果。

馬來西亞的柔佛市，在交通安全週的活動中就貼出這樣一組大橫幅的標語：

「閣下駕駛汽車，時速不超過30公里時，可以飽覽本市美麗景色；超過60公里，請到法庭做客；超過80公里，歡迎光顧本市設備最新的急救醫院；時速100公里，祝君安息吧！」

可以想像，讀到這一組標語的每一位駕駛員，在發出會心的笑聲之餘，一定會對交通安全問題大為警惕，這時幽默效果也就油然而生了。

有一位年近古稀的老人過生日時，一家人為老人家設家宴祝壽。正當全家人眾星捧月似的圍坐在老人身旁，一邊喜氣洋洋地談笑風生，一邊敬酒吃菜時，突然聽到「叭」的一聲巨響，原來是今年準備考大學的孫子碰倒熱水瓶，熱水瓶破了。

孩子頓感手足無措，大家也大有喜慶日子煞風景的感覺。爺爺一驚之後，哈哈一笑說：「這熱水瓶早該破了，孩子今年考大學，不能停在原來的『水準』上。今天他在這喜慶日子裡，打破了舊水瓶，這不僅像為我的生日放了鞭炮一樣，而且也是他考上大學的好兆頭，你們說是不是這樣啊？」

一席話說得一家大小哈哈大笑，生日喜慶的氣氛更加熱烈了，擺脫了窘境的孫子也不好意思地跟著大家笑了。

不懂幽默的人，很難懂得調節情緒的方法，從而導致其所遇到的困難會更多，其情緒也更容易消沉。面對困難重重的人生，我們應該訓練和培養自己的幽默感，從而告別悲觀的人生。

四、成功者必備的幽默素質

生命的本質是什麼？成功又是什麼？縱觀古今中外那些偉人，他們大多是幽默的人，都有幽默的心態，都能以微笑面對重重困難，用幽默幫自己走出困境。

◉ 具有健康活潑的樂觀心態

樂觀是希望的明燈，它指引你從險谷中步向坦途，使你得到新的生命，新的希望，支持著你的理想永不泯滅。

幽默的人都是積極樂觀的人，都是達觀超脫的人，都是對生活充滿信心、對自己自信且寬容平和的人。幽默的人都是心理健康的人。心理不健康的人是無法幽默的，也就不可能與人幽默溝通。所以，要實現與他人的幽默溝通，你必須具有健康、活潑的心態。

世界並不如人們理想中的那樣美好，那樣完美無缺，如果只看到它陰暗的一面，那麼人只能陷入悲觀之中，生活的樂趣便蕩然無存，笑容無處可尋，幽默也就無從談起了。擁有良好的心態，對創造幽默具有重大的意義。有的研究者將幽默大師們的心理特徵歸納為三條：

1. 積極樂觀，否定現實的殘酷性

英國作家卡萊爾講過：「真正的幽默多出於熱情而少出於理智。」多看看生活中光明的一面，將陰暗的東西當成一種必然的東

西，愉快地接受它，並善於從它們之中發現有趣的一面。接受生活的不完美，才能使你的生活趨向完美。

2. 超脫達觀，對世事淡然處之

世事如煙，滄海桑田。沒有什麼永恆不變的東西，為什麼要為一些小事斤斤計較、作繭自縛呢？即使是所謂的大事，也真是那麼重要嗎？幽默需要我們從另一個角度看自己，如果你無法從狹小的自我中超脫出來，又如何睜眼看世界呢？

我們應該明白：我們出生的時候什麼也沒帶來，我們死的時候什麼也帶不走。

3. 寬容平和，保持心靈的自由

寬容平和就是原諒別人的過失，理解人的不完美性的事實，不過高地要求別人，對人謙恭，不隨意發怒、埋怨、嫉恨，只有這樣，你才能具有幽默感。

有一位上校到某連視察，一名士兵見他長得又胖又矮，便冒冒失失地說：「長官，你又胖又矮，我們這些士兵誰不能同你比個高低？」這話帶有一點挖苦味。可大校笑呵呵地說：「你們這些小兵要同我比高低，我不怕，但必須是躺著比！」

這位上校的寬容與幽默在士兵中留下了可親可敬的印象，為他以後工作的開展奠定了良好的基礎。

德國空軍將領烏戴特將軍患有禿頂之憂。

在一次宴會上，一位年輕的士兵不慎將酒潑到了將軍頭上，全場頓時鴉雀無聲，士兵也悚然而立，不知所措。倒是這位將軍打破了僵局，他拍著士兵的肩膀說：「兄弟，你以為這種治療會有作用嗎？」

全場頓時爆發出了笑聲。人們緊繃的心弦鬆弛下來了，將軍也因他的大度和幽默而出名。

西方有句諺語說得好：「同是一件事，想開了是天堂，想不開就是地獄。」人的煩惱多半來自於自私、貪婪，來自於妒忌、相比，來自於自己對自己的苛求。托爾斯泰說：「大多數人都想改變這個世界，但卻極少有人想改造自己。」

古人說「境由心造」。幽默是一種積極的心態，是一種純主觀的內在意識，是一種心靈的外化。如果一個人能從平凡的日常生活中尋找和發現幽默，那麼他就比別人快樂。

猶太人以善賺錢、會做生意而聞名。而且，最令人不可思議的是，猶太人經歷了幾千年的流亡歲月，幾經血與火的洗禮，為什麼他們仍然能夠在商場上取得巨大的成功呢？

其重要原因之一，就是他們能始終保持其堅忍不拔和樂觀向上的本性。這從猶太人的一些言語和笑話中就不難看出，如：

「人不能哭著過完一生。」

「生物中只有人會笑，而越賢明的人越會笑。」等等。

某天夜裡，一位猶太商人的店舖發生了火災，人們在店舖主人的指揮下終於撲滅了大火，可是店裡的許多貨物和房子都被燒壞了。可店主卻開口說：「我們實在是太幸運了，一定是得到了上帝的保佑！」

眾人大惑不解，問：「這是為什麼呢？」

店主道：「如果沒有這麼亮的火光，在這樣漆黑的夜裡，我們怎麼能進行滅火工作呢？」

如此看來，猶太人的幽默充滿積極性，這也是猶太人創造奇蹟的重要因素之一。可以說，正是這種樂觀積極的心態，使猶太人變得堅強和具有韌性。

播下一種心態，收穫一種性格；播下一種性格，收穫一種行為；播下一種行為，收穫一種命運。人的心態變得積極，就可以得到快樂，就會改變自己的命運。樂觀豁達的人，能使平凡的日子富

有情趣；能把沉重的生活變得輕鬆活潑，能把苦難的歲月變成值得回憶的珍貴經歷。

所以，一定要珍惜積極心態所帶來的力量，要相信希望和樂觀能引導你走向勝利。即使處境危難，也要尋找積極的因素。這樣，你才可以跨越人生的障礙，微笑著面對生活。

● 具有海納百川的豁達胸懷

所有成功人士，都是具有幽默感的人。因為他們總是胸懷寬廣、豁達大度地去看人看事，自然心境平和，幽默油然而生。

一個幽默的人，他能夠給朋友帶來笑聲，在人際交往中釋放自身的魅力，因而備受大家的歡迎。

一個幽默的人，對身邊的每一個人都具有海納百川的胸襟。

上世紀五〇年代初，杜魯門總統會見麥克阿瑟。麥克阿瑟自恃戰功赫赫，在他面前表現得很傲慢。會見中，麥克阿瑟拿出菸斗，裝上菸絲，把菸斗叼在嘴裡，取出火柴，當他準備點燃火柴時，才停下來，轉過頭看看總統，問道：「我抽菸，你不介意吧？」

顯然，這不是真心徵求意見，但如果阻止他，就顯得總統不夠大度。杜魯門看了一眼麥克阿瑟，說：「抽吧，將軍，別人噴到我臉上的煙霧，要比噴在任何一個美國人臉上的都多。」

這句話軟中帶硬，委婉地指出了麥克阿瑟的無禮，此刻，感到難堪的應該是麥克阿瑟了。

英國著名作家毛姆對人性的觀察細緻入微，《人性的枷鎖》就是他的代表作。他原本在倫敦學醫，四年級時，到醫院附近的貧民窟實習了三週。根據三週的所見所聞，他寫了第一本小說《貧民窟》。這本處女作銷路不錯，於是他棄醫從文。

繼《貧民窟》之後，他寫了許多本小說與劇本，但都銷路不佳。最初的十年，他稿費的年收入都不到500美元，但他咬緊牙關堅

持寫作。

有一次，倫敦某劇院一時找不到劇本，就翻出毛姆所寫的《佛蘭德里克夫人》來演，結果造成空前的轟動，毛姆也因此而成名。他的作品和諧、簡單、明澈，同時，他的談吐也非常幽默。

毛姆八十壽誕那一天，當宴會主人介紹他時，大家都起立鼓掌，場面很感人。毛姆等大家坐下後，致詞說：「人老了有許多好處。」

接著他嚥了嚥唾液，舔了舔嘴唇，看看四周後，又看著桌面。大家擔心他生病了，話無法繼續說下去。

忽然毛姆抬起頭說：「我剛剛在想，用心在想人老了究竟有什麼好處？」此話一出，全場掌聲雷動。

還有一次，有一位女士對毛姆說：「我和一位男士交往了很久，但我無法確定是否愛上了他。」

毛姆風趣地回答：「我有一個法子，你願意用他的牙刷刷牙嗎？」

毛姆晚年身體逐漸衰弱，美國《生活雜誌》曾派人為他拍了許多照片，結果只登了兩三張，毛姆很豁達地說：「他們留著準備等我死時再用，這會增加雜誌的銷售量。」

真正能永遠保持一種平和大度的胸懷並不容易，這是一種修養。假如有人攻擊你，或者是無意間把你洋洋自得的東西說得一無是處，你還能幽默得起來嗎？

有人能，那就是畢卡索。

1967年，他的一幅畫在競拍中賣出了五十多萬美元的高價，還從來沒有一位畫家生前的畫賣這麼高的價錢。

1973年，畢卡索去世時，他收藏的一千幅畫至少值二千五百萬美元，真可謂「富有」，他數十年來一直是歐洲畫壇的領袖人物。他打破了傳統的繪畫法則，首創立體派，用想像來繪畫，他所畫出

的並不是他看到的表象，而是靈感的顯現。

　　他認為，立體派能表現最完整的意念。有人批評他的畫看不懂，他不無諷刺地說：「我不懂英文，英文書對我就像白紙，但這並不表示世界上沒有英文。」

　　因此對自己不懂的事，只好怪自己了。

　　有人說他欺世盜名，嘲笑他的作品像小孩塗鴉。

　　他詼諧地說：「我十二歲時，已經能畫出拉斐爾那樣的畫。然而學了一輩子，才能畫得像小孩子一樣。」

　　一個美國士兵在巴黎遇見畢卡索時對他說，不喜歡他的抽象畫，畢卡索很不高興，但又不便發作。

　　幾分鐘後，士兵拿出女朋友的相片給他看。畢卡索故作驚訝地問：「呀！她真這麼小？」

　　還有一次，畢卡索給一位著名女作家畫了一幅畫像，一位朋友看了說：「畫像畫得很美，可是一點也不像本人。」

　　畢卡索幽默地回答：「沒關係，她會慢慢地像這幅畫像的。」

　　畢卡索從不追究冒充他畫的假畫，頂多把簽名塗掉就算了。畢卡索說：「那些畫假畫的人，不是窮畫家就是老朋友。我怎能為難老朋友呢？再說那些鑑定真蹟的專家也要吃飯呀！假畫如果絕跡，他們的飯碗不也就打破了嗎？」

　　美國有一位傳奇式的教練，名叫佩邁爾。他帶領的籃球隊曾獲得39次國內比賽冠軍。然而他的球隊在蟬聯29次冠軍後，遭到空前慘敗。比賽一結束，記者們蜂擁而至，把他圍了個水洩不通，問他這位敗軍之將有何感想。他微笑著，不無幽默地說：「好極了，現在我們可以輕裝上陣，全力以赴地去爭奪冠軍，背上再也沒有冠軍的包袱了。」

　　佩邁爾面對失敗沒有灰心，將哀聲化為笑聲，將笑聲化為力量，這是多麼令人欽羨的人生境界啊！

縱觀以上幾個例子，我們不難從這些成功人士的身上看到一種共同的東西，那就是寬容和大度的胸懷。這是非常難能可貴的。

● 善於駕馭他人的情緒

人與人的關係是很敏感的，你不能保證你想的、說的都對，而且聽話人的接受能力也不同，不分青紅皂白、不講究方式與方法的直言快語，往往經不起說的效果，輕則使人下不了台，重則造成人與人之間的隔閡。

這時候如果你能在別人失言的時候，保持冷靜，察言觀色，巧妙地給他們打圓場，則會有效地緩解衝突。

清末官員陳樹屏以急智和快才出名，他善於用幾句話化解糾紛。他在江夏任知縣的時候，大臣張之洞在湖北做督撫，張之洞與撫軍譚繼洵關係不太好。

一天，陳樹屏在黃鶴樓宴請張、譚二人。賓客裡有人談到江面寬窄的問題，譚繼洵說是五浬三分，張之洞卻故意說是七浬三分，雙方爭執不下，誰也不肯丟自己的面子。

陳樹屏知道，他們這是藉題發揮。他對兩人很不滿，但是又怕掃了眾人的興，於是靈機一動，拱拱手，言詞謙遜地說：「江面上漲就寬到七浬三分，落潮時便是五浬三分。張督撫是指漲潮而言，撫軍大人是指落潮而言，兩位大人都沒有說錯，這有什麼可爭論的呢？」

張、譚二人本來是信口胡說，由於爭辯又下不來台，聽了陳樹屏的圓場，自然無話可說。

眾人一齊拍掌大笑，爭論也就不了了之。

社交中需要莊重，但自始至終保持莊重氣氛就會顯得緊張。寓莊於諧的交談方式比較自由，在許多場合都可以使用。用幽默、詼諧的語言同樣可以表達較重要的內容。

　　你可以偶爾裝出滑稽的樣子，或做出一副大而化之、衣冠不整的樣子，或流露莽撞調皮、佯裝醉漢、擺出一副滿不在乎的神情等等，但這些都需要能屈能伸的良好情商。這些「缺點」平時在你身上不常見，人們突然觀察到這種變化，會有一種特殊的新鮮感或是驚異感。你的這種收得攏、放得開的舉止會令人忍俊不禁，使大家對你刮目相看，從而越加喜歡你。

具有詼諧灑脫的幽默談吐

　　在諸多的幽默技巧中，詼諧灑脫的幽默談吐，是良好人際關係的催化劑，幽默的談吐能表達人與人之間的真誠、友愛，能溝通心靈，拉近人與人之間的距離，填平人際關係之間的鴻溝。是否具有詼諧灑脫的幽默談吐，最主要決定著你的人脈，甚至能影響你的成功。

　　例如：父親下了班回到家，他的正讀大學的兒子以幽默的口吻問：「爸爸，你可知道人類學家說過，人本來不該是直立而行的？」

　　父親回答：「這又怎麼樣？」

　　他說：「所以把汽車鑰匙借給我吧！」

　　面對如此詼諧的話，你幾乎無法拒絕。

　　還有一個例子讓人噴飯。

　　小男孩回到家裡，一手拿著一個霜淇淋，母親問他：「你把錢都花光了嗎？」

　　「什麼錢也沒花。」男孩回答說。

　　「有人請你啦？」母親猜著，小男孩搖搖頭。

　　「不會是你偷來的吧？」

　　「不是。」

　　「那麼你手上的霜淇淋是怎麼來的呢？」

「我告訴小姐說，我這一隻手要個巧克力的，另一隻手要薄荷的。然後我說她可以自己伸手到我口袋裡拿錢，但是請當心，別觸到我心愛的小蛇。」

一般來說，談話包括交談、攀談、閒談、晤談、會談、漫談、座談等等。作為有來有往、相互交流思想感情的雙邊或多邊活動，在言談中能反映出你的形象、氣質、情操、學識、風度。出色的言談幾乎無一例外包含著下面一些要素：

1.「情」

白居易說過：「動人心者莫先乎情」，情深出良言。你將充沛的感情、親人般的溫暖、春風似的溫柔灌注到你的語言之中，那麼，堅冰將為之化解，悲怨將煙消雲散。通常，設身處地、情理交融、以心換心，總是使人輕鬆愉快、溫馨滿懷。

2.「誠」

情是前提，誠是基本。精誠所至，金石為開。古人云：「與人善言，暖若錦帛；與人惡言，深於矛戟。」你對人敞開心扉，推心置腹，一片誠懇，別人也願意向你吐露衷腸；盛氣凌人、油腔滑調、惡語傷人，得到的也只能是敵視和怨憤。語言術的法則也是心誠則靈。

3.「趣」

言談最忌索然寡味的說教。詰屈聱牙、故作艱深的言談，沒有人會歡迎。那些成功的語言大師總是風趣幽默、口齒生風、形象生動的。他們談古論今、藉題發揮、妙語如珠，具有很強的感染力，令人茅塞頓開，回味無窮。聽他們的談話，無疑是一種精神的享受。

4.「隱」

模糊語言的巧妙使用，對妥帖地表達觀點、意願、思想十分有益。假如談話對手性格內向、自尊自愛，直言不諱就會「闖禍」。就實道虛，由此及彼，峰迴路轉，點到為止，反而弦外有音，謙遜有度，令人欣然首肯。

在上述言變要素中，「情」、「誠」是人格的修養，而「趣」、「隱」則是表達的水準。一般，「趣」和「隱」是密切相關的，「趣」則「隱」，「隱」亦「趣」，兩者統一構成了那些言語的內在風範與氣質。

一般初次見面，彼此很生疏，你對對方個性不瞭解，交談就困難些。如果你過於拘謹、恭敬有加，只會增加對方的緊張不安。相反，你如果心境寬和，言語活潑詼諧，採用模稜兩可的幽默方法進行交流，氣氛便會很融合輕快，你那些富含哲理詩情、精妙有趣的話語將長期留在對方的腦海中。

至於熟識的朋友、同事、上司、下屬、客戶等，風趣調侃的言談同樣必不可少。因為人是渴望輕鬆和歡樂的，誰也不願意讓自己為沉悶、枯燥、冗長的廢話圍困，彷彿埋在地層之下一般。你的言談充滿情趣和機智，娓娓動聽，別人就會從中獲得啟悟、教益，自然他也會將敬佩的目光投向你。

言談有雅俗之別、優劣之分，優雅者都是幽默者。談吐雋永每每使人心靈一亮，如同流星劃過夜幕，翩然美妙。

鐵血首相俾斯麥有一次和一名法官相約去打獵，兩人在尋覓獵物時，突然從草堆中跑出一隻白兔。

「那隻白兔已被宣判死刑了。」

法官好像很自信地這麼說了以後，便舉起獵槍，可是並沒有打中，白兔跳著逃走了。看到這種情形的俾斯麥，當即大笑著對法官說：「他對你的判決好像不太服氣，已經跑到最高法院去上訴

了。」

言談摒除了空洞、艱澀而浸透幽默，其影響力便會成倍地成長。

特別是在困難、危險的情況下，妙語巧言常常能幫你消災避禍，從走投無路到柳暗花明。相傳關漢卿因編演《竇娥冤》觸怒當朝權貴，官府懸賞欲將他捉拿治罪。他聞訊連夜出逃，不幸遇到幾名巡夜的捕快攔住盤查。

班頭問：「你是幹什麼的？」關漢卿三句話不離本行，順口答道：「三五步走遍天下，六七人統領千軍。」班頭見此人口吐狂言，拿火把近前一照，似乎在戲台上見過，便問道：「你是個唱戲人吧？」關漢卿答道：「或為君子小人，或為才子佳人，登台便見；有時歡天喜地，有時驚天動地，轉眼皆空。」班頭品味此言，問道：「莫非你是關……」

關漢卿聽罷哈哈一笑：「看我非我，看我，我亦非我；裝誰像誰，誰裝誰，誰就像誰。」班頭是個戲迷，如今聽了這話，料定此人必是關漢卿無疑。他心中暗忖：拿吧，不忍心；不拿吧，五百兩銀子溜走甚可惜。關漢卿看出班頭心事，就吟詩一首：「低頭莫逞強，縱使得厚祿高官，得意無非俄頃事；眼下何足算，到頭來拋盔卸甲，下場還是普通人。」

一瞬間，班頭醒悟過來，便對衙役們說：「放他走吧！這是個書生。」

言談的幽默智慧產生於心靈的撞擊之中，不論交談、攀談、會談都會有各種思想、欲望、傾向、習慣，彼此交會激盪，富有幽默感的人就在這每一回合的交流中，獲得啟發，放開風趣的閘門。

北宋文壇領袖歐陽修，寫作一絲不苟。就是到了晚年，仍將已寫好的文章貼在臥室的牆壁上，仔細揣摩修改。老伴心疼他的身體，怨他過分執著，勸他說：「為什麼這樣自討苦吃呢？又不是

小學生，難道還怕先生生氣嗎？」歐修陽笑著道：「不是怕先生生氣，而是怕後生笑談啊！」

不善言談，或出言木訥，或語無倫次，或艱澀無味，都可能導致你的挫折、困惑甚至災難，出言不慎，播下怨恨的情形也不在少數。反之，如果在生活中，能夠借助幽默的交談，你成功的可能性便大大增加了。

幽默的談吐是人們有效交際的根本保障，是一個人值得驕傲和自豪的社交能力。所以，在社會舞台、婚姻家庭圈，你要學會用詼諧灑脫的語言與別人進行溝通與交流，以此來擴大你人際的磁力圈。

Chapter 2

徜徉於幽默的百草園

生活處處有幽默，認知幽默，就是要徜徉於溢彩流光的幽默花園，其中的豐麗與清新淡雅的芬芳，不僅讓你流連忘返，如醉如痴，更能引起你的無限遐思：幽默是什麼，又有什麼樣的內涵與魅力呢？

一、揭開幽默的面紗

幽默是人類另類智慧、另類思維的高級精神活動的產物。幽默是一個人的學識、才華、智慧、靈感在語言表達中的呈現，它帶給人們更多的是歡笑與激情。在我們的生活中，幽默無處不在。

什麼是幽默

有人說，幽默像大西洋百慕達三角洲那樣神祕，有人說幽默像達文西筆下蒙娜麗莎的笑容那樣微妙。總之，眾說紛紜下，幽默猶如一個披著面紗的美女，等待著躍躍欲試的人們輕輕地走上前去；如一個百花園，等待著人們去綜覽其中的豔麗與芬芳……

事實上，「幽默」一詞來自拉丁語，原意指「潮濕」，後來變成心理學術語。指由其比例來決定人的心理情緒的「分泌」（血

液、黏液、黃膽汁、黑膽汁），後來演變成指人的性情、氣質或脾氣，並進而變為特指對荒謬、滑稽等具有獨特反應的一種特殊的性格、氣質或脾氣。

直到十六世紀，班·瓊生才把「幽默」一詞引入藝術領域，指人物的愚蠢、滑稽的特性。到十八世紀初才演變成我們現代意義上的詞句，以詼諧的形式來表現具有美感意義的內容的美學術語。

幽默與我們的生活可以說是如影相隨，但在中國傳統文化中，並無「幽默」一詞，是「幽默大師」林語堂第一個把英文humours音譯為「幽默」。

關於幽默，《辭海》是這樣注釋的：幽默，美學名詞，英文humours的音譯。可以透過影射、諷喻、雙關等修辭方法，在善意的微笑中，揭露出生活中的乖謬和不通情達理之處。

幽默究竟是什麼呢？是歡笑、娛樂、快感？是荒誕、滑稽、詼諧？是揶揄、嘲弄、戲謔？這些都與幽默有關，都能在一定的條件下引發幽默感，但它們又都不能等同於幽默。那麼幽默是什麼呢？

請看下面的事例：

林肯總統才能出眾而相貌不佳，他的競選對手攻擊他是兩面派。林肯反駁說：「如果我還有另外一張面孔，我會帶著這副模樣來見大家嗎？」林肯以一個自嘲式的幽默贏得了選民的信任和好感，最終獲得了勝利。

美國德克薩斯州有一位百萬富翁，他的左眼壞了，裝了一隻假的，跟真的差不多，他非常得意，逢人便誇耀。

有一次，他碰到了馬克·吐溫，就問道：「你猜得出來我哪隻眼睛是假的嗎？」馬克·吐溫指著他的左眼說：「這隻。」百萬富翁萬分驚奇，說：「你怎麼知道的？」馬克·吐溫回答說：「因為我看你這隻眼睛裡還有一點點慈善。」

馬克·吐溫心不在焉的毛病是很出名的。一天，馬克·吐溫外

出乘車。當列車員檢查車票時，馬克‧吐溫翻遍了每個衣袋，都沒有找到車票。

這個列車員認識他，就安慰馬克‧吐溫說：「沒有什麼關係，如果實在找不到，也沒關係。」「哎！怎麼沒關係？我必須找到那張該死的車票，不然我怎麼知道到哪兒去呢！」

我們再來看另一個馬克‧吐溫的故事：有一次，著名作家馬克‧吐溫在法國旅行，在去迪照恩的火車上，他十分睏倦，打算睡上一覺。因此，他請求列車員在火車到迪照恩時把他叫醒。他首先解釋說他是一個非常嗜睡的人：「當你叫醒我時，我可能大聲抗議。」他對列車員說，「不過，無論如何只要把我弄下車去就行了。」

於是，馬克‧吐溫睡著了。

當馬克‧吐溫醒來的時候，已經是深夜，並且火車已經到了巴黎。他立刻意識到列車員在迪照恩時忘記把他叫醒了，他非常生氣。他跑向列車員並衝他大聲嚷道：「我一生從來沒生過這樣的氣，也沒有發過這樣大的火。」

列車員平靜地看看他說：「你的火氣還沒有我在迪照恩推下去的那個美國人的一半大呢！」

幽默的特性在於微妙的常識、智慧、哲學的輕逸性和思想的簡樸性，它可以逃避複雜和嚴肅。英國作家蕭伯納認為：「幽默是不能下定義的，這是使人大笑的一種主要的元素。」藝術大師卓別林則說：「所謂幽默，就是我們在看來是正常的行為中覺察出的細微差別。透過幽默，我們在貌似正常的現象中看出了不正常的現象，在貌似重要的事物中看出了不重要的事物。」中國作家老舍先生認為：「幽默首要的是一種心態，是由事物中看出可笑之點，而技巧地寫出來。笑裡帶著同情，而幽默乃通於深奧。」

蘇聯作家普里希文曾經說過：「生活中沒有哲學還可以應付過

去，但是沒有幽默則只有愚蠢的人才能生存。」幽默是一個人的學識、才華、智慧、靈感在語言表達中的表現，是一種「能抓住可笑或詼諧想像的能力」，它是對社會上的種種不和諧、不合理的荒謬現象、偏頗、弊端、矛盾實質的揭示和對某些反常規知識言行的描述。

一位年輕貌美的女子，獨自坐在酒吧的一角。

一位男士走近她，很有禮貌地對她說：

「小姐，對不起，我能為您買一杯飲料嗎？」

誰知她竟瞪著男士，突然喊道：「怎麼，要到汽車旅館嗎？」

「不，不！您誤會了！我只是問一下，我能不能為您買一份飲料。」

「您說今晚就去嗎？」這位女子高叫起來。

青年男子被她弄得非常尷尬，紅著臉退回到自己的座位上去。很多人都在冷眼看著他。

過了一會兒，這位女子走到他的身邊，帶著歉意很認真地說道：

「對不起，我使您難堪了！」又說，「我是學心理學的，正在研究人對意外情況的反應。」

這時，這位男士兩眼直望著她，突然大聲喊道：

「什麼？您要100美元？」

這是一則編織得非常巧妙、矛盾疊扣、因果顛倒、趣味濃郁的幽默小品。但是，這位男青年的「意外反應」卻是那位研究「人對意外情況反應」的未來女心理學家所始料不及、沒有研究出來的。

幽默是人類另類智慧、另類思維的高級精神活動的產物，並以其獨特的方式，影響著人類的文明生活。但要真正懂得什麼是幽默，不能僅僅從這一詞語的定義上去看，而是要用心去體驗。

● 生活無處不幽默

在生活中，幽默作為一種美學形式，帶給人們更多的是歡笑與激情。因此，與其單純說幽默是一種表現形式，還不如把它與人的氣質聯繫起來，因為幽默本身來源於人們大腦的思考與提煉。

或許有人會問：「到哪裡去尋找幽默呢？」

其實，在我們的生活中，幽默無處不在。

湯姆在外地迷失了方向，一位熱心的過路人走過來問：「你是不是迷路了？」

湯姆笑道：「不，我還在這兒，可是火車站卻的確被我弄丟了！」

於是，過路人被他的詼諧所感染，笑著給他指明了方向。

湯瑪斯夫婦倆一起去看美術展覽，丈夫在一幅僅以幾片樹葉遮住下體的裸體少女油畫前久久不肯走開，妻子揶揄道：「你是不是想站到秋天，等到樹葉落下來才甘心呢？」

自從人類懂得運用幽默以來，生活中就增添了無數的希望和活力；自從人類開始有煩惱以來，就懂得如何用希望、活力來擺脫煩惱，活躍人生。

在真正的幽默中活躍著被崇高的、美好的願望所喚起的熾熱的愛情、快樂、激情、鑽研精神，堅持抗爭的毅力、憤怒和對醜陋事物的鄙視。真正的幽默要求感情豐富，思想明確，思想敏捷。

下面這個例子，會使我們領悟到幽默中的智慧。

練兵場上，連長正領著新兵們操練。連長喊「立正」，新兵們整齊地站在連長的對面。連長繼續下命令：「向右看齊！」新兵們把頭側向了右邊。

但是，連長看到有一個新兵卻把頭側向左邊。於是連長又喊了一遍：「向右看齊！」但那個新兵還是把頭側向左邊。連長有點惱

火地問那個新兵：「你為什麼向左看？」

那個新兵膽怯地說：「都向右看，我怕敵人會從左邊上來。」

這則幽默的創作者打破了人們的常規心理，用一種異化的手法使讀者不禁為之怦然心動，拍手稱奇。

幽默有時會給人一些苦澀的滋味，但慢慢品讀，卻是苦中有甜，它有時使人哈哈一笑，有時啼笑皆非，在苦樂過後，又回味到某種寓意，進而給人以啟發。

著名作家克萊德長得很胖，又酷愛穿黑衣服。一次，一位貴族看到他在散步，便對著他大叫：「你看，來了一朵烏雲！」

「怪不得癩蛤蟆開始叫了！」克萊德看看臃腫的貴族說。

真正的幽默多出於熱情而少出於理智。幽默並非鄙夷，其真義在於愛；它不是出現在哄笑中，而是出現在安詳的微笑裡。

沒有什麼行為現象能像幽默那樣，表現出如此眾多、似是而非的矛盾對立。

一則笑話可能會使某人捧腹大笑，也可能使人毛骨悚然。領悟笑語需要智力，而再轉述出其思想內容，幽默便蕩然無存了。一句妙語或一陣笑聲既可表達友好和慈愛，亦可流露出挖苦與敵意。

並不是每個人都能具有幽默的細胞，它是一種難能可貴的天賦，許多人甚至沒有欣賞幽默的能力。詹姆斯‧喬治說過：「幽默是卑下與崇高之間對比的結果。幽默不僅代表了藝術，而且代表了美學和生活中的哲理。」我們可以從下面這個例子來體會幽默中的哲理。

一個男人告訴太太，說他買了十萬美元的壽險，所以一旦他遭遇不測，她和孩子們就不怕生計無著落了。

「好極了，親愛的，」太太說，「今後我們家庭可以節省一筆開銷了！」

「什麼開銷？」

「醫藥費。」

「為什麼？」

「你要是生病的話，可以不必去找醫生了。」

幽默是為個人和團體服務的一種社交工具，甚至比藝術更為有效。幽默是一種方法，人類藉此可以同時表達否定和肯定，贊成和反對，歡樂與苦惱。

幽默的人，超然於世外，以旁觀者的身分觀察生活，無論何時他們都懂得如何創造並享受生活中的幽默與快樂。

幽默讓生命趣味盎然

幽默能夠引發喜悅，給人們帶來歡樂，或以愉快的方式使別人獲得精神上的快感。而幽默感是指一種能力，是理解別人的幽默和表現自己的幽默的能力。幽默是一種藝術，是你運用幽默或幽默感，來增進你與他人的關係，並改善你自己的人格和品質的途徑。

具有幽默感的人，生活中充滿了情趣，許多看來令人痛苦煩惱的事，他們卻應付得輕鬆自如。從而使生命重新變得趣味盎然。

假如說，人可以分為生動的人和枯燥的人的話，那麼富有幽默感的人可謂是生動的人。與生動的人相處會使你感到愉快，而與缺乏幽默感的人相處，則是一種負擔。「酒逢知己千杯少，話不投機半句多」這句話，不是也可以證明這一點嗎？同樣，一篇充滿幽默的文章，會令人精神為之一振，而一場毫無幽默可言的演講，卻叫人昏昏欲睡。

在日常生活中，往往還會遇到這樣的情形，有的人只要熟悉，你盡可以和他說說笑笑；有的人卻不，平時再熟，你要是和他說個笑話什麼的，他會馬上一反常態，使你處於尷尬的境地，弄得你啼笑皆非。

在某種意義上說，培養自己的幽默感，也就是培養自己的處

世、生存和創造的能力。有較強生存能力的人，通常也是一個有影響力和感染力的人。

幽默像是擊石產生的火花，是瞬間的靈思，所以必須要有高度的反應與機智，才能發出幽默的語句，幽默可能化解尷尬的場面，也可能於談笑間有警世的作用，更可能作為不露骨的自衛與反擊。

例如伏爾泰總是讚賞某人的作品，某人卻總是刻薄地批評伏爾泰。當別人向伏爾泰說出這件事時，他只是一笑：「我們雙方都弄錯了。」不過短短幾個字，即幽默地解決了尷尬的場面，又做了有力的反擊。

俄羅斯有一位著名的丑角演員尼古拉，在一次演出的幕間休息時，一個很傲慢的觀眾走到他的身邊，譏諷地問道：「丑角先生，觀眾對你非常歡迎吧？」

「還好。」

「要想在馬戲班中受到歡迎，丑角是不是就必須具有一張看起來愚蠢而又醜陋的臉蛋呢？」

「確實如此，」尼古拉回答說，「如果我能有一張像先生您那樣的臉蛋的話，我一定能拿到雙倍的薪水。」

傲慢的觀眾本想藉此為難一下尼古拉，卻反而受到尼古拉巧妙而機智的還擊。

在這個競爭越來越激烈的社會，幽默感對於我們來說，顯得越來越重要了，因為他不僅能為嚴肅凝滯的氣氛帶來活力，更顯示了高度的智慧、自信與適應環境的能力。

二、綜覽異彩紛呈的幽默百草園

幽默是一個大家族，以其多種多樣的形式和異彩紛呈的種類，存在於我們生活的每一個角落，使我們原本平凡無味的生活，變得處處生機盎然。

● 不拘一格的幽默形式

在現實生活中，包含著多種幽默：滑稽、荒謬、戲謔、詼諧、風趣，還有以愉快的方式表達的諷刺、反諷、挖苦等等。

在外表上看，所有的幽默好像是如出一轍，但其間微妙的差異告訴我們，幽默的延伸或本質的確是不可捉摸的。滑稽的幽默多半蘊含動人的情節。例如馬戲團小丑打扮成有趣的模樣，表演令人發噱的動作。荒謬的幽默則以插科打諢為特色。

幽默的形式千變萬化：雙關語、俏皮話、格言、警句、詩、漫畫、諷刺畫、軼事、故事、荒誕故事，等等。在這些形式下，幽默不僅可用語文或視覺表達，它也可以有意造成或偶然發生。

幽默若以文字的形式表現，是屬語文的，而漫畫和諷刺畫則是視覺的。有的漫畫下面又加了一行逗趣的文字說明，但其精髓通常是在圖畫中。

在一堵牆上寫著兩行潦草的對白。上一句是「上帝死了……尼采說」。下面一句是「尼采才死了呢……上帝說」。這兩行文字給人以視覺上的衝突，就幽默工具來說，它是文字與視覺兼備，更能引人注意。

而諷刺畫又比漫畫來得更深入一些。它常將某個名人的臉作誇大描繪，或創造出一個形象來象徵某一訊息或意念。如美國共和黨的大象和民主黨的驢子。

此外，格言、警句、妙語、機智之言也屬幽默的文字形式。它們以簡單扼要的方式說出事實，表達想法，陳述觀念，為我們的行為增加色彩。

機智之言是指以幽默的回答，使自己從令人窘態的問題中或尷尬的時刻裡脫身，它可以化黑暗為光明，化干戈為玉帛。

警句和格言也都是簡潔地陳述事實。警句通常是用比較的方式

來得到結論，而格言是以發人深省的方式平添人類行為的光輝。把格言加上一點趣味的穿插，則又成為另一種妙語了。

故事和軼事指的是相同的東西，但軼事多半指名人或偉人的傳記故事，其中蘊含著哲理。小品文是將故事或軼事濃縮成不能再短的形式。相反，荒謬故事是把故事加以擴展、誇張。誇張也就是修辭學上所說的誇大法，使表達的觀點更形象、鮮明、銳利。

誇張出現在幽默中時，經常以諷刺詩文的形式出現。

西班牙作家賽萬提斯在他的名著《唐吉訶德》一書中，就是以諷刺詩文述說騎士精神和俠義之風的。他極度誇大唐吉訶德的個性，過分渲染他的冒險事蹟。唐吉訶德打敗了敵人，而敵人只是風車而已。賽萬提斯透過筆下的諷刺詩文來糾正當時社會的偏頗。他的幽默中存在著這樣的信念：畢竟「打倒風車」還是大有可為的。

反語，也稱反話。它以輕描淡寫或隱喻的間接方法來表達思想觀點。這種方式使諷刺不那麼刺耳，使人比較容易接受相左的看法。

嘲諷則是較苛刻的諷刺和反語。我們應當避免苛刻的幽默，儘量用俏皮的表達方式來委婉地指出雙方存在的分歧。

● 清晰簡潔的幽默層次

充滿幽默的人生是富有的人生。從幽默中汲取力量，可以使我們應付各種困境，擺脫種種煩惱。

幽默要形成力量，需要經過三個層次。

第一層次，指的是那些只對自己講的笑話好笑並能做趣味思想的人。趣味思想是指能隨時借用簡潔的格言、睿智的諺語、他人精彩的玩笑，進行修改，賦予生命，然後加上你自己的題材，使其最終成為適合你自己的幽默。

第二層次，指的是那些只對別人講的笑話好笑，並能做趣味思

想的人。

第三，即最高、最佳層次。只有那些能笑自己並能對自己做趣味思想的人，才能達到這個境界。這時一切的問題和困擾，都會自行削弱，從而達到撫慰人心的效果。

萊塞過了多年的單身漢日子，終於娶了一個妻子。他要帶妻子去外地度蜜月。

兩個人來到車站，萊塞去買車票，習慣了一個人出門的他又只買了一張票。妻子拍了一下萊塞的肩膀：「親愛的，你怎麼只買一張票啊？」

萊塞一聽心頭一震，忙隨機應變：「你看我，竟把自己給忘了！」

艾德‧沙利文曾說過，「如果你為別人做了一件好事，那麼同時你也治癒了自己。因為歡樂是一劑精神良方，能超越一切障礙」。

當你在處理自己的大小失誤時，如果你能笑談自己的失誤，並與他人同笑，那麼你不僅給別人帶來愉快和輕鬆，同時也治癒了自己因失誤引起的痛苦。以自己為對象的笑可以消釋誤會、抹去苦惱、擊倒失敗、重振士氣。學習去看你自己行為可笑的一面，你就會獲得自尊。

此外，你還給人建立了一個榜樣，使得他人也感到能同你一樣自在地取笑自己。即使以後你與他一同取笑他的失誤時，你既不會傷他自尊，也不會令他不悅，因為你已經證明你是個能與他人共歡笑的人，而不是只在一旁取笑、批評他人的人。

使人歡笑、使人快樂的途徑，只能是做使人愉快的事、說使人愉快的話。當你學會了如何取笑自己時，你會發現你已經掌握了這種能力。

● 繽紛多彩的幽默奇葩

幽默的百花園可以說是奼紫嫣紅，百花爭豔。在這些異彩紛呈的幽默中，最常見的幽默種類有以下幾種：

1. 最常見的嘲諷性幽默

它是幽默者以溫和寬厚的態度，對不夠理想的人和事所做的輕微的揶揄和批評。荒誕不經，卻發人深省。在卓別林主演的生活片中，主人翁長年累月在裝配生產線上擰螺絲，擰得太急了，竟擰到前邊人的屁股而未察覺。編導者運用「怪巧」的手法渲染畫面，造成情景幽默，以抨擊當代西方的勞動異化現象，令人忍俊不禁。

從前有個人，不學無術，卻愛裝文雅。

有一天，有個人告訴他最近斷弦了，他不懂得什麼是斷弦，只得附和著。

那人觀其臉色，便說：「女人死了。」

過了幾日，這個人的母親不幸病故了。

別人見他身著孝服，問他：「怎麼了？」

他文質彬彬地回答說：「斷弦了。」

人家說：「斷弦？你怎麼穿起孝服來了？」

他想了一下說道：「我斷了老弦！」

2. 讓人拍案叫絕的詼諧性幽默

幽默家族的另一個「大戶」是詼諧性幽默。其表現方式是以「巧」補愚。往往三言兩語，卻鞭辟入裡，讓人拍案叫絕。

有一個人拿著根竹竿過城門，因為竹竿太長，他橫著拿，進不了城門，豎著拿，也進不了城門，這時一個縣官在城樓上看見了哈哈大笑，說：「你真是個大笨蛋，連這麼簡單的事情也不會辦，真是蠢得不可原諒。你不會把竹竿從城牆上面扔過來嗎？」

詼諧性幽默的詼諧性與諷刺性都很強，在使人大笑的同時，亮出一張底牌：以「巧」補愚，實則更愚。

3. 貴族式的哲理性幽默

它包括那些靈機一動的智慧閃光，信手拈來的雋詞佳句，耐人尋味的諧趣珍聞。它代表一種樸實無華的「樸巧」。蘊涵深意，為人稱道。

請看下面這些妙語：

「保用幾年，就是告訴你這產品用多久該更新。」

有一對結婚多年的夫妻正在討論剛貼好的壁紙。丈夫對剛貼好的壁紙不太滿意，而妻子卻無所謂。為此，丈夫很惱火，他對妻子說：「這個情況的出現，就在於我是個要求完美的人，而你卻不是。」「說得對極了，」妻子回答道，「正因為這樣，你娶了我，我嫁給了你。」

一個題為《佳麗可人》的作品更富趣味：「你最愛我哪一點？」婦人問她的丈夫，「是我的天生麗質呢，還是我動人的身軀？」「我最愛你的這些幽默感。」

4. 最受年輕人青睞的逗趣性幽默

此類幽默在格調上屬玲瓏剔透的「智巧」，它由奇顯巧，巧奇結合，在突轉中獲得強烈的喜劇效果，下面就是一例：

有位辯論者在辯論中穿插了一個趣味故事：

在一輛載滿旅客的公共汽車後面，一位個子矮小的人在奔跑著。但是汽車仍在下坡路上高速前進。

「停下吧！」一位乘客把頭伸出窗子，向追車人喊道，「您追不上它的！」

「我必須追上，」追車人氣喘吁吁，「我是司機！」

5. 含沙射影的自嘲式幽默

幽默是一種奇妙的語言藝術。在眾多的幽默中，自嘲是一個很好的方式。你可用它來活躍談話氣氛，消除緊張；在尷尬中自找台階，保住面子；在公共場合獲得人情味；在特別情形下含沙射影，刺一刺無理取鬧的小人。

能自嘲的人絕大多數都是智者、高手，因為自嘲是要拿自身的失誤、不足甚至生理缺陷來「尋開心」的，對醜處、羞處不予遮掩、躲避，反而把它放大、誇張、剖析，然後巧妙地引申發揮、自圓其說。這一點，如果沒有豁達、樂觀、超脫、調侃的心態和胸懷，是無法做到的。可想而知，自以為是、斤斤計較、尖酸刻薄的人難以望其項背。

6. 會心一笑的軟幽默與硬幽默

在日常生活中，幽默可以分為戲謔性的（軟性的）和嚴肅性的兩種。戲謔性的、調笑性的幽默，完全是軟性的，本身沒有什麼特殊的互相對抗的情境，也沒有非爭取對方同意的意圖，純粹是為了活躍一下氣氛。在這種情況下，自然沒有什麼情緒膨脹的問題，只要神經更放鬆，情緒更活躍即可。

在面臨對抗的情境時，許多人就不知如何是好，陷入被動了。因為在這種情況下，矛盾帶有某種嚴峻的性質與不可迴避的性質，因而很難輕易地超脫。這時所需要的是硬性幽默，但幽默的本性是軟的、寬厚的，即使帶著進攻性的、硬性的也得軟硬結合，以軟為主。

因此，這種幽默在本質上是嚴肅的、硬性的，但在形式上又不能一味嚴肅，這在各種幽默中可能是難度最大的。

所謂軟就是要從硬性對抗中超脫出來，這就得用上虛幻、荒誕、脫離現實的辦法，但只能在表層虛幻，而在深層則應該堅持原

則立場。

　　外交活動、商務談判、體育競賽的對抗性可算是非常激烈的。在這些情境中，要幽默得起來，幽默虛幻性非達到超越現實的程度不可。

　　許多人在這種情況下幽默不起來，一個原因是不知可以向虛幻、向荒誕昇華，另一個原因是不知在虛幻、荒誕中如何既堅持原則又向虛幻、荒誕昇華。幽默的超脫是寬容的、軟性的，而原則立場則是嚴肅的、硬性的。這種軟硬兼施的幽默難能可貴。

　　許多體育明星在投入大賽以前，都會遇到記者的採訪，在這不可迴避的對抗之前，對於每一個明星的幽默感都是一種挑戰。

　　在這種情況下，明星有三種選擇：

　　第一種是抒情詩式的，浪漫色彩很濃：「我來就是為了爭冠軍的。」「上帝把冠軍的使命交給了我。」浪漫的特點是絕對化的，不留任何餘地。留了餘地就不浪漫了，這樣說說自然很是過癮，但是不妨設想一下，如果對方也這麼浪漫，也不留任何餘地，那麼競賽一結束，必然一勝一敗，實踐終究會證明其中一方的浪漫不過是吹噓而已。賽前越是浪漫的一方，就可能越是狼狽。

　　於是就有了第二種可能，不要那麼浪漫，有一點保留，甚至有點謙虛：「我們來這裡，不是為了勝利，而是為了參與，為了學習，我們爭取打出最好的風格，最好的水準。」

　　這樣的說法很保險，沒有牛皮吹破的後顧之憂，但也給人一種萎靡不振之感，連一點自信心都沒有，還有什麼競賽的精神可言呢？

　　最理想的是第三種選擇，那就是幽默的方法，首先把對抗性用虛幻和荒誕的形式加以淡化（或者叫軟化），然後才是堅持自己的信念，軟中有硬，綿裡藏針。

　　這時最基本的一手就是把實實在在的事情、非常嚴峻的對抗說

得玄而又玄，心照不宣地推到一種超越現實的境地去。關鍵是不要那麼客觀，那麼科學，那麼全面，要帶一點主觀的感情色彩，雖不可以醉心於做浪漫主義的抒情姿態，但可以把對抗虛幻化。

1990年富士通世界圍棋冠軍賽到了最後階段，台灣的林海峰力克號稱世界最強的選手小林光一，聶衛平戰勝了韓國「棋王」曹薰鉉。最後剩下兩個中國人進入決賽。

在這以前，林海峰兩次戰勝了聶衛平，但沒有戰勝韓國選手，兩次都只拿到世界亞軍。

在新一屆的世界圍棋冠亞軍決賽的前夕，林海峰在台灣說：「世界亞軍沒意思。」而聶衛平則在北京搭機前往日本時說：「中國第一個圍棋世界冠軍還是由我來拿吧。」

這一下兩強相遇，形勢很有戲劇性，新聞記者興奮了，先是訪問林海峰。

林海峰想拿世界冠軍這是不用說的，但對手聶衛平兩次都敗在他手下，他怎麼回答記者呢？如果浪漫一下，情緒可能膨脹，把友好的氣氛給破壞了；如果謙虛一下就沒有什麼競賽精神了。林海峰用了一種虛幻的、荒誕的方法把兩次勝利淡化了。他說：「前兩次，聶衛平看我是同鄉，故意讓給我的。」

7. 暖意融融的寒暄式幽默

「寒暄」本為「寒暖」之意。人們見面時總愛從無關緊要的周邊話語談起，談論天氣寒暖之類禮節性的應酬話便成為「寒暄」一詞的引申意義。寒暄的心理實質是個體間接觸關係的緩衝。這種接觸是多種多樣的，如陌生接觸、相識無意接觸和相識有意接觸等。

人們乘坐飛機、火車，相鄰的座位上的乘客通常開始互問到何處去，這就是陌生接觸的寒暄。鄰居們一早在家門口遇見了，通常互說「早安！」，這是相識無意接觸的寒暄。向同事求辦一件事，

開頭說些無關緊要、不入正題的話，便屬相識有意接觸的寒暄了。

人們生活中離不開寒暄。兩人每天都見面，不可能一見面就站在路邊談起來沒完沒了，也不能見面因嫌麻煩而不打招呼，這既不近人情，也無法緩衝兩個熟人相遇時下意識的緊張。為增添生活樂趣，也可打破常規地寒暄，注入幽默。

連續下了七天雨，與同事們見了面，大家說：「這天怎麼老是下雨呀？」你就不一定要常規作答：「是呀，已經七天了。」而可以說：「嘿，龍王爺也想多拿獎金，連日加班了。」當然也可以這麼說：「天堂地板壞了，所以老是漏水。」如果對喜愛文學的同事更可這樣幽默：「別打擾，上帝在讀長篇悲劇。」

1987年因為厄爾尼諾現象的影響，氣候反常，快入夏了，人們還穿著棉襖，見到熟人不一定說：「天氣反常，五月份了，還這麼冷。」若來個幽默：「瞧，這不又快立冬了，棉襖又披上了。」或者故意問別人：「劉先生，『聖誕節』過了嗎，怎麼這麼冷？」一定會得到對方的笑聲，或許能帶出他的一句幽默的回答：「是啊，老天爺在鬧情緒，老是冷面孔。」

老年婦女很喜歡晚輩對她的善意的玩笑。李阿姨在盛夏的清晨到樹蔭下做運動，你若神祕地對她說：「阿姨，這麼早練功，棉襖不穿，別著涼。」一定會逗得她大笑，當然，如果說：「我老遠以為是體操運動員在練習呢，原來是阿姨。」必會引起老人一張高興的笑臉。

總之，幽默的形式和種類異彩紛呈，各種各樣的幽默，像滿天繁星，妝點著人類浩渺無邊的天空。這個世界如果缺少了幽默的點綴，就會變成一片寂寞的沙野。

三、詮釋幽默的三大內涵

人生有許多無奈、愁苦與悲傷。在生活中，豈能事事盡如人

意？但是，幽默卻卻是雨過天晴、迎向陽光的人生態度。之所以如此，是因為生活賦予了幽默歡樂、機智、豁達等深厚的哲理和藝術內涵，你讀懂了它們，也就讀懂了人生，從而知道如何坦然地面對人生。

幽默是「會心的微笑」

幽默是人的一種秉性，與勤快和懶惰無關，與聰明或遲鈍無關，但與心態有關。從容了，才能有心思幽默一把；遊刃有餘了，才有餘力去體會幽默；放下惶恐之情了，才好幽默吧？不然，強說笑，又與強說愁有什麼不同？那樣笑得比哭還難看。幽默應該屬於那種「會心的微笑」。

中華民族本身是具有幽默秉性的民族，但我們的教育出現過某些偏差。在一個人從小到大的成長過程中，父母及老師都教導我們要「莊重」、「認真」，其實這主要是中國傳統的禮教文化，強調「君子不重則不威」。故幽默大師林語堂認為：「議論縱橫之幽默，以莊為最，詩化自適之幽默，以陶為始。大概莊子是陽性的幽默，陶潛是陰性的幽默，此發源於氣質之不同。不過中國人未明幽默之義，認為幽默必是諷刺，故特標明閒適的幽默，以示其範圍而已。」

老子多苦笑，莊生多狂笑；老子的笑聲是尖銳的，莊生的笑聲是豪放的。大概超脫派容易流於憤世嫉俗的厭世主義，到了憤與嫉，就失卻了幽默溫厚之旨。孔子燕居之時是嘆息著的笑。林語堂認為孔子是溫而厲的，近於真正的幽默態度，可是後來孔子欲正而穩之，名而立之，以至於隨其後的儒者也日趨酸腐。

若在幽默的培養上與西方社會比較起來，中國人的重視程度顯得缺乏一些。美國人可以不在意別人罵他無賴、頑固、奸詐，但絕對不能忍受「沒有幽默感」的批評。在他們的眼中，「沒有幽默

感」簡直就是代表著做人失敗、不受歡迎以及令人討厭。

在麥克阿瑟將軍為他兒子所寫的祈禱文中，除了求神賜給兒子「堅強勇敢、心地善良、認清事實、接受磨練」等外，還祈求上蒼賜給他「充分的幽默感」，由此可見，西方社會對幽默非常重視。

幽默需得在特定的環境下才能體會出來。而不同的地域對幽默的理解也不一樣，就像南方人未必能領會到北方慣用語的幽默。帶有個人氣質的幽默必然帶有個人生活工作的背景色彩，就像魯迅的幽默隱諱而嚴肅，現在的年輕人較不能欣賞得了，因為他的幽默，大多數符合那個時代的背景。

雖然不同的地域，甚至不同的人對幽默的理解不同，但如果一個人學會運用幽默的力量，那麼，他就會成為一個有幽默感的人，能擁有樂觀豁然、談笑風生的性格，從而能笑對人生。

幽默是心智成熟的標誌

人的幽默是智慧發達的標誌，是建立在人對生活的公正、透徹的理解之上的。理解生活應當說是高層次的能力，在此基礎上，才能形成更好的生活能力。

通常，從某種意義上說，培養自己的幽默感，也就是培養自己的處世、生存和創造能力。有較強生活能力的人，通常也是一個有影響力和感染力的人。

一個人是否有影響力，在一定程度上取決於他是否具有幽默感，是否掌握了幽默的藝術。

歌德有一次出門旅行，走進一家飯館，要了一杯酒。他先嚐嚐酒，然後在杯裡摻了點水。旁邊一張桌子坐著幾個貴族大學生，也在那兒喝酒，他們個個興致勃勃，吵吵嚷嚷，鬧得不可開交。當他們看到鄰座的歌德喝酒摻水，不禁哄然大笑。

其中一個問道：「親愛的先生，請問你為什麼把這麼好的酒摻

水呢?」

　　歌德回答說:「光喝水使人變啞,池塘裡的魚兒就是明證;光喝酒使人變傻,在座的先生們就是明證。我不願做這二者,所以把酒摻水喝。」

　　一個掌握了幽默藝術的人,他的幽默語言和行為會一傳十、十傳百,成倍地擴展。如果幽默的語言行為中有他的思想、觀點,那麼,就會有很多人來傳播他的思想、觀點。幽默的漣漪或效果一旦產生,你所要傳達的資訊也隨即被他人接受。無論他人是反對還是支持,至少他已瞭解了你的想法,於是你的影響便由此而產生。

　　著名詩人惠特曼是一個富於幽默感的人,而且他的幽默常常具有攻擊性。也許,正是這種富於攻擊性的幽默,更增強了他的影響力。

　　有一次,惠特曼在一次大會上演講,他的演講尖銳、幽默,鋒芒畢露,妙趣橫生。

　　忽然有人喊道:「您講的笑話我不懂!」

　　「您莫非是長頸鹿!」惠特曼感歎道,「只有長頸鹿才可能星期一浸濕了腳,到星期六才能感覺到!」

　　「我應當提醒你,惠特曼先生,」一個矮胖子擠到主席台前叫道,「拿破崙有句名言:『從偉大到可笑,只有一步之差!』」

　　「不錯,從偉大到可笑,只有一步之差。」他邊說邊用手指著自己和那個人。

　　卓別林成為著名電影藝術家之後,有許多人也有意在生活中學他走路的姿態,而且穿戴打扮上也有意模仿,以增加一點生活樂趣。有一則關於真假卓別林的幽默,別有一番趣味。

　　有一次,某藝術公司特地公開舉辦了一次模仿卓別林的有獎比賽,並宣稱將由研究卓別林的專家認真評選。

　　在得知這一消息後,卓別林覺得很有意思,想親自去看看,便

也冒充普通選手去參加了比賽。然而，出人意料的是，待評選結果
公布時，他這貨真價實的卓別林卻只獲得了第二名！

到了正式頒獎那天，那家藝術公司特邀卓別林出席，並請他講
話。卓別林推託不了，於是便微笑地說了幾句話：「世界上只有一
個卓別林，我這次既然被評為第二名，那理所當然地應該請榮獲第
一名者上台講話！」

一個有影響力和感染力的人，通常是一個胸懷寬廣的人，著名
電影藝術家卓別林，正是用他的幽默，顯示了他海納百川的心胸與
偉大的人格魅力。

四、捕捉生活的幽默藝術與智慧

「幽默大師」林語堂先生提倡「生活的藝術」，即穿衣吃飯，
行走坐臥，都有藝術存在其中，有的人嗜茶，有的人愛書，也有的
人善於捕捉生活中的幽默藝術，使用幽默這支神奇的魔棒，人生的
旅途必將意趣盎然。

● 解讀幽默的生活藝術

幽默是一門魅力無窮的藝術。幽默用它特有的魅力吸引著無數
人，使他們為之傾倒。世界各國的人都以其特有的方式表現著他們
的幽默智慧。

在一家餐廳裡，一位顧客點了一杯啤酒，卻赫然發現啤酒裡有
一隻蒼蠅。

如果他是英國人，他會以紳士的態度吩咐侍者：「請換一杯啤
酒來！」

如果他是法國人，則會將杯中啤酒傾倒一空。

如果他是西班牙人，他就不去喝它，留下鈔票，不聲不響地離
開餐廳。

如果換作日本人，他會令侍者去叫餐廳經理來訓斥一番：「你們就是這樣做生意的嗎？」

如果是阿拉伯人，他會把侍者叫來，把啤酒遞給他，然後說：「我請你喝……」

如果他是美國人，則會向侍者說：「以後請將啤酒和蒼蠅分開放置，讓喜歡蒼蠅的客人自選將蒼蠅放進啤酒裡，你覺得怎麼樣？」

美國人這種表達不滿的方式就是一種幽默的藝術。懂得了如何蒐集、開發、運用幽默的資源，就知道了如何面對紛繁複雜的人生。

有生活經驗的人都會認識到以幽默面對人生困難的重要性。幽默幾近於一種緩衝機制，它顯然與對抗、失望和悲觀無緣。幽默也近乎於一種默契形式，它使人以友善、寬容、諒解、發展的眼光來看問題。它會使人以愉悅的方式表達人的真誠、大方和善良。它像一座橋樑拉近人與人之間的距離，填補人與人之間的鴻溝，是奮發向上者和希望與他人建立良好關係者不可缺少的要素，也是每一個希望減輕自己人生重負的人所必須依靠的支柱，我們來看下面這個有趣的例子：

林肯總統身體不適，不想接見前來白宮嘮嘮叨叨謀求一官半職的人。但一個令人討厭的傢伙賴在林肯身旁，準備坐下長談。林肯非常厭煩，只是出於禮貌不好直接把他趕走。

這時，正好總統的醫生走進房間。林肯急忙向他伸出雙手，問道：「醫生，我手上的斑點到底是些什麼東西？」

「那是假天花，就是輕度的天花。」醫生說。

「我全身都有，」林肯說，「我看它是會傳染的，對嗎？」

那位來客聽了這番話，忙站起來說道：「好吧，我現在不便多留了，總統先生。我沒有什麼事，只是來探望您的！」

「呀，不必這麼急急忙忙嘛！」林肯輕快地說。

「謝謝您，總統先生，我下次再來看您。」說罷，那個傢伙朝門外頭也不回地走了。

林肯藉著醫生進來的機會，巧妙地「嚇」走了「客人」。

一般具有這種幽默感的人，都有一種出類拔萃的人格，能自在地感受到自己的力量，獨自應付任何困苦的窘境。我們或許不能像林肯那樣能言善辯，但我們確實也可以時時去使用幽默的技巧。

幽默是生活藝術的極品。幽默的特性在於給人帶來歡樂或以愉快的方式娛人，它的特色在於它的影響力或者說穿透力。幽默的形式以及幽默的來源……幽默感的存在都為這股力量創造了先決條件。

幽默是使幽默者在諧調的事物中找出不諧調的因素來，敏銳地發現平常事物中的怪誕，並用十分自然的口吻說出來。

1991年4月，凌峰在北京展覽館主持「海峽情」大型文藝晚會。

演出中，舞蹈家劉敏表演獨舞《祥林嫂》時不幸墜入兩公尺多深的樂池裡。這時台上台下都愣住了，一時不知所措。

這時，只見凌峰不慌不忙地走上台來，摘下禮帽，露出光禿禿的腦袋，然後彎腰向觀眾深鞠一躬。全場靜下來了。凌峰說話了：「我知道，大家此刻正牽掛劉敏跌傷了沒有，那麼請放心，假如劉敏真的跌傷了，我願意後半輩子嫁給她！」一直擔著心的觀眾輕鬆地笑了。

凌峰突然一反其滑稽幽默的風格，顯得激動而深情地說：「劉敏說，藝術家追求的是盡善盡美，奉獻的是完美無缺，現在她要把剛才沒跳完的三分鐘舞蹈奉獻給海峽兩岸的父老兄妹。」

觀眾聞此感動至極，掌聲經久不息。這掌聲既是對劉敏堅毅精神的讚賞，也是對主持人凌峰點石成金的解說的回應。

一句幽默的話，一個滑稽的表情，一個讓人啼笑皆非的動作，

總是在不經意間化解人的難處。因而，人不一定非要擁有萬貫家財，家中也不一定非要天天高朋滿座，但卻必須要有幽默的生活藝術，讓心靈時時浸潤在真善美的境界裡，使自己的人生更加樂趣橫生。

● 洞悉幽默的「自然」之道

幽默能帶給我們樂趣，讓生活中充滿歡笑；幽默能給我們以哲理和啟迪，讓我們瞭解人生的真諦；幽默能給我們無窮的勇氣和力量，讓我們在風雨人生路上跨過一個個障礙。

大陸唐山大地震的時候，一個農夫睡在自己的床上，眼睜睜地看著自己家的房頂突然沒有了，這時候大雨傾盆，他的家人慌亂成一團，他對他的家人說：「別著急，沒有屋頂的壞處就是會被雨淋濕了，但好處是太陽可以直接曬乾我們的東西。」這個農民沒有學識，但他在生死關頭處亂不驚，從容幽默，他的幽默感是天生的。

幽默的另一種來源是靠後天的修養。培養幽默感非常不容易，它不僅需要知識，需要見識，需要腦子靈活和口才的雄辯，它還需要一個人自覺地向自然回歸。

一位著名主持人說，做主持要有一種「人來瘋」的精神。幽默也是，如果在表達自己的幽默時有太多顧慮，就難以揮灑自如，難以達到一種自然而然的狀態。中國古人稱閃電為「天笑」，笑是一種自然之道。

一個人只有越坦然、越真實、越忠於本性，他才越有可能獲得幽默感。我們經常發現一個並不幽默的人，在他喝醉了酒之後會表現出驚人的幽默，其中的原因就在於酒使一個複雜的社會人變成了一個純粹的自然人。

讓我們看看這些酒鬼們的真情流露吧。

比爾又喝得東倒西歪了，在哈特廣場他叫住了一輛計程車，並

對司機說：「把我載到華爾大酒店去。」

司機納悶地回答說：「這裡就是華爾大酒店。」

「真的嗎？」比爾又問。

「沒錯，我不會騙你的。」司機肯定地回答。

於是，比爾無可奈何地掏出一張二十元的鈔票扔給司機說：「好極了，這是給你的，不過，下次可不要開得這麼快了。」

有一個人很愛喝酒，每天都喝得像一攤爛泥。有一天他又喝醉了，要搭車回家，就站在街上大喊，這時過來一輛110警車要把他帶走。他上了車後大喊：「我知道一公里十塊錢，幹麼還寫這麼大？」

兩個醉漢在路上走著，其中一個看到路邊有一面鏡子，便走過去撿了起來，對著鏡子說：「這是怎麼回事？這個人好面熟啊！」他的同伴走了過去，奪過鏡子說：「讓我看看！……笨蛋，你怎麼連我都不認識了？」

富豪酒店的夜班接線員，一夜連續十次接到同一個男人打的電話，那人只重複著一句醉話：「請問酒店的酒吧間什麼時候開門？」

接線員第十一次聽到這話時氣壞了，沒好氣地說：「記住，笨蛋，早上九點開門！」

「早點開門吧！」醉漢哀求說，「我被鎖在酒吧裡了，我想回家呀！」

一名男摔角手在一個鄉村酒店裡喝酒。他不理會同伴對他狂喝濫飲的勸阻，一直地把酒喝光。當他們終於動身回家時，他已東倒西歪了。

這夥人抄近路穿過田野時，被一隻兇猛的公牛吸引了。摔角手按住公牛雙角，和牠搏鬥，隨之而來是一幕驚心動魄的角逐。最後，公牛竟然掙脫出來逃走了。

　　「你們是對的，」摔角手說，「我喝過了頭。不然我是能把那個小夥子從他的自行車上摔下來的！」

　　一天，一個醉漢走出波特曼酒店，上了計程車，對司機說：「希爾頓飯店，八樓八一八號房。」途中，司機發現醉漢把衣服一件件全脫了下來，便說：「先生，還沒到你的房間呢！」醉漢一聽惱火了：「你為什麼不早說呢？剛才我已經把皮鞋脫在門外了！」

　　坐在小酒店裡的一個醉鬼，看到一個傢伙胳膊下夾著一隻鴨子走進來，就問：「你和那頭豬在一起幹麼？」那傢伙說：「這不是一頭豬，是一隻鴨子。」醉漢立刻頂了回去：「我是對鴨子說的。」

　　也許這些男人不喝醉酒，就一定沒有這麼可愛了，但我們卻不能因此就鼓勵酗酒。記住，做個純粹的人，保持自己的天性與本色，雖然做一個純粹的人很難。

● 認知幽默與滑稽、諷刺的天壤之別

　　美國作家馬克・吐溫曾說：「有的人對幽默具有一些亂七八糟的領會，只看到低級、瑣碎的事物的可笑一面。而世界上還有高級的、滑稽可笑的東西。」但是在生活中，經常有人把幽默和滑稽混為一談。其實，兩者之間區別很大，滑稽的目的在於引人發噱，而幽默包含的範圍更廣……娛樂、快活、喜悅、歡愉，還有並非必要的笑。所以，幽默不是油腔滑調，也非嘲笑或諷刺。

　　生活中可以見到一些滑稽現象，例如高大的胖女人和矮小的瘦男人跳舞；或是男人扮女相，唱女腔；挺大的塊頭，忸怩作態，冒充多情的姑娘；還有某些相聲裡表演的某人一下子掉進老虎洞，或是卡在電梯裡，這就是滑稽。貧嘴瞎扯、裝傻充愣固然能使人大笑，但這種笑是由於事情的荒唐怪誕而引起的，並沒什麼內涵和新意，更沒什麼可回味的東西。

幽默和滑稽都逗人大笑，但這是兩種不同的笑。

硬捅他人臂下，甚至庸俗耍怪的，這不是幽默，而只是滑稽。比如有個飯店的服務員，他像個老兵似的習慣於服從命令。假如別人喝令他「立正」，他慌忙垂下雙手，讓捧在手裡的杯盤落地打碎，這就是滑稽。滑稽使人大笑，卻也帶有諷刺意味，但它缺少幽默的深刻內涵和外圓內方的機敏品質。滑稽的笑是荒唐可笑的笑，而幽默的笑是啟人心智的笑。一個是淺薄的逗樂，而另一個是智慧的閃現。

第二次世界大戰期間，英國首相邱吉爾來到華盛頓會見當時的美國總統羅斯福，要求美國共同抗擊德國法西斯，並給予英國物資援助。邱吉爾受到熱情接待，被安排住進白宮。這天早晨，邱吉爾正躺在浴盆裡，抽著他那特大號的雪茄菸。門開了，進來的正是羅斯福。邱吉爾大腹便便，肚皮露出水面……

這兩個首腦人物在此刻見面，委實尷尬。邱吉爾把菸頭一扔，說：「總統先生，我這個英國首相在您面前可真是開誠布公，一點隱瞞也沒有！」說完後，兩個人哈哈大笑起來。隨後，雙方的會談獲得成功，或許邱吉爾的幽默不無作用吧！他說「一點隱瞞也沒有」，不僅是為了調侃打趣，緩解窘境，而且含有坦誠求助、彼此信任的寓意。因而這是幽默，而不是滑稽。因為在這當中，便顯示了幽默者與被幽默者的胸襟與自信。

有一個禿頭者，在別人拿他的禿頭說笑時，當場變了臉。這一方面可能因為對方幽默不得體，刺傷了他，更可能是因為他原本對禿頭有極大的自卑。

相反，另有一位禿頭的報紙主編，當別人笑稱他聰明絕頂時，他居然笑答：「你小視我也，我早就聰明絕頂了！」你想，若不是他有相當的自信，又怎能將就別人的話，幽自己一默呢？

諷刺不能和幽默相提並論，它們之間也有實質性的差別。

　　諷刺是針對社會弊病和某些人的惡習醜行加以尖銳的嘲笑和批判，其矛頭所指、針貶意圖總是朝著別人，是客觀的。而幽默即使是批評和嘲弄也並不是專對別人的，即使不得不反擊對方的挑釁，也總是有一種含笑的啟示和智慧的火花。

　　另一區別是諷刺未必逗人大笑，而幽默總要詼諧有趣。因此，蘇聯心理學家普拉圖諾夫說：「幽默是在玩笑的背後隱藏著對事物的嚴肅態度，而諷刺卻是在嚴肅的形式背後隱藏著玩笑。」此話可以說是一針見血地道出了幽默與諷刺的天壤之別，所以，我們千萬不要把幽默與諷刺混為一談，從而能夠更深地瞭解幽默深刻的內涵。

用幽默的力量
締造非凡人生

世界上有很少人天生是幽默的，大多是後天的環境與努力所致，所以只要肯下工夫研究學習，並加以實踐，誰都會成為受眾人歡迎的幽默高手，都會有幸福而快樂的人生。

一、為生活加一道幽默的邊框

為你的生活加一道幽默的邊框，在你幽默的時候，你的自我感覺會變得更好；在你幽默的時候，你也會收穫好人緣，從而收穫一個幸福而快樂的人生。

◉ 你有「幽默細胞」嗎？

笑，既是一種生理功能，又是一種心靈體操。而幽默，也是一種笑……會心的笑，聰明的笑。你是一個笑口常開、富有幽默感的人嗎？

下面有一套簡單的測試，你只要花三分鐘的時間，就可知道自己是否具有幽默感。當然，如果你需要慎重考慮一下，延長測試時間也不會影響測試效果。首先讓我們看一下測試的問題，然後在A、B、C中任選一個，A表示問題的敘述與你的狀況接近，C表示問

題與你的狀況截然相反，B是介於兩者之間。

1. 與我接觸的人都說我是一個開朗的人。

    A   B   C

2. 我的主管很欣賞我的口才，因為一個會說話的人能為公司帶來效益。

    A   B   C

3. 在一些嚴肅的場合，為了舒緩緊張的氣氛，我也會適度地開一些玩笑。

    A   B   C

4. 我常常看相聲、小品、喜劇、漫畫，以及其他一切令人大笑的藝術形式。

    A   B   C

5. 我經常會蒐集一些好笑的故事，有趣的故事。

    A   B   C

6. 我常常把一些有趣的事情講給朋友、同事和家人聽。

    A   B   C

7. 我善於用開玩笑的方式，來表達一些我難以說出口的話。

    A   B   C

8. 我善於利用玩笑，來提醒別人記住一些很重要的事情。

    A   B   C

9. 當別人講笑話，或說出一些開心的事，我會真誠地隨著他們一起大笑。

    A   B   C

10. 當我處於尷尬、難堪的境遇時，我能用自嘲的方式來化解窘態。

    A   B   C

11. 我認為心情愉快能提高工作效率。

A　　B　　C

12. 幽默能化解許多人事間的矛盾，當我笑的時候別人就難以對我發脾氣。

A　　B　　C

13. 就是我獨自一人，當我想起好笑的事情，我也會笑出聲來。

A　　B　　C

14. 偶爾，我會突發奇想，做出一件可笑的事情。

A　　B　　C

15. 當我遇到困難時，總是用幽默來尋找自信，鼓勵自己戰勝挫折。

A　　B　　C

　　現在我們來看一下結果。如果你一共得了16個A以上，那表示你如果不是在說謊，就是你不會加法。如果你的A介於10～15個之間，就表示你富有幽默感，祝你精益求精。如果你得的A在6～9個之間，表示你只要再加一點點努力，就會是一個有幽默感的人。

　　如果A在3～5個之間，那就表示你需要大大的努力。如果你的A低於2個，那只能說明你是一個嚴肅的人，一個不苟言笑的人。如果你竟然一個A都未得，那你需要好好反思了：是不是自己的幽默感太差，是不是自己是一個悲觀的人？如果你是一個悲觀的人，那就需要好好培養幽默感了。

● 幽默屬於生活的強者

　　一個心胸狹窄、思想頹廢的人是不會幽默的。幽默永遠屬於那些生活的強者。

　　幽默者品德要高尚，要寬容大度，對人充滿熱情。

　　幽默永遠屬於那些生活的強者。生活中如果多一點趣味和輕鬆，多一點笑容和遊戲，多一份樂觀與幽默，那麼就沒有克服不了

的困難，也不會出現整天愁眉苦臉、憂心忡忡的痛苦者。

做生活的強者，給自己的生活多注入點幽默的基因，那麼，你生活中的許多問題與困難，就會迎刃而解，而成功也會離你越來越近。

● 讓幽默充實你的生活

自從人類懂得運用幽默以來，就增添了無數的希望和活力，生活也因此變得充實起來。

幽默的語言是非常形象生動的：

記者問從事各種職業的人：「你們怎樣能使夫妻關係和諧？」

救火員：「我們不讓星星之火釀成燎原之火。」

木匠：「基礎穩固最重要。」

老師：「我們把彼此的優點做了精確的拷貝。」

電工：「時而會有火花，但我們接了安全的地線。」

旅館老闆：「溫暖的環境，愉悅的氣氛，注意私密性。」

牙醫：「早上起來的第一件事及晚上睡覺前的最後一件事，就是一個動人的微笑。」

藥劑師：「愛是萬靈藥。」

郵差：「勤於做溝通工作。」

貨車司機：「經常想到，不能成為好夥伴則這段行程會變得極艱辛。」

這些幽默語言都是從生活中提煉出來的。從生活中提煉幽默語言，要從以下幾個方面著手：

1. 要注意豐富自己的幽默資料，看得多了，聽得多了，擁有的幽默資料多了，便於自己模仿各種形式的幽默語言。可以用來借鑑、參考的幽默資料多了，說起幽默話來語言也就豐富了，運用幽默語言的能力自然會得到提高。所謂「熟讀唐詩三百首，不會寫詩

也會吟」，說的就是這個道理。

生活中有許多方式可以汲取幽默語言的養分。首先是文學，文學被譽為幽默思維軌跡的錄影。幽默文學在弘揚生命、啟迪智慧的文學功能上具有不可或缺的作用。古今中外的很多文學家都是幽默高手，他們的很多佳作都是幽默氛圍濃重的文學名篇。

幽默最直觀的藝術就是漫畫，漫畫有著靜態的詼諧，其揭示矛盾的力度不亞於有聲的對話或文學描寫。還有多種文藝節目如喜劇片、戲劇、曲藝等，採用的語言清新、活潑、幽默，給人以啟迪，更重要的是這類節目因其形式的多樣生動，更容易被記住。

2.俄國作家果戈理也曾經採用過，他隨身攜帶著筆記本和筆，隨時把聽到的幽默風趣話適時記錄下來，成為他以後寫作的素材。透過這樣的不斷蒐集，他的諷刺戲劇《欽差大臣》一炮而紅，使他成為世界級的文學大師。

要想充實自己幽默庫裡的幽默素材，要想有幽默的好口才，首先應該把每一個看到的、聽到的精彩笑話，及時記下來，再反覆背誦，直到能流利地講出來為止。因此，每天讀報、剪報，把有趣的、新鮮的、能讓人眼睛一亮的文章蒐集起來，再分類、歸檔，背起來，並練習講給別人聽，久而久之，自然就能在適當的時機派上用場。講的時候，也可以把故事中的主角變成自己，「笑果」更佳。

3. 要多動腦筋，多思考，注意從別人的幽默語言中體會幽默的要領。僅僅從抽象的概念中學習幽默的要領，往往是不深刻的。只有結合大量的幽默語言實例進行深入體驗，才能深刻理解幽默的要領，使自己對幽默語言運用自如。

4. 要善於散發思維，注意從別人的大量幽默語言實例中啟發思維。散發思維就是要充分地發揮自己的空間想像能力，充分調動自己的組合能力，將那些彼此相差十萬八千里的意象進行重新的組

合，而以這一組新的意象去闡釋這一常見的概念。《魔鬼辭典》就是用了這樣的一種幽默方式，書中對那些日常概念的解釋既有新義而又恐怖。假如朋友拿你開玩笑，問你：「一頭牛加一頭豬，結果是多少。」你一定會覺得難以回答，但是如果你換一種角度，從另一種模糊的概念出發，則可以以幽默的方式回答他：「一頭牛加一頭豬，等於你加上我。」這種回答雖不合常情，卻合此理，即用另一種無法接受的答案回答原本難以回答的問題。

下面就是一些絕妙的散發思維構成的幽默。

比基尼：男人們希望除了自己的老婆以外，所有女人都穿上的社交禮服。

天才：生前被別人嫉妒和迫害，死後被別人稱讚和自況的人。

國庫券：政府發的借條。不過信譽的確十分高，到期連本帶利如數償還。

嘴：多功能的器官，可吃牛排、抽雪茄，喝人頭馬酒；如果接吻也接膩了，還可以吸毒。不過，進監獄吃饅頭也能狼吞虎嚥。

文憑：年輕人畢業分配的介紹信，由學校蓋章，父母提供費用。

手機：二十四小時不停工作的機器，操作者往往是沒有文憑的大戶。

化妝品：一種化學武器，女人們用它專門進攻男人。

健美運動：這是一種折磨肌肉，自費力氣的活動，它使女人變得像男人，使男人變得像超級青蛙。

由以上幾個幽默的解釋你可以發現它們的共同特徵，都是用常見的形象，用詼諧語言，去解釋這些日常生活中的概念。它緊緊地抓住了每個事物的本質，不是從嚴密的推論出發，而是從形象入手，以特徵為中心，向四周進行散發式的思考，然後用一些形象化的語言把這和輻射段的想像串聯起來，達到幽默的效果。

此外，運用幽默語言，要有獨特的思考方式，要有如何藉題發揮、創造幽默語境的思維，而且要學會反應敏捷、思考明快，這些從幽默語言實例中都能體驗得到。

最後還要善於學習、總結，注意從別人的幽默語言實例中學習幽默語言方式。

幽默語言是表達思想的一種特別的語言方式，這也需要從大量的幽默語言實例中學習、體會和掌握。

只有以對現實生活的熱愛，對未知領域的嚮往，對偉大事業的忠誠，去學習、去探索，我們才能發現生活本身的幽默，才能創造出幽默。

二、做內外兼修的幽默大師

人生一世，能夠快快樂樂、開開心心過一生，相信這是每個人心中的一個夢。

在生活當中，如果能夠主動地去創造幽默，那世界一定充滿了歡笑，亦可化解不少紛爭。所以，只要掌握一定的幽默技巧，我們都可以成為笑聲的製造者，每個人都可以成為幽默大師。

● 保持愉快的心情

具有幽默感的人，永遠屬於那些生活的強者。因為他們無論何時，都能保持愉快的心情和樂觀的生活態度，而選擇樂觀的生活態度就選擇了量力而行的睿智和遠見，就學會了審時度勢、揚長避短，把握時機。

傑瑞是個不同尋常的人。他的心情總是很好，而且對事物總是有樂觀的看法。

當有人問他近況如何時，他會答：「我快樂無比。」

他是個飯店經理，也是個獨特的經理。因為他換過好幾個飯

店，而這幾個飯店的侍應生都跟著他跳槽。他天生就是個鼓舞者。

如果哪個雇員心情不好，傑瑞就會告訴他怎樣樂觀地去看待事物。

這樣的生活態度實在讓人好奇，終於有一天一個名叫傑克遜的人對傑瑞說，這很難辦到！一個人不可能總是樂觀地對待生活。

「你是怎樣做到的？」傑克遜問道。

傑瑞答道：「每天早上我一醒來就對自己說，傑瑞，你今天有兩種選擇，你可以選擇心情愉快，也可以選擇心情不好。我選擇心情愉快。」

「每次有壞事發生時，我可以選擇成為一個受害者，也可以選擇從中學些東西。我選擇從中學習東西。」

「每次有人跑到我面前訴苦或抱怨，我可以選擇接受他們的抱怨，也可以選擇指出事情的正面。我選擇後者。」

「是！對！可是沒有那麼容易吧？」傑克遜立刻反問。「就是這麼容易，」傑瑞答道，「人生有時就是一種選擇。當你把無聊的東西都剔除後，每一種處境就是面臨一種選擇。你選擇如何去面對各種處境。你選擇別人的態度如何影響你的情緒。你選擇心情舒暢還是糟糕透頂。歸根結柢，你自己選擇如何面對生活。」

傑瑞一番肺腑之言使傑克遜深受影響。

沒過多久，傑克遜就離開了飯店去開創自己的事業，兩人之間也就失去了聯繫，但傑克遜卻經常會想到他。

幾年後，傑克遜聽說傑瑞出事了。有一天早上，他忘記了關上後門，被三個持槍的強盜攔住了。強盜因為緊張而受了驚嚇，對他開了槍。

幸運的是，傑瑞被發現得早，被送進了急診室。經過十八個小時的搶救和幾個星期的精心照料，傑瑞出院了，可是仍有小部分彈片留在他的體內。

　　事情發生六個月後，傑克遜見到了傑瑞。他問傑瑞近況如何，他答道：「我快樂無比。想不想看看我的傷疤？」

　　傑克遜起身去看了看他的傷疤，又問他當強盜來時，他想了些什麼？

　　「第一件在我腦海中浮現的事是，我應該關後門。」傑瑞答道，「當我躺在地上時，我對自己說有兩個選擇：一是死，一是活。我選擇了活。」

　　「你不害怕嗎？你有沒有失去知覺？」傑克遜問道。

　　傑瑞繼續說：「醫護人員都很好。他們不斷告訴我，我會好的。但當他們把我推進急診室後，我看到他們臉上的表情，從他們的眼中，我讀到了『他是個死人』。我知道我需要採取一些行動了。」

　　「你採取了什麼行動？」傑克遜趕緊問。

　　「有個身強力壯的護士大聲問我問題，她問我有沒有對什麼東西過敏。我馬上答，有的。這時，所有的醫生、護士都停下來等著我說下去。我深深地吸了一口氣，然後大聲吼道：『子彈！』」

　　在場的人全被傑瑞幽默的語言逗樂了，當然，經過醫生的搶救，傑瑞也活了下來，這一方面要感謝醫術高明的醫生，另一方面得感謝他那樂觀的生活態度。

　　幽默是一種樂觀健康的品質，做一個幽默的人吧，這樣，你的生活就會充滿情趣。

● 培養敏捷的思考力

　　幽默是一種能抓住事物可笑或具有詼諧性一面的想像力。幽默是智慧的產物，能反映情緒智力的高低。幽默的談吐要求說話者思考敏捷、能言善辯，而這些都來自於對生活的深刻體驗和對事物的認真觀察。一個人必須具有較高的觀察力、想像力，才能透過比

擬、引用、比喻、誇張、雙關等方式說出幽默的話語。

明朝文學家、書法家唐伯虎是蘇州人。有一天，當地一位商店老闆請唐伯虎寫一副對聯。唐伯虎提筆揮就：

生意如春意

財源似水源

不料商家看後不滿意，認為寫得不夠具體。只見唐伯虎略為沉吟，提筆寫道：

門前生意，好似夏日蚊蟲，隊進隊出

櫃裡銅錢，要像冬天蝨子，越捉越多

商家看後，喜笑顏開。

唐伯虎運用豐富的想像力加上幽默成分，將對聯寫得極其生動詼諧。這當中，細緻入微的觀察力不可或缺，如果缺少了這一點，就不會有「隊進隊出、越捉越多」這樣形象生動的語言了。

有個酒店開業，店主人請人題了個酒店的名字。這人寫好後，又在招牌的頭上畫了一把刀。

主人問：「畫刀有何用處？」

這人說：「我要用它來殺一殺酒裡的水氣。」

對黑心商品恨之入骨的人看了這個小故事一定會拍手叫好。這個題寫店名的人不愧是一個善於旁敲側擊的高手，他不用生硬的語言告訴店家不要賣假酒，而是畫一把刀在招牌上，再加上一句意味深長的俏皮話，店家自然心知肚明。

清代文學家蒲松齡的文學作品《聊齋志異》在中國可以說是婦孺皆知，作者的想像力簡直達到了登峰造極的地步，這得益於他敏銳的觀察力和豐富的想像力。蒲松齡年輕時就聞名鄉里，因為他會說許多好聽的故事，不僅口才好而且風趣幽默。

有一次，蒲松齡在路上遇到一群鄉親，鄉親們將他的鞋子藏了起來，纏著要求他說一個故事，否則就不把鞋子還給他。

蒲松齡沒有辦法，只好坐下來想了想，開始說故事：

從前有一對情侶，兩人私訂終生，非此男不嫁，非此女不娶。沒想到女方的父母強將女兒另許他人，這個男子知道後非常氣憤，便去找這女孩理論，女孩說父命難違。兩人唏噓一番之後，相約在當天晚上跳井殉情。

到了晚上，男子先來到井邊，他想試試這名女孩是不是真心愛他，於是將鞋子脫下來放在井邊，自己躲到樹後。沒過多久，女孩也來了，看到男子的鞋子擺在井邊，哭泣了一會兒，剛想跳井，忽然念頭一轉，心想：「我年紀輕輕的，日子還長得很，如果就這樣死了，多不值得，他跳他的，我還是回去吧！」

女孩站了起來，見那井邊的鞋子還挺新的，於是就拾起來帶走了。躲在大樹後的男子愣在那裡，直到女孩走了，才發現自己連鞋子也沒有了。

過了不久，女方家歡天喜地嫁女兒，男子躲在一邊見女孩上了花轎，眼看就要被抬出村子了，於是急急忙忙趕上花轎，說：「喂！你嫁給別人不要緊，」他大聲對女孩嚷嚷，「得還我的鞋子啊！」

說到這裡，蒲松齡停住了。鄉親們正聽得起勁，於是嚷嚷道：「下面呢？下面呢？」催他繼續講下去。只見蒲松齡抬抬頭，轉了一下眼珠子，又重複了一句：「得還我的鞋子啊！」鄉親們一愣，接著哈哈大笑，將鞋子還給了他。

想要成為一個幽默的人，必須先具備觀察事物的能力，培養機智、敏捷的思考，這是提高幽默感的一個重要條件。只有發揮你的觀察力和想像力，迅速地捕捉到事物的本質，使用恰當的比喻、詼諧的語言，才能達到幽默的效果。

巧用幽默的話語

有位名人說：浮躁難以幽默，裝腔作勢難以幽默，鑽牛角尖難以幽默，捉襟見肘難以幽默，遲鈍笨拙難以幽默，只有從容、超脫、遊刃有餘、聰明透徹才能幽默。

幽默的談吐是一個人聰明才智的標誌，它要求有較高的文化素養和較強的語言駕馭能力。一個人語言修養高、知識豐富，對古今中外、天南地北、歷史典故、風土人情等各種各樣的事情都有所瞭解和掌握，再加上辭彙豐富，語言表達方式靈活多樣，這樣他平時講起話來就會得心應「口」，語言自然就活潑、生動、有趣。

所以說，幽默是一種智慧的表現，它必須建立在擴大知識面，豐富知識的基礎上。一個人必須具有審時度勢的能力、廣博的知識，才能做到談話豐富、通達事理、妙言成趣；才能對事物的分析透徹深刻、高屋建瓴、入木三分，使語言表達縱橫捭闔、運用自如、妙語連珠、詼諧動人。懂得越多，與別人交談時可談的話題就越多。

一個交際高手，要懂得交談對手的興趣所在，圍繞對方的興趣展開話題，這樣雙方的交談才能層層深入，才能談得投機，而這一切都需要有廣博的知識作後盾。因此，要培養幽默感必須廣泛涉獵，充實自我，不斷從浩如煙海的書籍中蒐集幽默的浪花，從名人趣事的精華中擷取幽默的寶石，陶冶情操。

如果在雙方發生分歧的情況下，其中一個當事人能拋開嚴肅的態度，以幽默來暗示責備，那麼即使是調侃式的、半寬容的幽默語言也能正確無誤地表達出責備，而不至於傷害人。其原因在於，幽默傳達給對方的不完全是這是些什麼話，有很大因素在於你的幽默給了對方一種什麼樣的感覺。顯然，真誠、善意的幽默即使傳達出責備的資訊，通常情況下也不會引起反感或厭惡。而一本正經地批

評指責，則會使分歧增大，甚至感情破裂。

一位作者來到出版社，問：「編輯先生，您讀了我寫的詩了嗎？」

編輯笑了笑，說：「讀過了，年輕人，早已讀過了！而且是在你出生前很久就讀過了！」

他問送稿的作者：「你確定這是你的作品嗎？」

作者面不改色肯定地回答：「當然，這首詩每一個字，每一個詞都是我自己想出來的。」

編輯聽了以後，馬上拉起他的手說「拜倫先生，沒想到你現在還在人世間，真是榮幸極了。」

可想而知，這個年輕人聽了之後，一定會羞愧難當。

編輯沒有板著面孔指責年輕人的抄襲模仿，而是用幽默傳達出善意的批評。因而，在社交中的很多場合，無論是讚揚、指責，還是表達同情，都可以帶上一些幽默的色彩。幽默，是解決複雜事物的靈丹妙藥。

但同時還要指出，幽默只是手段，而不是目的。不能為幽默而幽默，一定要根據具體的語境，適當選用幽默的話語。人的才能不一樣，有的會幽默，有的不會幽默。不會幽默的，則不必強求。否則，故作幽默，反而弄巧成拙。

三、掌握好幽默的分寸

中國有句俗語：「見人說人話，見鬼說鬼話。」意思是說，說話時要根據談話對象的不同，適時地決定談話的內容。事實上，要想發揮好幽默的魔力，應顧及聽者的心情與尊嚴，根據談話場合的不同，來把握好幽默的分寸，否則自以為是幽默的笑話，一不小心擦槍走火，反而會冒犯他人，得不償失。

丟掉壞情緒的包袱

一本正經的人會給人古板、單調、乏味的感覺，所以除了惡意搞笑以外，交談中不時穿插一些朋友們意想不到的、貌似荒謬而實則極有意義的問題，可以很好地活躍氣氛。也許會有人時常問你一些荒謬的問題，如果你直說對方荒謬，或不屑一顧，不僅會破壞交談氣氛、人際關係，而且會被人認為缺乏幽默感。這時最好是控制住情緒，時而來點自嘲，時而以幽默的語氣緩和一下氣氛。

總之，如果你能控制住情緒，你便能揮灑良好的情緒力，從而能運用幽默，打造良好的人際關係，輕鬆地生活。

那麼，我們如何才能控制住情緒，揮灑良好的情緒力呢？揮灑良好的情緒力，首先要丟掉情緒的包袱。

心理專家給我們提供了幾種方法，我們不妨試試：

1. 轉移

當火氣上湧時，有意識地轉移話題或做點別的事情來分散注意力，便可使情緒得到緩解。在餘怒未消時，可以用看電影、聽音樂、下棋、散步等有意義的輕鬆活動，使緊張情緒鬆弛下來。

2. 宣洩

人在生活中難免會產生各種不良情緒，如果不採取適當的方法加以宣洩和調節，對身心都將產生消極影響。因此，如果有不愉快的事情或委屈，不要悶在心裡，而要向知心朋友和親人說出來或大哭一場。這種發洩可以釋放積於內心的鬱悶，對於人的身心發展是有利的。當然，發洩的對象、地點、場合和方法要適當，避免傷害他人。

3. 自我安慰

當追求某項事情而得不到時，為了減少內心的失望，常為失敗

找一個冠冕堂皇的理由，用以安慰自己，就像狐狸吃不到葡萄就說葡萄酸的童話一樣，因此，稱作「酸葡萄心理」。

4. 自我調整

運用對人生、理想、事業等目標的追求和道德法律等方面的知識，提醒自己為了實現大目標和總任務，不要被繁瑣之事所干擾。

5. 語言節制法

在情緒激動時，自己默誦或輕聲警告「冷靜些」、「不能發火」、「注意自己的身分和影響」等詞句，抑制自己的情緒；也可以針對自己的弱點，預先寫上「忍耐」、「鎮定」等條幅置於書桌上或掛在牆上。

6. 自我暗示

估計在某些場合下可能會產生某種緊張情緒，就先為自己尋找幾條不應產生這種情緒的有力理由。

7. 愉快記憶法

回憶過去經歷中碰到的高興事，或獲得成功時的愉快體驗，特別是該回憶過去的那些與眼前不愉快體驗相關的愉快體驗。

8. 環境轉換

處在劇烈情緒狀態時，暫離開激起情緒的環境和相關的人、物。

9. 幽默化解

培養幽默感，用寓意深長的語言、表情或動作，用諷刺的手法機智、巧妙地表達自己的情緒。

10. 推理比較

把困難的各個方面進行解剖,把自己的經驗和別人的經驗相比較,在比較中尋覓成功的祕密,堅定成功的信心,排除畏難情緒。

11. 壓抑昇華

不受重用,身處逆境,被人瞧不起,感到苦悶時,可把精力投入某一項你感興趣的事業中,透過成功來改變自己的處境和改善自己的心境。

12. 認識社會,保持達觀態度

古人云:「人有悲歡離合,月有陰晴圓缺。」確實,人生不如意的事常有之,歷史上和現實中沒有幾件事是圓滿的。為幾件家中或公司上不順心的事就悲觀,情緒低落,甚至厭世,顯然是不值得的。

13. 只以成功者為榜樣,不向失敗者學習

盡可能選擇具有積極氛圍的環境,選擇積極樂觀的朋友。避免細菌感染,是保持健康心理的一個重要方法。

一個人若有消極思想作祟,內心就會沉寂畏縮,熱情被壓抑在心中,不再相信自己的能力,總是自怨自艾,這樣的人怎麼能成大事呢?所以,我們必須認真審視自己,發現有消極情緒就努力消除它,讓積極心態充滿內心,發揮自身的精神力量。這樣,你才能做成大事!

14. 學會制怒

怒氣不亞於一座「活火山」,一旦爆發既會傷害到別人也會傷害到自己。同時,怒氣又是一種奇怪的東西,只要給它一點時間,稍稍耐心地等一下,它就會自己溜走,但是一旦你給它行一個方便,它就能惹出更多的怒氣,變得一發不可收拾。

怒氣、嫉妒、怨恨等不良情緒能導致胃潰瘍、血壓升高、失眠多夢、腦溢血、心臟病等疾病。因為憤怒而暈厥、瘋狂，甚至猝死的人屢見不鮮。

一旦發現你體內的火山有爆發的傾向就應立即制止或者把它發洩掉，但必須在不傷害自己和他人的前提下進行。

一個人因為雞毛蒜皮的小事和鄰居爭吵起來，兩個人誰也不肯讓誰。聞聲而來的牧師立即成了評理之人，兩個人都拉著牧師，說：「您是這裡最德高望重的人，您給我評評理！」

「他簡直是一堆爛狗屎！他竟然……」

一個農夫怒氣沖沖地抱怨和指責自己的鄰居。

就在他要大肆責罵對方過錯的時候，牧師打斷了農夫的話：「對不起，真是不巧，我現在還有事，你們先各自回去，想想事情的前因後果，明天我會再來的。」

第二天上午，農夫和鄰居又憤憤不平地來了，很明顯，兩個人不像昨天那樣憤怒了。

「事情是這樣的，那個無理的傢伙竟然……」

牧師不快不慢地打斷控告者的話：「我說過了我會去找你們的。你們現在來找我，我的事情還沒有辦好呢，今天晚上我會去給你們評理，我們那個時候再見吧。」

傍晚時分，牧師在半路上遇到了農夫，他正在自己的農田裡忙碌著，而且還哼唱著歡快的小曲。農夫和牧師打招呼，竟然沒有提「評理」的事。

牧師微笑著問：「現在，你還需要我評理嗎？」

農夫似乎像忘記了吵架的事情一樣，羞愧地笑了笑，說：「真是不好意思，讓您白跑一趟，我已經想明白了，為了這麼一點小事生氣不值得，傷了鄰居間的和氣更是不划算。」

牧師高興地說：「我一再拖延『評理』的時間，就是想給你多

一點時間控制你體內的火山啊！以後，你最好不要在氣頭上說話行事。」

將「怒火」扼殺在搖籃裡。任何一種情緒在剛開始的時候都是容易克制住的。當你開始覺得不愉快、氣憤的時候，不妨嘗試著延遲開口說話和反駁的時間，「十秒鐘之後……二十秒鐘之後……我再說話，或者乾脆在生氣和體內充滿怒氣的時候不要說話。」

「多回頭想想」，不要一味地想對方怎麼讓你惱怒，多「回頭」想想：他並不是我不共戴天的仇人，他並沒有怎麼傷害我，也許他並不是有意的。事實證明這是一個很有效的方法。

找個「出氣筒」。要是能夠在不傷害他人的前提下把鬱積在體內的怒氣發洩出來，也是很好的辦法。比如，有的女孩子喜歡生氣的時候逛街、吃零食，以此忘記惱怒的事；你可以找個空曠的地方，大聲喊出你要說的話；你可以把一腔怨恨寫在紙上，或者亂寫亂畫……

生活中小小的失誤不妨由它去吧，丟掉你心中的消極情緒，揮灑良好的情緒力。那樣，一切都將美好起來。

● 不要掉入幽默的盲點

一笑傾人城，再笑傾人國。這話講的是中國古代的大美人褒姒。周幽王是褒姒的丈夫。為什麼叫幽王呢？大概是他想自封為「幽默之王」吧。這個周幽王為了向女朋友褒姒展示自己的幽默天賦竟然烽火戲諸侯，以致亡了國。這真是有人因幽默而平步青雲，有人因幽默而失去了一切。

美國前總統雷根有一次在國會開會前，為了試試麥克風是否好使，張口便說：「先生們請注意，5分鐘之後，我將宣布對蘇聯進行轟炸。」一語既出，眾皆譁然。雷根在錯誤的場合、時間裡，開了一個極為荒唐的玩笑。為此，蘇聯政府提出了強烈抗議。由此可

見，幽默要分場合，不分場合，很容易造成誤會，產生不愉快。

在這點上，日本人做得比較好。日本人在開玩笑前很緊張，所以他們在開玩笑前要先打個招呼……以下是個笑話，然後才講笑話，也許我們覺得這一點兒也不好笑，但日本人卻會說，這「穿靴戴帽」是很必要的。因為只有這樣，對方才有心理準備，不會把玩笑和嚴肅的話題混淆，免得造成誤會；如果玩笑和對方有關，打個招呼能避免傷害到對方。日本人不僅說笑話要預告，就是要對某件事提出尖銳的批評時也要先講一句：「我有句難聽話要說。」講完後還要再加一句：「這話雖然刺耳，但是請你不要記在心裡。」這就是日本人的風格。

其實，幽默不僅要講究場合的不同，更要看談話的對象。

中國有句俗語：「見人說人話，見鬼說鬼話。」意思是說，說話時要根據談話對象的不同，適時地決定談話的內容。因為人們說話總是說給別人聽的，至於說得好不好、是否有口才，不僅要看話語是否適當地表達了自己的思想和情感，也要看別人能不能真的理解並且樂於接受。

此外，與文化背景不同、使用語言不同的人交談時，在語言的理解上常常會有很大的不同。在中國一個可以讓聽的人笑得前俯後仰的笑話，對於國外聽眾很可能毫無反應、面無表情，這就是文化不同造成的理解上的差異。

與人交流時，首先應該注意文化差異，從而調整自己的言語內容，否則聽者將很難理解說者的語言意圖。

有一個青年到國外旅遊，在途中的一個城市逗留，閒來無事就到附近的游泳池去游泳，可是一會兒就回來了。和他同住一室的人和一個外國朋友都感到奇怪。他解釋說：「游泳池裡人太多，水太髒，早該換了。簡直像芝麻醬煮餃子。」這個比喻很生動，和他同住一室的中國朋友笑了，而那個外國人既沒有吃過「芝麻醬」也沒

有見過「煮餃子」，因此絲毫不覺得這個比喻幽默，顯出一副茫然不解的神情。

西方人形容某地人多、擁擠不堪，常說塞得像「沙丁魚罐頭」一樣。這種比喻有些中國人可以理解，但不一定能欣賞其妙處，因為見過打開的沙丁魚罐頭的人很少，看到過一個又小又扁的罐頭盒裡，緊緊地塞滿整整齊齊的幾排手指頭般長的沙丁魚的人更是不多。

一位自命為「中國通」的外國教授，向他的學生講授中文課時說：「中國人將物品稱作『東西』，例如桌椅、熱水瓶、電視機等，但對有生命的動物不稱東西，例如，蟲、鳥、獸、人……所以你和他不是東西，我自然也不是東西。」

漢語中，「東西」這個詞有三種感情色彩：褒義的、貶義的、中性的。這位可愛的教授本想取「東西」的中性色彩，沒想到調皮的「東西」到具體語境中卻「叛變」了，蒙上了貶義色彩，形成意義的反差，使自鳴得意的教授出盡洋相。

不論怎麼說，用幽默語言表達你的本意時，要注意度，簡單來說，就是要學會掌握分寸。下面幾個例子都能說明問題。

有兩人互吹自己的祖先。一個說：「我的家世可以追溯到英格蘭的約翰國王。」

另一個說：「我的家譜在諾亞方舟時期被大水沖走了。」

還有一則伊利諾州參議員德克森的故事：當德克森首次進入國會時，他聽到對手在政見發表會上對家世大做文章。這位對手的祖父是個將軍，叔父是州立最高法院的法官。輪到德克森發言了。

「各位女士，各位先生，本人深感榮幸有這樣的家世……我是從已婚者一脈相傳、源遠流長而來的。」

當你在使用幽默去與人接觸、傳達自己和接受別人的資訊時，千萬要注意下面兩點：首先是不要表達錯意思。表達錯意思可能鑄

成大錯。

看看這則故事吧：

工頭對新來的工人說：

「你看，我把釘子放在這裡。我一點頭，你就用錘子敲下去。」

「好吧。」新來的工人說。他等工頭一點頭，便用足力氣把錘子敲下去，敲在工頭的頭上。

工頭大叫：「天哪，我還有妻子和孩子……」

雖說這只是笑話，它卻說明表達錯意思或含混不清的語意會產生嚴重的後果。

有個名叫雷戰虎的人，老是記不住別人的名字。於是他努力把某人的名字和一件熟悉的東西聯在一起，以便更容易記住。有一次，他認識了一個女孩，名叫梅子。一週後他參加另一個宴會，又看見她，但是怎麼也想不起她的名字了。

「我認識你，」雷戰虎堅持說，「你叫……哦，想起來了！你就是一種硬邦邦的硬殼果。」

那女孩氣得滿臉通紅地走了。

其次，不要講令人不快的葷笑話。黃色的、下流的、低級的笑話會污染生活，使人變得猥瑣、庸俗，聽者也會對你產生惡感。

有關性的笑話或有關身體機能的笑話，極容易傷害人，況且它談不上與人溝通。至於究竟什麼是高雅的，什麼是低級趣味的，各人的意見和反應各不相同。

由以上我們不難看出，幽默應注意對象，要區分不同的性別、身分、地位、閱歷、文化素養和性格，不然就會像那個自鳴得意的教授或工頭一樣，出盡洋相。

把握幽默的分寸

幽默是人生的一種智慧、一種藝術、一種境界、一種性情。幽默，可以使人歡笑，但若使用不當，也會使人不悅。因此，一個「幽默高手」在講述笑語時，要避免過度的譏笑與嘲弄，否則自以為是幽默的笑話，一不小心擦槍走火，反而會冒犯他人，得不償失。

幽默是傻惡之徒消受不起的奢侈品，而欣賞幽默，卻是人人都能夠做到的。沒有幽默感的人是可悲的，而幽默找錯了對象，也同樣是可悲的！

那麼，我們怎麼樣才能避免幽默的「悲劇」呢？那就需要把握好幽默的「度」，這個「度」就是幽默的中庸之道。也就是說，幽默要把握好分寸。

1. 內容要高雅

笑料的內容取決於開玩笑者的思想情趣與文化修養。內容健康、格調高雅的笑話，不僅可以給對方以啟迪和精神享受，也是對自己美好形象的有力塑造。

2. 態度要友善

與人為善，是開玩笑的一個原則。開玩笑的過程，是感情互相交流傳遞的過程。如果藉著開玩笑對別人冷嘲熱諷，發洩內心的厭惡、不滿的情緒，那麼除非是傻瓜才識不破。也許有些人不如你口齒伶俐，表面上你占到上風，但別人會認為你不尊重他，從而不願與你交往。

3. 行為要適度

開玩笑除了可運用語言外，有時也可以透過行為動作來逗別人大笑。例如運用手勢，就是人們在幽默時常使用的一種行為動作。

但需要注意的是，藉用行為「語言」來強化幽默效果，一定要講究精練、自然、活潑和個性化，應當恰當地運用行為「語言」，設計出一種適合自己說話風格的行為習慣，切不可比手畫腳、亂動亂舞。

4. 有些笑話最好不要講

許多笑話與痛苦、同情、憐憫相聯繫。馬克‧吐溫說：「幽默自身的祕密泉源不是快樂，而是悲哀，天堂裡不會有幽默。」也許有人不同意馬克‧吐溫的觀點，但也不能不留意某些笑話裡可能包含的痛苦。好多年前就有人說過：「忘掉不合時宜的笑話是一件大好事。」帶有污辱性的笑話，與種族和宗教信仰相關的笑話，都應儘量避免。涉及性生活的笑話也容易招人反感。

5. 場合要分清

在莊重嚴肅的場合不宜開玩笑，否則容易引起誤會，此外，當陪著你不熟悉的客人時，切忌和朋友開玩笑。人家已有共同話題，已經釀成和諧融洽的氣氛，如果你突然介入與之開玩笑，打斷人家的話題，破壞談話的雅興，朋友會認為你掃他的面子。

6. 對象要區別

同樣一個玩笑，能對甲開，不一定能對乙開。人的身分、性格、心情不同，對玩笑的承受能力也不同。

一位說話不經過大腦的男人與一位小姐共舞。

男人：「你結婚了嗎？」

小姐：「還沒有。」

男人：「那你有孩子了嗎？」

小姐大怒，拂袖而去。

男人尋思，下次不能再這樣問了。

後又接著與一婦人跳舞。

男人：「你有孩子了嗎？」

婦人：「有兩個。」

男人：「那你結婚了嗎？」

和非血緣關係的異性單獨相處時忌開玩笑（夫妻自然除外），哪怕是開正經的玩笑，也往往會引起對方的反感，或者會引起旁人的猜測非議。要注意保持適當的距離，當然，在一定場合也不能拘謹彆扭。

有時候，在辦公室開個玩笑可以調節緊張工作的氣氛，異性之間玩笑有時也能讓人縮短距離。但切記異性之間開玩笑不可過分，尤其是不能在異性面前說黃色笑話，這會降低自己的人格，也會讓異性認為你思想不健康。

一般來說，在熟人、同鄉、同學、妻子、老同事、老部下之間，可以開開玩笑，說些幽默風趣的話，即使玩笑開得有些過火也無傷大雅。但如果是上級、名人、長者、陌生人、女性，尤其是妙齡少女、對工作或職業不滿的人，一般不宜隨便開玩笑。同輩人之間開玩笑，則要掌握對方的性格特點與情緒資訊。後輩不宜同前輩開玩笑，比如以下這個事例：

從前有個富翁生了三個女兒，長女、次女都嫁了個秀才，只有小女嫁了個村夫。

富翁生日這天，三個女婿都來給岳父祝壽。富翁見長婿、次婿言談斯文，心裡很是喜歡；又見小婿說話粗俗，心中頗為不快。在宴席上，富翁特意說：「今天我來陪你們三人飲酒，席間不許胡言亂語。」說這話時，他還故意睞了小婿一眼。

酒過數巡，富翁舉起筷子請大女婿吃菜，大女婿斯斯文文地欠身說：「君子謀道不謀食。」富翁一聽大女婿出口就是孔子聖言，心裡高興極了。

酒至半酣，富翁又舉起酒杯勸二女婿飲酒，二女婿也斯斯文文地欠身答道：「唯酒無量，不及亂。」富翁一聽，又是《論語》之言，心裡更高興了。

丈母娘在一旁見老頭子只勸大女婿、二女婿吃菜飲酒，卻冷落了小女婿，就坐不住了。

她連忙舉起杯子斟滿了酒請小女婿飲酒。小女婿也大大方方地站起身來對丈母娘說：「我和妳『酒逢知己千杯少』。」

富翁聽到刺耳，就罵道：「這畜生竟如此無禮，哪有一點斯文？」

小女婿把酒杯往地上一扔，拍案而起，還口道：「我與你『話不投機半句多』。」

和殘疾人開玩笑，注意避諱。人人都怕別人用自己的短處開玩笑，殘疾人尤其如此。俗話說：「不要當著和尚罵禿子，癩子面前不說燈泡。」

7. 性格要有區別

對方性格外向，能寬容忍耐，玩笑稍微過大也能得到諒解；對方性格內向，喜歡琢磨言外之意，開玩笑就應慎重。對方儘管平時生性開朗，但如果恰好碰上不愉快或傷心事，就不能隨便與之開玩笑；如果對方性格內向，但正好喜事臨門，此時和他開個玩笑，效果會出乎意料地好。

總之，要做一個幽默高手，一定要注意幽默的場合與分寸，區分不同的性別、身分、地位、閱歷、文化素養和性格，唯有如此，才能達到幽默的目的。

● 向「假幽默」說不

在我們的生活中，幽默可說是無處不在：在風雲變幻的外交場

合，在溫馨和睦的小家庭，在相逢不相識的旅途中，正是因為有了幽默，才會不斷傳來笑聲，才能有滿堂的掌聲、喝彩聲。

幽默，生動有趣而意味深長，中國古代稱笑話為雅謔或雅浪，而幽默字義有幽者雅也，默則可理解為機智冷靜。

蕭伯納是英國著名的幽默大師，有一次一個小女孩來信說：「我非常崇拜你，為了表達對你的崇拜，我請求你允許我用你的名字給我的小狗命名。」

對於一個缺乏幽默感的人來說，也許會認為這是侮辱。但是對於一個心胸博大的幽默大師來說，卻面臨艱難的選擇。第一種選擇：發起火來，拒絕小女孩的請求，這自然是很笨的。第二種選擇：馬馬虎虎地同意，也就沒有個人的尊嚴和原則了。

蕭伯納選擇了第三種方法。他給小女孩回了一封信，說：「我同意你的意見，但是，你得徵求一下你親愛的小狗的意見呀。如果牠同意的話，那就太好了！」蕭伯納的心胸寬廣自然是他能夠在這種情況下幽默得起來的主要原因。其次也在於他用了正確的方法，那就是順著對方的思維，將錯就錯，把對方推入死胡同。這樣就把自己的拒絕轉化為對方的束手無策了，就是在這一點上，蕭伯納堅持了自己的原則，又找到了他與對方的最近心理距離，並且架設了溝通的橋樑。

幽默應是對噱頭、調侃、貧嘴、說教、賣弄、裝傻賣乖或尖酸刻薄的超越。在我們時下流行的文化裡，噱頭、調侃、貧嘴、說教、賣弄、尖酸刻薄和裝傻賣乖等偽幽默已經氾濫成災，這不能不說是一種遺憾。目前，相聲、小品、文娛節目、演員們、主持人們、追逐時髦的少男少女們，幾乎都在「幽默」著，而現場的觀眾居然也被逗笑了。

不少主持人都喜歡這樣譁眾取寵式地「幽默」一把。某台一個綜藝節目，其男主持人就特別「幽默」，他裝模作樣一會兒男

聲、一會兒不男不女類似太監的聲音，而他再「幽默」收視率也上不去。這節目似乎決心要一路走到低級，又找了一個腰圍即將超過身高的胖女人來做主持，不知道是不是由於這女主持人太胖，口腔的空間都被舌頭占滿，她的話幾乎說到了無人能懂的地步，於是她一個勁地搖動她的一身肥肉，一會兒跪著，一會兒趴下，盡全力作踐自己，拚命討好觀眾。她似乎不知道這是在把自己送給別人當笑料，是對自己的嘲弄，是作踐自己的人格。看著她就覺得可憐，怎麼好意思不施捨一點笑聲呢？

說這些並不是說主持人就必須有怎樣悅目的形象，也不是說主持人就不能玩幽默，但幽默所表現的是心靈的光輝與智慧的豐富，而不是庸俗的笑鬧，不是過分誇張地袒露自身的缺陷作為「幽默」的資本，也不是為了譁眾取寵來扭曲人性。

胡適說：「幽默是一種優美、健康的品質。」面對生活中的「偽幽默」，我們要學會說不。

四、千錘百鍊你的幽默

幽默並不是與生俱來的，它得益於後天的知識積累與各方面培養，所以只要肯下工夫研究，並加以實踐，誰都會成為受眾人歡迎的幽默高手。

◉ 你也可以成為幽默大師

幽默不是天生的，沒有幽默這種秉賦的人是可以透過訓練培養學習的。

美國前總統雷根以前也不是幽默的人，在競選總統時，別人給他提出了意見。於是他採用了最笨的辦法使自己幽默起來……每天背一篇幽默故事。

幽默確實有可以學習的方法，這點是不能否認的。儘管許多著

名人士並不認同，比如余光中、錢鍾書都反對幽默技術化，但實際上幽默的確有其自身規律。

幽默並不神祕，名人未必都幽默，甚至著名的幽默作家在現實中也未必幽默。

有個網路幽默作家這樣介紹自己：「我不是一個有幽默感的人，這方面別人要比我出色得多。你也知道，我身邊的人都覺得我非常沉悶，之所以會有文章中那種感覺，我覺得是因為他們不太聽得懂我的話，或者這種說話方式天生就具有幽默感。」

幽默這東西的確不全是天生的，要靠後天培養，如果說幽默的人必須得聰明不一定對。有些人就聰明，幾個人一起聊天的時候，通常其他人是插不上話的，他經常使整場人歡聲雷動，讓女孩子們刮目相看。但讓人非常欣慰的一點是，沒有什麼女孩是因為他幽默而看上他，這就給我們留了啟示。

幽默是一種人生的智慧，是一種悠然自得的生活態度，表現著樂觀積極的處世方式和豁達的人生態度。當人們面對嚴肅或尷尬的境地時，可以恰到好處地來一個輕鬆美妙的幽默。此時的幽默不是膚淺的談笑，也不是低俗的嘲諷，它是健康的、積極的，蘊含哲理而妙趣橫生的。

下面舉幾種具體的方法，能幫助你時時為幽默的能量充電。

1. 對你周遭的世界真正產生興趣

人類無法自給自足，人的身體要不斷地靠外在的滋養品來維持。同樣，一個人獨立人格的培養，也是依靠自己以某種方式和外界連結在一起而達成的。心理上的貧困，就是由於缺乏這種連接，只是把生活和一連串例行公事、沒有創造性的事物連在一起的緣故。換言之，多彩多姿且幸福的生活，乃是與現實創造性的連結。

2. 要隨時瞭解你所生存的世界上有什麼事情發生

要經常閱讀報章、雜誌汲取新知。你讀的書或許會影響你，使你擔憂害怕，認為今天的世界就是這個樣子，但是，它也將激勵你，使你的情感保持正常狀態。我有一個朋友，他很討厭一位知名的評論家，卻每天都極其專心地閱讀他的專欄文章。「這對我有益，」他說，「因為這樣可以把腎上腺素注入我的體內（適時引發激動）。」

3. 運用趣味思考法

某大公司的董事長和國稅局長有矛盾，雙方很難心平氣和地坐在一起，可是又必須把他們都請來，參加一個重要的會議。他們不得不來了，但是雙方都視而不見，猶如兩個瞎子。這時會議主持人抓住他們的矛盾，進行了一瞬間的趣味思考。他向人們介紹這位董事長時，說：「下一位演講的先生不用我介紹，但是他的確需要一個好的稅務律師。」

聽眾爆發出一陣大笑。董事長和國稅局長也都笑了。

通常，我們每個人的生活形態和經驗，把我們與他人隔開，但是我們企求瞭解和接納的需求，又把我們彼此聯結起來。對事物實行趣味思考法，是實現瞭解和接納的最有效的途徑。

4. 控制和操縱

正如天才幽默家列奧‧羅斯特所認為的那樣：講笑話最重要的是充分認識和牢牢把握境況，聽眾是不會讓那種沒有能耐的說笑話者隨意擺佈的。

5. 顯示技巧

必要時可借用別人的手法。那些最出色的講笑話能手常運用多種多樣的形體和言語手段來表述並引大笑聲。你可以從幽默大師那

裡學習這樣的技巧。

6. 弄清楚你該在什麼地方展現幽默

講笑話之前,應確信你對講述的節奏和展現幽默的方式已有把握了。最關鍵的是,把你的幽默留到最後,絕不要提前顯現。

7. 添油加醋,力求完美

說笑話有一條老規矩:若你缺乏技巧,講笑話時請儘量簡單、直截了當,別玩花樣。但當你有足夠的駕馭能力時,請不要錯過添油加醋而使笑話表述得更加完美的機會……增添細節和運用幻想等。

8. 幽默再現

幽默再現即是對貯存幽默的複述或表演。再現效果取決於表達能力和表演能力。表達能力差的人把一個幽默量較大的幽默可能說得鬆散無趣,味如嚼蠟;而表達能力強的人能把一般的幽默講得有聲有色,趣味倍增。提高表達能力的辦法是多聽、多琢磨別人的講述,不斷訂正自己的講述方式。

9. 有真實性才更有挑逗性

只要你的聽眾不是街上行路匆匆的過客,那笑話的組織就非常重要了。最好的組織方式是真實材料加上幻想成分,也就是說,笑話要以第一手知識或經驗為基礎,這樣易於引發聽眾的共鳴。

10. 能拿自己「尋開心」

成功的幽默經常是自嘲的。

換句話說,你想逗樂別人,有時不妨拿你自己「尋開心」。說笑話時,真正安全和適宜的話題還是你自己。不少人認為話題還可以擴展到自己的配偶、父母或孩子身上,但切記別走得太遠。

11. 保持愉快的心情

這是幽默感的「元素」，如果你心情沉鬱，老是想一些不快樂的事情，怎能製造出幽默感呢？

只要肯下工夫研究，並加以實踐，誰都會成為受眾人歡迎的幽默高手。

● 學會消除緊張心理

隨著社會競爭的日趨激烈與工作壓力的加大，我們生活中的煩惱也越來越多。

在這種情形下，幽默的力量能幫助人們瞭解，某些焦慮和較大的問題比較就會顯得無聊可憐。如果你能把這些小憂慮看得輕鬆，別人也會認同你，從而更關心你。但人們最大的收穫是在於自己能認同別人，能更關心別人。因為人類所有的企盼中最大的一個，就是被人需要的需求。

有了幽默的力量，你就可以消除緊張，排除各種煩憂。

例如，年紀漸長似乎是大多數人覺得最難處理的煩惱，但不論你多年輕，或者多老，你都可以幫助他人把年歲的成長看得輕鬆。

你為你在人生中所扮演的角色而煩惱嗎？只要你留心那些具有幽默力量的成功者所說的話，用它來減小自我的重要性，這些煩惱就會消失。

一天，有位朋友到白宮拜訪羅斯福。羅斯福的小女兒愛麗絲在辦公室裡蹦蹦跳跳，一會兒出來，一會兒進去，不時打擾大人談話。那位朋友終於抱怨說：「希歐多爾，你就沒法管管愛麗絲嗎？」

羅斯福堅決地說：「我只能做兩件事中的一件：要麼當美國總統，要麼去管愛麗絲，我不可能兩件事都做。」

在生活中也不必為金錢而煩惱，如果你能把幽默力量投入其

中，對每一天的金錢問題輕鬆以對，就沒有什麼可好憂慮的了。

在你個人生活中只有一個重要方面，以幽默力量來消除緊張，能為你帶來莫大的裨益。有人說：「神色自若是一件傻事，因為人們在該不好意思的時候卻不自知。」但是人們寧可相信，神色自若是來自心理的平衡。

有人取笑幽默的力量，認為只有在休閒時才適合談幽默，認為幽默難以登上大雅之堂。這種人是對幽默的力量認識不夠。當然，大多數人仍然重視幽默的力量。在一個寒冬的早晨，你正要動身去上班時，有人面帶慍色向你大吼。原來你的車緊停在這位鄰居的車前面，使他的車無法開出來。

再次面臨抉擇，你的鄰居會說：「地方多的是，為什麼要放這兒，你沒長眼睛啊？」

你可以笑著說：「很抱歉，今天早上太冷了，我連我太太都動不了呀！更別說要動你的車了。」

這就是生活中的機智幽默，它可以讓你化解矛盾。

吃午餐時，你的同事仍很緊張，甚至有點火藥味。你希望鬆弛緊張、避免爭吵，幫助他們忘記公事的煩憂。你可以說個笑話：「昨天中午我來吃飯時，問隔壁桌子的一個人說：『你要買我們公司生產的零件嗎？』」

「『不要，』他回答說，『憑什麼我該買？』我對他說：『我想告訴你，我之所以在餐桌上談公事，是因為這樣一來這頓飯就可以減稅了。』」

你的同事，正為下午會議上要發表的演講而著急，你可以用幾句富有幽默的話來消除他的緊張。

當你從他人之處得到幽默的力量，再以笑容、話語，或其他方式將幽默回報他人時，已將幽默的積極意義帶給了更多的人。

● 保持樂觀的心態

生活中有許多重擔、壓力、愁苦，何不一起來幽上一默，笑看人生，使生活像雨過天晴的「彩虹」，使我們心中有愛，臉上有笑，幸福地生活著呢？

大多數人都喜歡和幽默樂觀的人相處，喜歡讓他們快樂的天性感染自己。在幽默樂觀者的眼裡，挫折意味著機會，他們還會把這種健康向上的心態向他們的周圍傳播開來。樂觀的人，隨時隨地在渴望著成功的來臨。他們尋找一切機會，而且是希望得到最好的結果。他們精力旺盛，做事一絲不苟，異常專注，因此恐懼、焦慮這種種不良情緒與他們是無緣的。

美國的傑出作家拉馬斯·卡萊爾，就是這樣一個幽默樂觀的人。

一天，美國的傑出作家拉馬斯·卡萊爾的《法蘭西革命》一書手稿被女僕誤作為引火材料燒毀了。幾年辛勞，付諸東流。但作家並沒因此消沉，他那對滅頂之災釋然一笑的樂觀胸襟，使這位作家戰勝了不幸。後來，他重新一字一句地寫完了這本書。後來此書為大眾認可，成了經久不衰的名著。

以幽默樂觀的心態笑對人生的人比起在曲折前悲悲戚戚的人，始終堅信前景美好的人較之心頭常常密布陰雲的人，更能得到成功的垂青。

1914年12月的一天晚上，愛迪生在紐澤西州某市的一家工廠失火，將愛迪生近100萬美元的設備和大部分研究成果燒得精光。

第二天，這位67歲的發明家在他的希望與理想化為灰燼之後，來到現場。大家都用同情和憐憫的眼光看著他，而他卻鎮定自若地對眾人說：「災難也有好處，它把我們所有的錯誤都燒光了，現在可以重新開始。」正是這種積極而超凡脫俗的樂觀心態和不同的思

維方式，使這位大發明家在事業上步步邁向成功。

　　幽默樂觀者對於未來常常會有一個計畫，總是能夠知道自己在往哪個方向去。所以，我們要成為一個幽默樂觀的人，讓快樂成為自己生活中的習慣。

　　馬克‧吐溫被評論家們稱羨為美國最愛開玩笑的人。其實，他也是美國最深刻的哲學家之一。他從小就接觸到生活的種種悲劇：兩個哥哥和一個姐姐，在他年輕時相繼死去；他的四個孩子，在他還活在人世的時候，一個個先他而去。他飽嘗了生活的苦楚，可是他堅信，如果我們以歡笑為止痛劑來減輕失敗的苦痛，我們也能得到樂趣。我們可以適當地使自己處於超然的地位，來觀賞我們自身痛苦的情景。

　　你可能一時丟掉了原本屬於你的東西，或是毀了一次機會，但是，在精神上絕不能失望毀滅。冷靜而達觀，愉快而坦然，是成功的催化劑，是另闢蹊徑、迎接勝利的法寶。所以，在沉重的打擊面前，我們依然要有泰然處之的積極樂觀的心態，這樣就能戰勝沮喪，化坎坷崎嶇為康莊大道。

● 跳出原有的思維模式

　　在現實生活中，人們習慣了一成不變的的生活形式。對於工人來說，上班，進工廠，下班，回家，生活周而復始，除非他坐進辦公室或換一種職業，才會引起變化。但變化之後，隨之而來的又是不變。這就是現代人普遍認為生活沉悶的外在原因。因此，要想改變生活，首先要跳出原來的生活模式。

　　在一次酒會上，馬克‧吐溫說：「美國國會中的有些議員是狗娘養的。」

　　記者把馬克‧吐溫的話公之於眾，國會議員大為憤怒，紛紛要求馬克‧吐溫澄清或道歉，否則將訴諸法律。幾天後，馬克‧吐

溫向聯邦國會議員道歉的文章在《紐約時報》上登載了，文中說：
「日前本人在酒會上說『有些國會議員是狗娘養的』是不妥當的，
故特登報聲明，把我的話修改如下：美國國會中的有些議員不是狗
娘養的。」

　　表面上馬克‧吐溫是在向那些國會議員道歉，但是「有些國會
議員是狗娘養的」與「有些國會議員不是狗娘養的」意義上並沒有
什麼差別。

　　幽默的藝術主要在於它能製造不變中的變，使人把枯燥的工作
看得有趣、輕鬆起來，從而不再感到沉悶。可以想像，充滿歡笑的
工作不是折磨，而是一種愉快的運動。

　　現代生活中，尤其是在現代都市生活中，緊張、快節奏的運
作，往往使人機械化，而幽默能幫助你打破常規，享受創造的快
樂。這種開拓性的創造思維，往往要突破固有的邏輯關係，有時甚
至顯得荒誕不經，而使人跳出原有的思維模式，找到新的創造契機
的正是幽默這種神奇的藝術，但幽默本身並不一定是一種創造。

　　勵志大師拿破崙‧希爾曾經說過：如果你一開始不成功，那就
試試吧，然後再放棄。畢竟，沒有必要做個不要命的傻瓜。

　　有人要求愛因斯坦解釋他的相對論。他回答說：「如果你和漂
亮的女孩子在一起坐了一個小時，感覺起來好像才過了一分鐘；如
果你坐在熱爐子旁邊一分鐘，就好像過了一個多小時。這就是相對
論。」

　　這個例子雖然沒有告訴我們愛因斯坦的相對論到底是什麼，愛
因斯坦在發展相對論時曾經遇到過什麼特殊的問題，但這個藝術而
形象的回答，幫助我們瞭解了他的困難，以及他希望以人人皆知的
生活現象來表達他的偉大發現的心願。

　　只有幽默才能將現實與幻想混雜在一起，超然於日常的現實態
度與理性的邏輯方法的局限之外，賦予周圍的事物以神奇、新穎以

及不存在的虛幻意義，並使之在一種異乎尋常、稍縱即逝但卻完整無缺的超感覺面前顯得異常可笑。

幽默用其充滿魅力的藝術性使人離開熟悉的環境，驚奇不已，並將事物做意外的對照比較，從而擾亂我們的習慣，把我們的思想解放出來，進而有所創新。

法拉第發明了發電機。有個瞧不起法拉第的人這樣問：「發電機有什麼用處？」

法拉第以充滿幽默力量的口吻回答：「嬰兒有什麼用處？」

幽默是一種生活藝術，是一種氣質，是一種智慧的表現。擁有了這種生活的智慧，就擁有了這種生活的藝術。

有一天，英國作家狄更斯正在釣魚，一個陌生人走到他面前問：「你在釣魚？」

「是的，」狄更斯回答，「今天釣了半天，沒見一條魚。可是昨天，也是在這個地方，卻釣到了十五條魚！」

「是嗎？」陌生人問，「那你知道我是誰嗎？我是專門檢查釣魚的。這個地區是嚴禁釣魚的！」

那陌生人從口袋裡掏出本子，要記下名字罰款。見此情景，狄更斯連忙反問：「你知道我是誰嗎？」

陌生人驚訝之際，狄更斯直言不諱地說：「我是作家狄更斯。你不能罰我。」

「為什麼？」

「因為虛構故事是我的本行。」

在現代生活中，如果你不能運用幽默的藝術魅力，那就從現在開始學習吧！只有你學會運用了它，只有你跳出了原有的思維模式，你輕鬆地面對生活的困境與壓力，才能生活得和諧與愉快。

◉ 培養幽默感的妙招

如果你想用幽默來幫助你平息人生風暴，與他人建立和諧的關係，並達到你的人生目標，那麼快將這種能力發掘出來。祕訣唯有「實行」二字！幽默的能力不會自己產生，而是需要透過反覆的練習來發掘它、發展它。幽默的能力雖然複雜，但是可經由以下幾種簡單的妙招來掌握它。

1. 暗度陳倉，幽他一默

中國古代有一個「明修棧道，暗度陳倉」的故事。這個典故出自《三國演義》，原意是一個戰爭術語。它的涵義後來發生了變化，引申到泛指名義上做這件事，實際上達到另一種目的。現在這一方法也被引入了幽默。具體來說就是偷換概念，把概念的內涵暗暗地偷換或者轉移。當然概念偷換得越離譜、越隱蔽，概念內涵的差距就越大，產生的幽默效果就越強烈。

一般情況下，人們在進行理性思考的時候，有一個基本的要求，那就是概念的涵義要穩定，雙方討論的應該是同一回事，只是雙方在理解和運用上不同罷了。而「暗度陳倉」卻是將概念偷換，使其雙方談的不是一回事，因而產生不同的效果，從而產生幽默。

在競選大會上，一位政治家在演說時，接到一張條子，上面寫著「傻瓜！」「親愛的同胞們！」政治家鎮靜地說，「我經常收到人們忘記署名的信，但現在我生平第一次接到一封有署名、但沒有內容的信！」

這可真是一位精明的政治家！

那位政治家就是偷換了一個概念，把對他的稱呼換成對方的署名。

一位俄國的貴族婦人自恃身分特殊，經常在公共場合要求別人給予特殊的招待，以顯示她的身分地位。有一次當俄國名音樂家

安東·魯賓斯坦開音樂會時,她又走到後台,很傲慢地對魯賓斯坦說:「請你馬上安排一個最好的座位給我。」

魯賓斯坦看了看這位穿戴得珠光寶氣、傲慢地昂著頭、一臉看起來不把人放在眼裡的貴婦一眼,非常溫文有禮地對她說:「夫人,目前我只有一個好座位可以讓給你。」

貴婦聽了滿意地點點頭,又再加上一句:「我要最前排的喔!」

魯賓斯坦回答:「我這個位子絕對是在最前排,你看!就在那裡。」

貴婦順著魯賓斯坦的手勢看過去,那個位置就是鋼琴演奏的位置。

在社會上有時難免會碰到一些蠻橫不講理的人,如果碰到了,也不需要臉紅脖子粗,我們只需要暗度陳倉,偷換概念,一切問題就可以迎刃而解了。

有一位很吝嗇刻薄的大富翁,和五隻狼狗住在一棟別墅裡。一天,富翁請了一位畫家到家裡來為狗狗畫一幅生活照。他要求畫家在他家美麗的花園裡,描繪出狗狗們活蹦亂跳的各種神態。

於是,畫家花了三天時間,在他家的花園裡捕捉這五隻狗玩耍的動作。畫好了之後,畫家將畫得很生動的圖畫拿給富翁看,可是富翁卻藉故挑東揀西,因為吝嗇的富翁認為如果多挑剔一點兒,付賬時,就可以以不滿意為藉口少付點錢。

畫家聽說過這個富翁吝嗇成性,心裡很明白這是富翁老毛病又犯了,所以不動聲色地照著富翁不滿意之處一次又一次地修改。

最後,他將一幅已經修改了四、五次的畫帶給富翁,只見富翁拿著畫左看右瞧之後竟然說:「哎呀!你怎麼沒有把狗屋給畫上去呢?」

「狗屋?」畫家一愣。

「是啊！我的狗最怕讓別人盯著看了，每一次只要有人朝著牠們看，牠們就會馬上躲進狗屋去，所以沒有狗屋是不行的。」

畫家不動聲色地想了想說：「好吧！我將畫改過後，明天送來給你。」

第二天，畫家將修改好的畫送來給富翁。

「咦！怎麼只有狗屋，我的狗呢？」

「因為我們現在正盯著牠們，所以牠們躲進狗屋裡不出來了。你先掛在牆上，過些時候沒人注意，牠們就會出來了。」畫家泰然自若地回答。「現在，請您付錢，謝謝。」

在戀愛中，由於概念轉換的幽默法容易為人掌握，人們有意識或無意識地大量應用幽默，它的確能給戀愛生活帶來歡樂。你不妨試試。總之，這樣用偷換概念的方法來達到幽默目的的做法的確值得一試。

2. 張冠李戴，巧妙借喻

人們常常不直接表述某種事物，或不直說某事某人的名稱，而是用其他相關的詞語、名稱來取而代之，達到產生幽默的效果。

一個從事外貿的主管談他保持身體健康的經驗時說：「經驗只有一項，那就是保持進出口平衡。」一句話，讓在座的人都笑了。「進出口平衡」本是外貿行業裡的一個專業術語，卻被這位主管借到飲食養生問題上來，其言外之意不言而喻，既說明了新陳代謝對身體的重要意義，又在不諧調的借代中造成一種大與小的反差，聽之趣味無窮。這位主管選擇的「理由」無疑十分恰當，因其恰當，才使人產生了豐富的聯想，在聯想中咀嚼幽默的味道。

我們在觀賞馬戲團的演出時，經常會覺得那些穿人類服裝的猩猩、猴子非常滑稽可笑。獸類本來不具有文明的特徵，把人類文明的東西強加於動物身上，自然給人以不諧調感，所以容易使人大

笑。這就是幽默導致的喜劇效應。說話也是這個道理，故意用甲來代替乙，並使之在特定的環境中具有不諧調性，且意味深長。

借喻必須有一個前提，就是雙方都是當事人，都明白那個借體用來代替的事物是怎麼回事。如果你將甲地的事放到乙地的場合去張冠李戴，由於對方不明就裡，你的幽默將無法傳遞給對方，那麼你的幽默也就失敗了。

一名念小學二年級的女孩，臨上學時忘記了背書包，父親說：「上學忘記背書包就像士兵上戰場忘記帶槍一樣。」過了幾天，女孩穿好鞋站在門口對父親說：「爸，把『槍』遞給我。」父親先是一愣，接著明白了女兒的意思，原來她又把書包忘在屋裡了，她是用「槍」來代指「書包」的。父親剛要發火，但一想到女兒這句話挺富幽默感的，便笑了。

女兒對父親這麼說有幽默效應，但如果換一個對象，對她的媽媽這樣說，由於她媽媽不知其中的「典故」，一定不會受到幽默的感染。

用人或事物的特徵借代本體也是製造幽默的有效方式。比如魯迅先生在小說《故鄉》裡有一句話：「圓規一面憤憤地回轉身，一面絮絮地說，慢慢向外走……」這個「圓規」代稱小說中的楊二嫂。為什麼這麼借代呢？因為楊二嫂身材細瘦，圓規最能表現她的身材與姿勢特徵。這樣一借代，形象地突出了她身材與姿勢的滑稽可笑，讀來備感有趣。

以古代今或以今代古的方式也常被人運用，由於這種張冠李戴時空跨度很大，一個是古代的，一個是今天的，相互借代很容易產生風趣幽默的效果。比如，有位老師在講《有為神農之言者許行》這篇文章時，講到許行穿的、戴的、用的都是「以粟易之」，說：「許行忙碌得很啊，今天去超市，明天到百貨批發公司，後天又到工廠加工訂貨……」老師講得大家開心大笑，幽默效果油然而生。

古代怎麼會有超市、百貨批發公司呢？是不是老師講錯了呢？不是，這位老師是有意張冠李戴，用今天的名稱和事物代指古文中的「以粟易之」，這種借代方式讓人容易理解原文的意思，加深印象。同時，因其具有幽默的魔力，可以使學生在輕鬆愉悅的氛圍中認真聽講。

3. 以幽默之道，還治其身

用幽默的語言和幽默的推理方式反擊，比直接還擊要含蓄得多。正因為含蓄，才可以把自己尖銳的意見包含在其中。而這些字眼又是從對方口中接過來以邏輯的方法回敬過去的，對方因此就無法再反擊，除了認錯，別無他法。

反還幽默的要旨就是要善於抓住對方一句話、一個比喻、一個結論，然後把它接過來去針對對方，把他給自己的荒謬邏輯的語言和行為、不願接受的結論，用演繹的邏輯還給他，以其人之道還治其人之身。

著名童話家安徒生一生很簡樸，一天，他戴著一頂破舊的帽子在街上行走。

有個路人嘲笑他：「你腦袋上面的那個玩意兒是什麼？能算是帽子嗎？」

安徒生回敬道：「你帽子下邊的那個玩意兒是什麼？能算是腦袋嗎？」

反還幽默一般是對方攻擊有多少分量，就還擊同等的分量，軟對軟，硬對硬，不隨意加碼。

一般說來，幽默妙在收斂攻擊的鋒芒，但在特殊情況下，則不然。特別是在極其卑劣的人和事面前，或者對侵略性的攻擊忍無可忍之時，如果你過分輕鬆地幽默，不但顯得軟弱無能，而且缺乏正義感，甚至導致對方更囂張地進攻。此時再不以牙還牙，以眼還

眼,就會喪失人格尊嚴。因此,還擊的鋒芒不但不可鈍化,而且應該銳化。越是銳化,越是淋漓盡致,越有現場效果。而現場效果最強的方法就是反還幽默術。反還幽默不難,但反擊得非常巧妙,是不容易的,接過對方的侮辱性話語,故弄玄虛,突然話鋒一轉,擊中對方要害,這樣的幽默由於突然的逆轉而有了戲劇性。

一家大旅館,旅客看到牆上有臭蟲,就打電話把老闆叫來。

機靈的老闆對牆上望了一眼說道:「您只要仔細看看,就能發現這臭蟲是早就死了的!」

第二天早晨,旅客又把老闆找來:「我要再談談臭蟲的事情。」

「您明明知道這隻臭蟲早就死了。」

「不錯,是死了。不過您可知道,昨天夜裡有為死者開的盛大追悼會,牠的親屬們都來飽飽地吃了一頓!」

反還幽默的規律要點是等量回敬。如果對方的攻擊是侮辱性的,則還擊也是侮辱性的;如果對方的攻擊是調笑性的,還擊的幽默語言同樣也是調笑性的。

有天家裡來客人,主人問客人:「您在咖啡裡放幾塊糖?」

客人開玩笑地說:「在自己家裡時放一塊,在別人家裡做客時放四塊。」

主人忙說:「嗯,嗯,請別客氣,那您就像在自己家裡時一樣就好了。」

客人的玩笑無失禮之處,主人的還擊也沒有惡意。順勢而攻、藉題對轉,同樣是玩笑而已。

4. 婉言曲說妙成幽默

幽默作為語言藝術,與修辭手段密切相連,這個話題所要談論的婉言曲說就是其中的一例,它與修辭格中的委婉修辭方法相似,

但「委婉」修辭方式不能帶給人幽默。

比如說，圖書室要下班了，一個讀者還依依不捨，不願離去，管理員走過來，和藹地說：「下班了，你把要看的書夾個條子，明天還留給你先看。」

這裡管理員採用了婉曲的修辭方式，語言溫和而含蓄，但絲毫沒有幽默感。現在我們談論的「婉言曲說」的幽默法，可以說是「婉曲」的變格，它是說話人故意把所要表達的本意繞個圈子曲折地說出來，利用婉言來獲得幽默效果。

克諾先生來到一個陌生的城市，走進一家小旅館，他想在那兒過夜。

「一個單間帶供應早餐要多少錢？」他問旅館老闆。

「多種不同房間有多種不同的價格，二樓房間15馬克一天，三樓房間12馬克一天，四樓10馬克，五樓只要7馬克。」

克諾先生考慮了幾分鐘，然後提起箱子就走。

「您覺得價格太高了嗎？」老闆問。

「不，」克諾回答，「是您的房子還不夠高。」

一般說來，幽默應避免敵意和衝突，否則，幽默就會被減弱或者消亡。從這個意義上講，婉言曲說最適合構成幽默。

在此例中，如果克諾直言道：「您的房價太高，我不住了。」那麼幽默即刻消失，這則故事本身也失去了存在的價值。

克諾話語裡的幽默感，來源於鈍化語言的攻擊鋒芒。他沒有把自己對房價的不滿意直接宣洩出來，因此，並沒有把他和老闆的關係弄僵。他遊刃有餘地用比直言更為有效的方法表述了自己的意向，避免了人際關係的對抗與僵化，極其幽默。

5. 隨機套用的幽默之法

隨機套用法是先有了幽默故事，然後再衍生出一個話題，使二

者天衣無縫地結合。在這裡，最重要的是提高自己套用這些範例的能力和自由轉換這些範例的能力，套用的唯一要求是天衣無縫。

中國近代書畫一代宗師張大千，才智過人，蜚聲國際。因為他留有一把大鬍子，不少人把此當作笑談。

在一次吃飯時，一位朋友以他的長鬍子為理由，連連不斷地開玩笑，甚至消遣他。可是，張大千卻不煩不惱。

等大家講完，張大千清了清嗓門，態度安詳地也說了一個關於鬍子的故事：

三國時候，關羽的兒子關興和張飛的兒子張苞隨劉備率師討伐吳國。他們兩個為父報仇心切，都想爭當先鋒，這卻使劉備左右為難。沒辦法，他只好出題說：「你們比一比，各自說自己父親生前的功績，誰的父親功大誰就當先鋒。」

張苞一聽，不假思索順口說道：「我父親當年三戰呂布，喝斷灞橋，夜戰馬超，鞭打督郵，義釋嚴顏。」

輪到關興，他心裡一急，加上口吃，半天才說了一句：「我父五縷長鬚……」就再也說不下去。

這時，關公顯聖，立在雲端上，聽了兒子這句話。氣得鳳眼圓睜，大聲罵道：「你這個不孝之子，老子生前過五關斬六將之事你不講，卻在老子的鬍子上作文章！」。

在座的無不大笑。

張大千巧妙地套用了關於鬍子的幽默故事，不僅使自己擺脫了眾矢之的的困境，而且也反擊了友人善意的嘲弄。這就是運用隨機套用法的妙處。

掌握一些現成的幽默的語言、軼事、故事之後，不但要做到不為所制，而且更重要的是靈活地自由地套用它，來說明自己的觀點，解決自己面臨的困境。

6. 邏輯錯位自相矛盾法

在日常生活中，我們經常會遭遇到一些矛盾、尷尬、誤會以及其他一些棘手的問題。此時，若按常規一板一眼地來對待，未必能如人所願，反倒弄巧成拙，得不償失，何不換種方法，幽他一默呢？

在生活中，我國自古就有許多精彩的自相矛盾幽默，有個笑話說：一人被妻毆打，無奈鑽入床下。

其妻喝令：「出來！」

其人曰：「男子漢大丈夫說不出來就不出來。」

這種自相矛盾幽默，表面上氣壯如牛，實際膽小如鼠。最為精彩的是以大丈夫的堅決性做出怕老婆的勾當。

一個賭徒嗜賭如命，他為了從賭場上贏回輸掉的錢財，孤注一擲，最後連衣服都輸掉了。此時他醒悟過來，發誓戒賭。

他用筆寫上「堅決戒賭」四個字貼在床頭。有一天，一位好朋友看到了床頭這條訓示後，嘲諷地問：「真的戒賭了？」

「是的！」

「我不信。」

「不相信？」賭徒睜著一雙佈滿血絲的眼睛，大聲說，「咱們賭三瓶威士忌。」

這裡用自相矛盾的方式展示了幽默的藝術，取得了鮮明、強烈的效果。

自相矛盾帶給人們的幽默效果，立足點在語言學和邏輯學的交叉點上，言談符合邏輯法則，言語在正常的軌道上運行，是人們能夠順利交流思想，實現彼此交往的基本條件，但其中並不存在半點幽默價值，而邏輯上的自相矛盾，卻可能產生幽默的趣味。因為在自相矛盾的情況下，言語失衡，邏輯錯位。於是，邏輯上的繆誤，言語的傾斜，帶給了人們震驚，幽默趣味便在其中孕育了。

夜校正在上課，突然停電了。黑暗中，老師對同學說：

「停電了，我們無法繼續上課，請同學們等會兒，電鈴一響就下課。」

明明停電，卻還要等電鈴響，幽默藝術的效果油然而生。

自相矛盾的幽默法在自我解嘲時也可以發揮作用：一個被判死刑的罪犯，在行刑前問刑警：「請問，現在幾點？」

刑警很不高興地說：「死到臨頭了，還問時間？」

犯人說：「這可是我的終生大事，記住這個最有意義的時間，對我來說十分必要。」

這位犯人似愚卻智、令刑警啼笑皆非的回答使得幽默的藝術性為觀眾一覽無遺。

幽默是一門真誠的藝術，是受內心情感的驅使，不可控制地表現出來的。情感的特點是只可意會不可言傳。

一對新婚夫婦爭吵，妻子終於忍不住叫了起來。

妻子說：「我要跟你離婚。我要去收拾東西，離開這兒去母親那裡。」

「很好，親愛的，車費在這裡。」

她接過錢突然說：「這麼少，我回來的車費怎麼辦？」

可以想像，既然他們是宣布離婚，就是不再回來了，但又要回來的路費，這說明還想回來，二者自相矛盾。

自相矛盾對於表達一個理性的決定來說是失敗的，但對於表達夫妻間的微妙的情感來說卻是十分有效的。無論嘴上說得多麼堅定，但在內心深處，妻子還是想回來。這個例子就妙在她雖不願講出來，但仍然自相矛盾地洩漏了出來，這並不是虛假的，而是很真誠的。

如果只有矛盾而沒有真誠就毫無趣味和藝術可言。

在某餐館裡，一位顧客對老闆說：「老闆，這盤牛肉簡直沒法

吃！」

老闆：「這與我無關呀，你應該到公牛那裡去抱怨。」

顧客：「是的，所以我才對你說。」

顧客按照老闆的荒謬邏輯，推論出老闆即是「公牛」，讓對方哭笑不得，自食其果。

要保證幽默的藝術效果，就要善用對方的一句話、一個比喻、一個結論，然後把它接過來去反擊，把他自己的荒謬邏輯、語言和行為、不願接受的結論，用演繹的邏輯還給他，以其人之道還治其人之身。

幽默一般是對方攻擊有多少分量，就還擊同等的分量，軟對軟，硬對硬，不隨意加碼，否則就失去了藝術性。

自相矛盾法構成的幽默，一般都有嘲諷的意味，但並不是說這類幽默蛻變成了某種說教。說教讓人厭惡，它那乾癟的形式，不會帶給人愉悅。這類幽默的支撐點也在邏輯的錯位。

自相矛盾幽默就其功能來分，有兩類：一是諷喻他人的，一是自我曝露的。

自我曝露性往往有故作蠢言自我調侃的特點，純屬調笑，用於融洽人際關係，所以人們在社交場合喜歡加以應用。

一位朋友起身要回家去，而外面正下雨，他向主人說：

「下雨了，請你把雨衣借我用一用，好嗎？」

主人說：「可以的，不過你要留心點，千萬別把我的新雨衣弄濕了。」

明明下雨，把雨衣借給朋友，卻又不讓它打濕，這不是自相矛盾嗎？這種幽默是戲謔性的，之所以幽默，是因為所說的條件不可能辦到。

在社交場合，如果你能把握好自相矛盾幽默的對象和尺度，你就能成為一個風趣幽默的社交高手。

五、提升自己幽默水準的技巧

　　幽默是人的一種秉性，沒有人天生就有好的幽默感，幽默需要在生活中不斷實踐，這樣，就能提升自己的幽默水準。

◉ 掌握笑的金科玉律

　　優秀的說笑話者有一系列本領，諸如一絲微笑、一聳肩、欣然讚許、做作的哼哼、使人鎮靜的喃喃低語、意味深長的停頓、譏諷的變調、激動得喘不過氣、突然回憶起來的驚愕、接近尾聲的快節奏等等，這些都能暗示和控制聽眾的反應。

　　你覺得自己缺乏講故事的天資，缺乏對敘述速度和喜劇性的把握嗎？你可以參考拿破崙·希爾總結的以下三條規則：

　　——活潑的語氣。

　　——直接敘述，而不要故意將高潮提前。

　　——清晰而準確的妙語。

　　還嫌不夠嗎？這裡還有馬丁·科爾的六點提示：

　　1. 講笑話之前，先別忙做言過其實的應允或卑下的謙遜，什麼「這會叫你笑掉大牙」呀，「我不敢肯定我能講好」等等。過高或過低的估計都會使聽眾反感。

　　2. 簡單介紹人物。如果你說「赫爾曼·波拉齊這個企業家正走著」，或者「勒達·格里茲是個彈木琴的」，那就引得聽眾注意這些名字和特徵，使你的妙語被沖淡，甚至失去效果。如果這些名字和特徵不必要就不要介紹。

　　同樣，不要以「這個醫生」或「那個雜技演員」之類的話開頭。否則，聽眾會情不自禁地發問：「哪個醫生？」「哪個雜技演員？」這些都會使他們分心。

　　讓我們看看下面這個笑話：

三個斜眼犯人站在一個斜眼法官面前，法官瞪著第一個犯人問：「你叫什麼名字？」

第二個犯人回答：「伊利。」

「我沒有問你！」法官怒氣沖沖。

「我沒有說什麼呀！」第三個犯人叫道。

故事講得多麼乾淨俐落！如果對人物甚至名字做了介紹，頻頻加上「這」、「那」，將會多麼糟糕。這是個短笑話。長笑話也要儘量減少枝蔓才好。

3. 表現出你自己對故事也很感興趣：微笑、竊笑和富於感染的快活態度，在講故事時都是必要的。即使只說一句笑話，也不要陰鬱和矯飾。

4. 你的眼睛要與聽眾的眼睛保持聯繫。如果你面對兩個以上的聽眾，就巡迴凝視他們。不要往其他地方看，否則會分散聽眾的注意力。

5. 動詞要簡單，如「說」、「問」、「哭喊」等等，不要用文采煥然或不恰當的動詞，不然，聽眾會忽略關鍵的東西。「『哈囉』，她發出爆炸聲」，「那人獨腳跳躍而出了屋子」，這些詞固然會引起神經質的笑，但對笑話的愉悅高潮卻不能起一點作用。

6. 此外，要備好高潮所用的措辭和節奏。尤其是講述精彩的段落時要生機勃勃，富於感染力和自信。

這裡有個笑話：

兩個朋友雪麗和羅娜有一天在街上相遇，雪麗說她懷了三胞胎，羅娜為她祝賀。

「醫生告訴我，這三胞胎要三百萬次才能成功一次的！」雪麗說。

「三百萬次！天哪！雪麗，告訴我，你們怎麼會有時間做家務事呢？」

試想，如果詳細地介紹她們的職業、年齡、相遇在何處、互致問候的話等等，這笑話還會有趣嗎？

談吐幽默的常用技巧

在生活中，我們需要與別人溝通，而用語言交流是最常用的溝通方法。為了更好地與別人溝通，我們必須要掌握一些談吐幽默的常用技巧。以下是我們在溝通時必須掌握提升的談吐幽默技巧：

1. 比喻法

1945年，當富蘭克林‧羅斯福第四次連任美國總統時，《先鋒論壇報》的一位記者去採訪他，請總統談談四次連任的感想。

羅斯福沒有立即回答，而是很客氣地請記者吃一塊「三明治」。

記者得此殊榮，便高興地吃了下去。

總統微笑著請他再吃一塊，他覺得這是總統的誠意，盛情難卻，就又吃了一塊。

當他剛想請總統談談時，不料總統又請他吃第三塊，他有些受寵若驚了，雖然肚子裡已不需要了，但還是勉強把它吃了。這時，羅斯福又說：「請再吃一塊吧！」

這位記者趕忙說：「實在是吃不下了。」

這時羅斯福方微笑著對記者說：「現在，你不會再問我對於這第四次連任的感想了吧！因為你剛才已感覺到了。」

羅斯福採用的就是比喻法製造的幽默。

比喻法是根據類似聯想，選取乙事物（喻體）的某一種特徵來描繪甲事物（本體）。它的主要功能便是造成語言的形象性。當然，一般的比喻與我們幽默範疇裡的比喻是有區別的。要使比喻表現出幽默感，就必須使比喻參與創造「以言語條件使崇高鄙俗化」

的「語言——心理」結構。那麼，比喻法如何參與這個「語言……心理」結構的創造呢？

其一，所要描繪的本體事物自身存在著一定的缺陷。

比喻法可以用形象的手法強化這些缺陷，使其醜更加顯眼可見。

其二，所要描繪的事物本體，原本是屬於尊貴的、崇高的或嚴肅、重要的，而講述者故意用低賤、卑俗甚至令人噁心的喻體去描繪。本體事物因此而被降格，導致鄙俗、滑稽。

比如，有人問一位採購員說：「採購工作好不好？」他這樣回答：「出門是兔子，辦事是孫子，回來是駱駝。」

「兔子」是指出門為了搶時間趕車趕船跑得快；「孫子」是指為了買到所需貨物不惜請客送禮，低頭哈腰地向人家求情，「駱駝」是指回來的時候不僅要辦好貨物託運還要給老婆孩子買東西，負載很重。他用形象的比喻說明採購工作是個吃苦受累的活。

比喻法的應用有一個原則，就是對一些人和事物的「降格」處置可能會招來反對或反感，所以故事的善後處理方法有：

2. 對比法

透過對比可以揭示事物的不一致性，使用對比句是逗笑的極好方法。古羅馬政治家西塞羅就常用這一方法，比如：

「先生們，這個人什麼都不缺，除了才幹與美德。」

實際上是說對方無德無才。

3. 倒引法

倒引，即引用對方言論時，能以其人之語還治其人之身。如：男老師對吵鬧不休的女學生們說：「兩個女孩等於一千隻鴨子。」

不久，師母來校，一個女學生趕忙向老師報告：「先生，門口有五百隻鴨子找您。」

佛洛伊德曾把天真看成是最能令人接受的幽默形式。

一位婦人抱著一個小孩走進銀行，小孩手裡拿著一塊麵包直伸過去送給出納員吃。出納員微笑著搖了搖頭。「不要這樣，乖乖，不要這樣。」那個婦人對小孩子說。然後回過頭來對出納員說，「真對不起，請你原諒他，因為他剛剛去過動物園。」

4. 反語法

反語法，是指運用跟本意相反的語詞來表達本意，從而使語言具有幽默情趣。比如正詞反用、反詞正用、好詞壞用、壞詞好用等等。生活中常可聽見夫妻之間稱呼「死鬼」、「老不死的」、「壞死了」之類，都是這種手法。

比如，宗福先編劇的話劇《於無聲處》中，一個角色在評價他滿不以為然的人物時說：

「我告訴您了，根據報紙上官方介紹，他是天底下頭等大好人，渾身上下毫無缺點，連肚臍眼都沒有。」

反語法由於表現手法比較簡單，因而容易掌握。但也因為如此，它所包含的容量不大，意外性衝擊較小，所以由此造成的幽默效果也就有限。反語法作為嘲笑工具來用時，有個重要的前提，無論你的反語如何含蓄，必須使受眾能夠心領神會，聽出真意來，這樣才能達到幽默的目的，否則可能泥牛入海，毫無反應。

5. 飛白法

飛白法是指故意仿效、描繪某人語言上的錯誤和可笑之處的修辭手法。它可以是模仿、記錄或援引他人的語言錯誤，也可以是作者有意識地製造語言錯誤，以求達到幽默效果。

比如，廣為流傳的二十世紀三〇年代的某位軍閥在齊魯大學一次校慶會上做過的一篇「訓辭」，就是這種幽默的典型：「諸位，各位，在其位：今天是什麼天氣？今天是演講的天氣。開會的

人來齊了沒有？看樣子有五分之八啦，沒來的舉手吧！很好，都到齊了。你們來得很茂盛，敝人也實在感冒……今天兄弟召集大家，來訓一訓，兄弟有說得不對的地方，大家應該互相諒解，因為兄弟和大家比不了。你們是文化人，都是大學生、中學生和留學生。你們這些烏合之眾是科學化的、化學化的，都懂七八國英文。兄弟我是大老粗，連中國的英文都不懂……你們是從筆筒裡爬出來的，兄弟我是從炮筒裡鑽出來的。今天到這裡講話，真是使我蓬蓽生輝，感恩戴德。其實我沒有資格給你們講話，講起來嘛，就像……就像……對了，對牛彈琴。」

利用飛白法來實現幽默效果需要注意兩條。首先，要判斷好使用對象，即對象是否可以用「飛白法」來嘲笑。對於某些講話出毛病的人不宜採取嘲笑態度。當然，這還與對象的心理承受能力和性格有關。其次，語言、邏輯方面出現錯誤，可以形形色色、多種多樣，但錯誤的產生也有其內在的規律和道理。只有把錯誤說得或寫得符合出錯的規律，才可信，進而才可笑。比如口吃者，並非在任何一個詞上都重複不休，而往往在句子的開始時嚴重，重要的詞語上嚴重，在句子結尾和次要的地方就不大結巴了。

6. 運用歇後語

歇後語的構成方式是：先說「引語」，而後要故意「歇」上一「歇」，然後再說「說明語」，把說話人的主要意思表現出來。歇後語產生幽默效果的原因有三：一個是「引語」提起一種懸念，在稍稍停頓之後（這正是「岔斷」），用「說明語」的翻轉，造成突變，心理緊張猛然舒緩、宣洩出來，產生了笑；另一方面，說話人用「引語」與「說明語」之間聯想的巧妙、俏皮，贏得聽眾的驚歎和喜愛；還有一個明顯而直接的原因，那便是歇後語的「引語」往往會描繪出一幅滑稽詼諧的畫面，這畫面本身已經諧趣橫生了。

比如人們常說的：「這個人真是和尚打傘——無法無天。」「下雨天出太陽——假情假義。」這兩句話中，「無法」是「無髮」的諧音，「假晴」是「假情」的諧音。歇後語一般只需把前半截的比方說出來，將後半截的解釋隱去，讓對方自己去體會。

用歇後語表現幽默的時候，需要注意幾點：

第一要突出聯想的新奇，使「引語」與「說明語」之間蘊藉著頑皮和機巧，這樣才能出現諧趣，才能可樂。沒有了新意的歇後語是逗不樂人的，比如，同樣是「找死」的意思，「飛蛾撲火」明顯不及「泥鰍追著鴨子跑」。

第二必須生動形象，最好是與人的活動有關，尤其是與人的特點、缺點、弱點有關。

第三要趨「俗」避「雅」。歇後語是一種大眾口語的產物，特點之一就是通俗，要是太雅，反而不好笑了。當然，通俗不是庸俗，要避免低級趣味。

第四要含蓄，在形式、內容上都應該是通俗、生動、形象的，但是在意蘊上又有著含混的多義性。這樣，「說明語」翻抖出來，才出人意料，給人的「頓悟」性也更強烈。

7. 製造誤會

妻子雇了個油漆工回家將臥室粉刷一新，那個油漆工下班前還未漆完。

丈夫晚上回家，不知道油漆未乾，開電燈時把手印留在臥室電燈開關的牆壁上。

翌日，油漆工來繼續工作，妻子對油漆工說：「請你到臥室來，我要你看看昨晚我丈夫摸過的地方。」

油漆工尷尬地說：「不了，太太，我的處世之道是潔身自愛。」

顯然，這是一則杜撰的幽默作品，用誤會法而博人一笑。

以上這些都是常用的談吐幽默技巧，如果你能堅持經常按這些技巧練習，你就會練就高超的談吐水準。

◉ 把自嘲作為武器

自嘲，能製造和諧的氛圍，能使自己活得輕鬆灑脫，使人感受到你的可愛和人情味。當然，自嘲不是自我辱罵，不是出自己的醜。這裡要把握分寸。

力求個性化、形象化並學會適當的自嘲，往往可以使自己說話變得有趣起來。

一位著名的女演員說：「我不敢穿上白色的游泳衣去海邊游泳，我一去，飛過上空的美國空軍一定會大為緊張，以為他們發現了古巴。」

幽默力量能認同幽默的事物。因此真正偉大的人物會笑自己，也鼓勵別人和他一起笑。他們以與人分享人性的方式來給予並獲得，你也能做到！

笑自己的長相或笑自己做得不甚漂亮的事情，會使你變得較有人性。如果你碰巧長得英俊或美麗，不妨試試你的其他缺點。

如果你的特點、能力或成就可能引起他人的妒忌甚至畏懼，那麼，試著去改變這些不好的看法。例如，你可以說一句妙語：「世界上沒有一個人是完美的，我就是最好的例子。」你以取笑自己來和他人一起笑，會幫助他人喜歡你，尊敬你，甚至敬佩你，因為你的幽默力量證明你有人性。

「我喜歡你」導致「我瞭解你」，進而「我相信你」。於是，你最後達到的目標便是信任。當別人信任你時，你便能影響他們，使他們鞭策自己去發展他們的潛能。這也正是每一個人在與人溝通時、積極向上時的最終目標。

　　在人際交往中，身在高位者或大明星們，與人打交道容易讓人感到有架子。可能是因為他人過於緊張、有壓力，也可能是這些人還沒有摸著與普通人相處的竅門。通常而言，開開自己的玩笑，可以緩解他人壓力，還能讓一般人覺得有人情味，和普通老百姓一樣，從而讓人心裡舒坦。

　　此類例子多得很，一些相聲演員、諧星或節目主持人常以此贏得觀眾的好評。生活中也不乏這樣的人。

　　有一位教師，雖然只有四十多歲，但頭髮大多掉光了，露出一片「不毛之地」。以前常有學生在背後叫他禿頂老師，後來他乾脆在課堂上向同學們講明了因病而禿髮的原因，最後，他還加上了這樣一句自嘲：「頭髮掉光了也有好處，至少以後我上課時教室裡的光線可以再明亮一些。」同學們發出了一片友好的笑聲，此後再也沒有人叫他禿頂老師了。

　　人應該善待自己，善待他人，善待生活中的失敗、痛苦，甚至身體的缺陷，如果你換個角度去看，用有趣的思想、輕鬆的心態去對待，你的生活就會充滿亮光。例如，美國一位肥胖的女政治家在競選演講中自我解嘲：「有一次我穿上白色的泳裝在大海裡游泳，結果引來了蘇聯的轟炸機，以為發現了美國的軍艦。」結果在笑聲中，選民們反不以其肥胖為意，使她在競選中處於優勢。

　　學會自嘲吧，自嘲不僅讓你備受歡迎，而且有可能改變你的人生軌跡。

　　當你的失誤引發對立情緒時，如果能適時地自嘲一番，獲得原諒應該不難。這就像兩個打架的人，一個突然倒地自認不是對手，如果對方不是無賴惡棍，一般便會又好氣又好笑，敵意頓消，說不定還會扶「自敗者」一把。

1. 失態後，自嘲。

比如言談中你講了難聽的污言穢語，對方臉色一沉，你可以自嘲道：「唉，我真是個粗陋的人，肚子裡的髒話總消滅不了，懇請諸位多多原諒。」一句俏皮話，可使對方不再介意。又如爭論時你有點激動，措辭生硬，聲音過大，對方已顯出不悅，你要趕緊關住話匣子：「對不起，我這個人容易激動，剛才真成了一隻鬥雞了。」對方定會付之一笑，忽略不計。

2. 傷人自尊後，自嘲。

如果談話中刺傷了人家的自尊心，揭到了對方的隱私傷痕，那可是危險的。如對方修養好，必會緘口離開；修養差，必定以牙還牙、以眼還眼，對你發起攻擊！這時，你一定要求助於自嘲，但要努力把話說得幽默點、真誠點，使對方感到悅耳。比如你在一個殘疾人面前大談健康人的優勢，還提到他所無法從事的工作，他定會產生極大的不滿。你可以這樣說：「唉，話說回來了，健全人未必就強。有人半身不遂，卻能學得一身本領，名揚天下。我這人，四肢發達，頭腦簡單，說話顧前不顧後，媽媽常罵我不知天高地厚……」

3. 說錯話後，機智地將話題引向自己。

透過對自己的善意攻擊來消除對方的敵意，轉移對方關注的焦點。這樣做的好處是，能夠不露痕跡地照顧到對方的自尊心，同時巧妙地使緊張的氣氛得以緩和。

4. 在新的環境中用自嘲術化解距離及敵意

貝利在一家大企業的運輸部門負責文書工作。自從這個企業被另一個大公司合併以後，貝利就在人事變動的波浪中沉浮不定。新來的同事似乎對他不大友善，直到有一天貝利運用了自嘲。「他們

可不敢把我革職。」他解釋說，「什麼事我都遠遠落在人後。」

貝利以取笑自己，使他的新同事和他一起笑，並幫助他建立起友善合作的共事關係。貝利這一句妙語顯示了他有將今天的工作拖延到明天的惡習，也提醒他，使他更能自我瞭解。他以自我諷刺來客觀檢討自己的毛病——愛拖延，並改進自己的表現，因而成功。

5. 反戈一擊

凡幽默多是待人寬厚、與人為善的。其表現幽默使用者或創作者意旨的幽默主人翁，往往不會處處與人為難，時時跟他人過不去，更不會無事生非。一般來說，他總是遇事退避三舍，即使受到不公平的待遇或遭到令常人難以忍受的冤屈，往往也不會怨恨得咬牙切齒，憤怒得破口大罵，甚至使出殺手鐧致對方於死地。但是，他也不是窩囊廢，他會以他獨有的寬容的方式來做出反應，也許會帶一點嘲諷，當然更少不了自嘲。這樣，他往往能成為更高層次上的勝利者。

能夠「含沙射影」地讓對方感到臉紅，既解不快，又可起到訓誡作用，何樂而不為。

凡是能操縱最高級的語言藝術——幽默的人，已經是「智力過人者」，那麼能用最高境界的幽默——自嘲作為武器者，更堪稱人情操縱場上的「無冕之王」。

● 學學孩子式的幽默

我們需要幽默，但它並不是生活的全部。因為幽默只是一種很好的表達我們對生活感受的形式，這種形式需要有健康的人生心理作基礎。只有心理健康，才能產生「良好的幽默」。

在這一點上，成人往往不如孩子。

即使在50歲以後，我們也經常為孩子們由天真而產生的幽默所

感動。他們是真正以坦誠待人，不會隱瞞任何事實的。當他們毫不掩飾地道出心裡想的或事實真相時，人們一下子就喜歡上他們，跟他們在一起會感到跟任何人在一起都無法感到的輕鬆、愉快。

有一次，小李在家裡請幾位朋友吃飯。朋友來了，小李的妻子要他們的小女兒向客人說幾句歡迎的話。她不願意，說：「我不知道要說些什麼話。」這時一位來做客的朋友建議：「你聽到媽媽說什麼，你就說什麼好了。」女兒點點頭，說：「老天！我為什麼要花錢請客？我們的錢都流到哪兒去了？」朋友們大笑起來，連小李的妻子也不好意思地笑。

這就是孩子式的幽默。小李的女兒把她母親的想法以極純真的方式說了出來，使做大人的也不得不認真地檢討一下自己的想法。

孩子是上帝派來的天使，幽默似乎是他們的天性，他們的幽默不僅表現了他們純真的個性，更為父母和家人帶來了無數的笑聲和不盡的快樂。

他們有著大人所沒有的能量。根據研究，五歲的孩子，學習能力比五十歲的人大二十五倍，因為他們天真無邪，沒有分別心地對待任何人和事物，一切對他們而言都是新奇的，值得探索的。然後，他們會用其僅有的經驗，去解釋所看到的世界，那解釋又往往是天馬行空，天外飛來一筆，雖然牛頭不對馬嘴，但卻可能有著大人僵硬的腦袋怎麼也想不到的驚人創造力。因此，孩子是值得我們學習的，現在起，把自己的年齡變成五歲，回到那個充滿想像的神奇世界去翱翔吧！

媽媽帶小立去聽音樂會。小立顯然對指揮很感興趣，眼睛跟著他的指揮棒，一會兒看看交響樂團，一會兒看看獨唱的女高音。

演出結束後，小立問：「媽媽，那個人為什麼一直拿棍子嚇那個阿姨？」

「沒有呀，他沒有嚇她。」媽媽答。

「那她為什麼一直尖叫？」

小宣對爺爺說：「爺爺，今天晚上有好菜吃啦！」

爺爺說：「那是因為今天是我的壽誕。」

小宣說：「壽誕是什麼呀？」

爺爺答：「我是今天生的。」

小宣恍然大悟：「今天才生的？那您長得真快呀！」

小華問：「爸爸，『寡人』是什麼意思？」

爸爸答：「古時候的皇帝稱自己是『寡人』。」

小華說：「原來如此，那皇帝的太太就是『寡婦』嘍！」

外在的美麗必須再加上內在的魅力才能充滿吸引力，我們一定要透過不斷的學習與成長，利用正向的思考、蓮花的言語、幽默的表達，常常帶歡笑給周圍的人分享，並照亮生命的意義，創造輝煌的人生。

六、用幽默改變平凡人生

靜而達觀，愉快而坦然，是成功的催化劑，是另闢蹊徑、迎接勝利的法寶。所以，你要學會幽默。學會幽默可以使你與眾不同，處處能贏得他人的好感，使用幽默，你會走上一條邁向成功的捷徑；超越幽默，你會獲得一次次改變命運的機會。

● 笑對困難重重的人生

運用幽默的力量沒什麼祕訣可言，只有「實行」二字！幽默的力量不會從天而降，而是需要計畫和練習來創造它、發展它。

我們遇到的困難很多，我們常常在窘境中掙扎，我們為頻繁的失意蹉跎。有時我們因突然的打擊而垮掉。從本體來說，沒有任何方法能夠挽救我們自己，只有我們的勇氣、信心和智慧，才是可靠的根本性力量。

馬克‧吐溫成為著名作家之後，有不少文學愛好者寫信向他求教成功的經驗。其中，有一封信更是特別，是一名文學青年寫來的。信中有這麼一段內容：「……聽有關專家說，魚骨含有大量磷質，而磷質是補大腦的，如要成為一個作家，一定要吃許多魚了。馬克‧吐溫先生，您一定吃了許多魚吧，是哪種魚呢？」

馬克‧吐溫不久就給他回了一封信：

「親愛的青年朋友，照你的情況看來，你必須吃兩條鯨魚才行！」

馬克‧吐溫的幽默真是叫人拍案叫絕，使我們真正感到幽默的力量。

傑瑞是一個極富幽默的警官，無論遇到什麼案件或難題，在他手下總能迎刃而解。

有一天，有三位女士為了芝麻大的小事而大吵大鬧來到警察局。

她們你一言，我一語，誰也不肯讓誰先說，大吵大鬧地幾乎把房頂都要掀翻，連局長都沒有辦法。

這時傑瑞過來說了句：「請你們中間年紀最大的一位先說吧。」話音剛落房間裡頓時鴉雀無聲。

某日，一男子試圖製造一件轟動全國的新聞，便爬上紐約的一座大廈，往樓頂上一站，做跳下去的樣子。

很快，樓下圍滿了人，包括員警、醫生和記者。

局長和警長輪番喊著話，並試圖救險，那男人總是色厲內荏地叫著：「別過來啊！誰要是過來，我就跳下去！」

僵持片刻後，傑瑞帶了一名醫生走上前，只說了一句話，那男子便默默地走下樓去。

傑瑞說的是：「我不是來抓你的，是這位醫生要我來問問你，你死後，願不願意把屍體捐獻給醫院？」

在一次執勤的時候，傑瑞竟然抓住了一個正被通緝的男扮女裝的要犯，警長問他：「罪犯男扮女裝，你怎麼認得出來？」

傑瑞說：「我看他沒有女人的習慣。」

警長問：「什麼習慣？」

傑瑞說：「很簡單，她走過時裝店、食品店和美容院的時候，連看都沒朝裡看一眼，我就知道這裡面有問題。」

回家路上，傑瑞忽然看見兩個年輕的神父同騎一輛自行車在一條小路上飛馳，便將他們攔住。傑瑞說：「你們不覺得這樣的速度是很危險的嗎？」神父們說：「沒關係，天主和我們同在。」傑瑞說：「很好，這麼說我應該罰你們80美元，因為三個人是不能同騎一輛自行車的。」

星期日，在鬧市區的一個路口，有個持不同政見者正在發表演講：「如今的政治腐敗透頂了，我們應把眾議院和參議院統統燒了！」行人越聚越多，堵塞了交通，員警趕到時，秩序大亂，無從下手，傑瑞大叫一聲：「同意燒參議院的站到左邊，同意燒眾議院的站到右邊。」只聽「唰」的一聲，人群頓時分開，道路豁然開朗。

同樣，亞柏在當選美國鋼鐵工會主席時，也遇到了類似的困難。有不少人對他表示冷漠，其中有人公開歷數他的缺點。亞柏在賓州的強斯敦鎮演說時，聽眾譁然，要他下台。這時亞柏微笑著說：「謝謝各位。我等一會兒就下台，因為我剛剛上台呀。」那些反對他的聽眾出乎意料地笑了。

亞柏式的幽默以間接的方式認可了反對者的不滿，同時也表達出自己對自己也是不甚滿意。於是，他和他的反對者達成了一種默契，即互相諒解，以發展的、寬容的眼光對待眼前的現實。倘若他在這關鍵時刻張皇失措，或者逃之夭夭，那麼他永遠也不會當上鋼鐵工會主席。倘若他缺乏幽默，以激烈的言辭回敬反對者，那他就

把反對者推到了敵人的位置上，自己則變成受難的聖塞巴斯蒂安，釘在講台上接受亂箭穿身。

亞柏深深懂得以什麼來面對人生中突然出現的風暴。他以極其誠懇的方式表現出來的幽默，拉近了人我之間的距離，填平了人我之間的鴻溝。

在日常生活中，我們每個人對政府的政策多少會有些不滿。許多人對之採取的方式是發牢騷、抱怨、挖苦。但是有一部分人，他們採用的是另一種方式，讓幽默成為消氣的活塞。

比如在美國，人們通常為所得稅和通貨膨脹而苦惱。有人在報上刊登了一則對話，說：「請問，什麼是美國一般公民？」

「一般公民就是堅持價格要便宜、社會福利多、各種雜稅少的人。」

有人在指責美國的失業現象時說：「美國真偉大，每個人都可以有第二個家、第二部汽車、第二台電視機，只要你能找到第二個工作、第二個抵押品和第二個運氣！」

還有人在對政府官員的無能表示不滿時說：「我們真不知道怎樣給自己的孩子灌輸金錢觀念，因為我們連國會議員都教不會。」

我們仔細分析，就會發現這些幽默語言都是經過修飾的觀點。這裡沒有強烈的對抗，也沒有悲觀失望的情緒，但是它的鞭打和促進作用要遠遠勝於消極對抗。

無論現在的你是多麼平凡，無論你遇到的困境有多大，只要你有積極而樂觀的心態，能有超然於一切觀念的豁達心胸，能運用幽默的力量，你就能戰勝沮喪，化坎坷崎嶇為康莊大道。

● 以幽默的機智應萬變

隨機應變也是一種藝術，在不同的場合，適時地添加一點幽默，可以讓氛圍立即充滿快樂。

133

在各種晚會、文藝演出中，許多主持人、演員能夠臨場應變，妙語驚人，給晚會歡樂的氣氛推波助瀾，贏得了觀眾的掌聲和喜愛。

一位光彩照人的女演員在台上剛剛結束演唱，謝幕時，卻不小心被麥克風的電線絆倒栽了一個跟頭。這位女演員爬起來，鎮定自若地說：「我真正為大家的熱情傾倒了！」頓時，嘈雜和笑聲變成了喝采的掌聲。

這位女演員是真正懂得幽默妙趣的人。

幽默從機智出發，賦予機智以新的動力，同時也對幽默自身的意念、態度和手法產生影響。當機智在幽默中以其理性姿態出現時，則構成了機智性幽默這一仲介物。

一隻老鼠被貓追到一個死胡同，眼看無路可逃，老鼠便急中生智，口吐白沫躺在地上打滾。貓對老鼠的舉動非常驚訝，就問：「你怎麼了？」老鼠故做可憐相，流著淚說：「我肯定是誤吃了老鼠藥，與其讓藥毒死，還不如讓你把我吃了呢！」貓一聽此言，嚇得掉頭就跑。

再看一例：

一個小滑頭給漁警解釋說：「我沒釣魚，我只是在教我的蛆學游泳。」

「真是這樣的嗎？讓我看看你的蛆。」

「瞧，這不。」

「好呀，」在仔細地檢查了蟲子之後，漁警說，「我仍然得定你罪。」

「什麼理由？」

「游泳不穿游泳衣是不容置疑的違法。」

孫臏應魏王之禮聘，前往魏國當高級軍事參謀。雖然魏王早已經聽說孫臏的學識淵博、知識豐富，卻不知道他與軍師龐涓的本事

「誰高誰低」？於是魏王就決定選擇一天，讓孫臏與龐涓兩人在宮殿的眾將官前，以考試來「一比高下」。考試時，魏王對孫臏與龐涓說：「我現在坐在大堂之上，你們兩人可有辦法讓我走下來？」

「大王，這有何困難呢？」龐涓在一旁馬上搶先說：「只要在後殿『放一把火』，大王您自然就得走下來了！」

魏王聽了，覺得龐涓說的固然沒錯，但是這種方法有點「不巧妙」，怎麼可以在後殿「放一把火」？

於是魏王轉向孫臏說：「孫愛卿，你有何高見呢？」

孫臏慢條斯理地說：「要使大王走下大堂，我恐怕辦不到，但是，如果大王在『殿堂下面』，我相信就可以使大王走到『殿堂上面』去。」

魏王心想：「既然不能叫我走下殿來，量你也沒有辦法讓我走上殿去。」於是，魏王就放心地從大堂上「走了下來」。

是的，魏王「走下殿了」！

孫臏只說了兩句話，竟然立刻使魏王「自動離開龍椅，親自走下殿來」。當然，孫臏的目的也就達到了。

一個美國旅遊團在南部某地參觀，時值梅雨季節，外賓感到很掃興，然而使他們感到幸運的是導遊善解人意，風趣幽默。導遊在車上用英語說：

「你們把雨從美國帶到台灣來了，而雨在車外；你們把加利福尼亞的太陽也帶來了，它就在車廂裡。」妙語既出，一片掌聲。

其中有位新加坡老太太遊阿里山時，由於裙子被荊棘劃破，洩氣地坐在了地上。

「老太太，您別生氣，」導遊和顏悅色地說，「這是阿里山有情，它請您不要匆忙地離去，叫您多看幾眼呢！」這話疾風般抹去了老太太的「愁雲」，使她重又恢復遊興。

在美國的一家大飯店裡，當侍女為一位顧客端上來一份芥末洋

芋泥時，順便問道：

「您是做什麼的？」

「我是葡萄牙國王。」

「噢，這個工作倒不錯！」

這位侍女的幽默，就在於使用臨場發揮法，把自己上升到和國王平起平坐的地位。

另有一則幽默：

有個老師在批改學生作文時，看到這樣的一段話：

「那天早上剛開門，就看見一隻被毒死的老鼠，使我大吃一斤！」

老師看後，忍不住笑，便在這段話的一旁寫下批語：

「千萬不能大吃一斤，小吃一兩也不行。」引出幽默臨場發揮，當然錯別字還得更正。寫錯別字鬧出笑話的，當然不是這位學生的「專利」，而是自古有之，下面兩則幽默也有異曲同工之妙。

有一位時髦女子走進一家皮貨店，問售貨員：「有較便宜的皮大衣嗎？」

「有的。」售貨員回答，「袋鼠皮大衣比較便宜。」

「為什麼呢？」女顧客精明地問道。

「哦！因為我們可以省下做口袋的材料和工錢啊！」

某塑膠製品廠推銷員在一次的訂貨會上，向各地來賓介紹：「本廠生產的印花薄膜雨衣，經久耐用，式樣新穎。」說著，他拿起一件往身上一披。誰知這件雨衣由於一直作為展品被試來試去，肩上已有破損。只見這位推銷員微微一笑，不慌不忙地說：「大家看見沒有？像這種壞的，我們可以包退包換。」

李鴻章有個遠房親戚，不學無術，胸無點墨，卻也赴京應考，想謀個一官半職。

試卷到手，他卻一個字也答不上來，只知道瞪著眼睛咬筆桿

子。最後，勉強寫了幾句，總算不是交白卷。可是，這樣的卷子又怎麼能考中呢？焦急中他想起了自己和李鴻章的親戚關係，便連忙在卷末寫上了：「我是當朝中堂大人李鴻章的親戚」幾個字。想讓考官大人看在李鴻章的面子上錄用他。無奈他連「戚」字也不會寫。竟寫成了：「我是當朝中堂大人李鴻章的親妻。」

　　這年的主考官為人耿直，看了他那狗屁不通的答卷，正要棄之一旁，忽然發現了卷末的這行文字，一看，不禁又好氣又好笑，於是提起筆在卷旁批道：

　　「所以，我不敢取（妻）！」

　　這位主考官的臨場發揮似乎更為絕妙，他巧用諧音，一語雙關，一時成了佳話。

　　隨機應變，臨場發揮，不僅是一種技巧，更是一種心智，它需要我們有冷靜的頭腦，保持從容鎮定，不慌不忙。

用幽默來戰勝自我

　　無論你是大人還是孩子，是老師還是學生，是售貨員還是消費者，是老闆還是員工，是主管還是下屬，都需要一種力量，而幽默的確就能給你戰勝一切困難的力量。

　　幽默的存在，可以讓人學會以笑來代替苦惱。藉著幽默的力量，我們能使自己和他人超越痛苦。

　　需要指出的是，幽默力量的形成主要在於情緒，而不在於理智。你的幽默力量就是以愉悅的方式表現出來的自我。它表達出你個人的真誠、你本性的大方和心靈的善良。

　　真正的幽默力量是從內心湧出的，更甚於從頭腦湧出的。它不是輕視，它是最大的愛。有了幽默力量，你可以發展你的領導能力，激勵他人共同參與。

　　某位報紙主編派一位年紀較輕的記者去訪問某位名人，需要問

及一些尖銳的問題。

這位記者坦然承認：「我很害怕，我如何開口向這樣一個重要人物問這些問題？」

「年輕人，不必擔心，」主管說，「只要想像你正和穿著睡衣的他講話就行了。」

這足以說明幽默的力量能克服障礙，減輕負荷，超越限制。

幽默的力量表現在它可以潤滑人際關係，消除緊張，解除人生壓力，提高生活的品質。它可以把我們從個人的殼中解放出來，使我們和他人相處不至於緊張。它可以化解冰霜，使我們獲得益友。

它可以使我們精神振奮，信心倍增，使我們脫離許多不愉快的窘境。

當你激動奮發並有所成就之時，幽默的力量使你活力四射。

有一位年近古稀的老人在接受身體檢查時說：「醫生，你可記得上回你告訴我一大堆毛病，說我得學會和這些毛病生活在一起？包括我的關節炎、視力減退、重聽、高血壓。」

醫生回答：「信任我吧，你很快能學會和這些毛病生活在一起。」

「我知道。」老人說，「現在，我在想，您是不是可以再加一項，加上一個20歲的妻子？」

學會幽默，學會快樂，以輕鬆的心情面對自己，以嚴肅的態度面對人生，並掌握你自己的幽默力量。

幽默可以給我們帶來我們所需要的精神生活。有了幽默，就可以自由地感受自我與環境，發揮並表現出自我的才能與力量。即使面對事業的失敗和人生的苦惱，幽默也能開拓我們的心胸，在痛苦中獲得歡樂。

一天晚上，一位先生在馬路上丟了一只戒指。當時路燈很暗，他無法尋找。

這位先生急匆匆地趕回家，就在房間裡到處找起來。他妻子問：你找什麼東西？」

「我找戒指。」

「你是在家裡丟掉的嗎？」

「不，在馬路上。」

「那你為什麼要在這裡找？」

「因為馬路上黑，家裡亮。」

丟掉了戒指，當然煩惱，可這位先生偏偏在不是遺失之處的地方尋找，實在荒唐，但誰能說他不是在尋找歡樂呢？

有一位先生回家一看，家裡被小偷洗劫一空。他雙手一攤，調侃地說：

「好了，以後出門不用再帶那串『嘩啦啦響』了。」

多麼達觀的胸襟啊！

有人面對不幸，垂頭喪氣，哭天搶地，而我們下面所說的農夫，被人抓到獄中，也不忘讓人幫他的「大忙」。

有一次，那些人找到一個農夫，對他說：「聽說你有一個罐子，裡面裝的都是金子。」說完，就動手搜查起農夫的屋子。

可是搜了半天，也沒有搜到一點值錢的東西。於是他們便把農夫抓走，關進了監獄。

一天，農夫在獄中收到妻子的一封來信，說是現在該種馬鈴薯了，但因家中缺少人手，農夫的妻子只好自己去翻地。農夫看完信，凝神思索了一陣，立即寫了一封回信，叮囑妻子千萬別去翻地，因為地裡有一罐金子。回信寫好後，農夫把它交給監獄看守，照例由看守代為寄出。

兩星期後，農夫又收到了妻子的一封來信，信中說：「前幾天家中出了件怪事，大約有十多個帶鍬的人，來到馬鈴薯地裡，把馬鈴薯地全翻遍了，好像在找什麼東西似的。」

丈夫看完信，知道是那些自作聰明的看守辦的事，就笑嘻嘻地再寫了封回信，告訴妻子，「既然有那麼多人給我們翻了地，那你就可以種馬鈴薯了。」

人生在世，不如意事十之八九，人人都會有煩惱，都有不安。也許你終日憂慮自己的外表或年齡、青春不再，也許你苦於家庭的不合。這時，你要學會用幽默的力量化解生活中的緊張和焦急，這樣就能戰勝自己，讓自己的生活豐富多彩。

營造最浪漫的愛情幽默天堂

　　愛是幸福之源，在愛情的世界裡，幽默始終扮演著一個天使的角色，在危機時刻，它給人提供安全感；在悲劇時刻，它引導人向喜劇方向發展。如果你能掌握和運用愛情的幽默，那麼，你就能營造最浪漫的愛情天堂，收穫最甜美的愛情之果。

一、幽默是愛情的守護神

　　男女之間一旦度完蜜月後，要面對的是真實的生活和真實的另一半，如果對方是個缺乏幽默感的人，談話做事都是一板一眼，不苟言笑，那麼生活豈不如同嚼蠟，索然無味？因此許多人的擇偶條件都會附上一條：具幽默感。可見，幽默是戀愛生活的守護神。

● 愛是幸福之源

　　愛是幸福之源，一切美好的東西都源於愛。愛是光明的使者，是幸福的引路人。愛是照耀茫茫草原的一輪紅日，是百花叢中絢麗的陽光。無數歡樂的念頭都是從愛的呼喚中翩翩而來。暖意融融的歡快幸福之中總有愛的精靈。

　　愛是無價的，但她並不花費任何東西。愛為自己的擁有者祈求

賜福一個心目中擁有愛的人，幸福總會伴隨他，愛與幸福是不可分的。因為愛，痛苦會化作幸福，傷心的淚水也會化作甘泉。有愛才會有平和和幸福。

有人會覺得愛一個人是一件很困難的事情，覺得付出愛是一件很繁重的工作。其實不然，愛就在我們的日常生活中時時刻刻地發生著，不管你是施愛者還是被愛者，總在與愛發生著千絲萬縷的聯繫。其實愛很簡單，我們可以把它融化在一舉一動、一言一語中，讓身邊的人慢慢體味和感受。

當你的眼中散發出愛的光芒，深情地注視著所愛的人，你就會換來溫和的柔情、關愛的眼神，或者更為深情的擁抱，在這眼神流轉之間，愛就散發開來。

當你洗耳靜聽，用心地傾聽別人的心曲，無需多言，對方便會感受到你的愛。你的聆聽會告訴他，他是世界上最重要的人，因為你沒有用言語阻礙他傾訴的機會。這便是最默契、最深沉的愛了。

當你用心去擁抱，用你的真誠去觸摸去感受對方的心，這種肢體的接觸會感受到彼此最真誠的心的律動和最真切的溫柔。彼此的體溫能夠化解人世間所有的冰冷。不要錯過任何一個真誠相擁的機會。

當你的回憶中出現一種代表某種情感的氣味，這就證明這遠去的氣味也成了一種愛的語言。即使時光遠去，那甜蜜的味道依然繚繞，可以憑藉這種氣味找到曾經駐足、曾經共度的日子。所以不妨用你的味道來表達你個性的愛，讓彼此在未來的日子裡記住愛的味道。

當你品嚐最鍾愛的食物，那曾經給你做這樣美味的母親或愛人是否會在你眼前微笑。記得看過這樣一個故事：

一對曾經相濡以沫的夫妻終於靠自己的雙手換來了富足的生活，但是丈夫卻在這個時候另結新歡，他向妻子坦白了，因為他不

忍心欺騙這個生死與共的糟糠之妻。妻子不哭不鬧，只說：「讓我再為你做一碗麵吧。」丈夫疑惑，點頭答應了。不一會兒，一碗熱氣騰騰的素麵端了上來，丈夫頓時滿臉是淚，跪倒在妻子的面前，泣不成聲。不是山珍海味，連一根肉絲也沒有，可為何會讓丈夫如此感動？

因為這碗麵裡有愛的味道。落魄之時，是妻子用凍得發紅的手煮出這樣一碗碗的麵，只為了讓他的胃舒服一些。那些同甘共苦的日子裡包含了妻子多少艱辛，一件一件，一樁一樁，都在這碗麵條的熱氣中一一重播。從此以後，丈夫再也沒有提及過此事，因為他離不開愛的味道。

共同走過時，給自己愛的人做一份最鍾愛的食物，讓它真實地存留在你們的記憶中，無論身處何地何時，讓愛的美味在唇齒間流淌。

除了這些，直覺也是喚醒愛、表達愛的途徑，在他期盼的時候出現在他面前，用綿延細膩的愛在他受傷的時候予以安慰，無論是朋友，還是愛人，相信都會相守一生、銘記一生吧！

● 幽默是愛情的守護神

在愛情這個美妙的世界裡，幽默始終扮演著一個天使的角色，在危機的時刻，它給人提供安全感；在悲劇時刻，它會引導人向喜劇方向發展。

可以這麼說，如果愛沒有幽默和笑，那麼愛有什麼意義呢？甚至有人說，愛就從幽默開始。幽默的求愛、求婚方式，似乎更有魅力，更富有使人心動的浪漫情趣。

碩士美女阿筠要結婚了，一向交遊廣闊的她，在身邊眾多男子中選擇了阿濤作為交換婚戒的對象。得知這個消息後，她的幾個死黨大感詫異，因為阿濤既不是她最帥、也不是最有錢的男友。

為什麼是他?

阿筠的嘴角向上揚起:「簡單,因為他最能讓我笑!」

原來如此!他是以幽默感贏得了美人芳心,笑出婚姻,的確精彩。

那些在女人面前很「吃得開」的男人,不管長相如何,都有一套逗人大笑的本領。只要一與這種人接近,就可以立即感受到一股快樂的氣息,使人喜歡與他為友。

一個整天板著面孔,不苟言笑的「老古板」,是絕對不會受到女孩子們歡迎的。不少情感心理學研究者認為,男人由於平時比女人話少,所以,男人的語言的分量就更被女人所注意。不少男人也正是利用幽默的手段來填補自己語言的匱乏,所以,他的魅力便永駐於人們對他的幽默的回味之中。

幽默有很多的好處,它可以消除人們的困窘之境,發揮令人意想不到的交際效果。同時,可以增進友誼,調節氣氛,製造親切感。幽默還可以消除疲勞和緊張感,使人輕鬆快樂地面對生活。

但是,幽默不是沒有節制的,一個男人可能因為幽默而受人歡迎,但另一個男人卻可能因為過分的幽默而使人感到反感。奉勸男人們好好地把握自己,做幽默的天使,切莫成為那種譁眾取寵的幽默的奴隸,否則,你所應具有的魅力就會隨之蕩然無存了。

有一位男士在給女友的信中說:「昨夜,我夢見自己向你求婚了,你怎麼看呢?」

他的女友巧妙地回答:「這只能表明你睡眠時比醒著時更有感情。」

幽默,是戀愛生活的守護神。對於一對戀人來說,雙方間的默契和幽默感具有一種特殊的作用:它使雙方在片刻之中發現許多共同的美好的事物──從前的,現在的,將來的,從而使時間和空間暫時消失,只留下美好的歡樂的感覺。所以,你要學會用幽默呵護

你的愛情，讓你的愛情天長地久。

男女擇偶的幽默

生活處處有幽默，幽默感可以洋溢於日常生活的每一個空間，而在戀愛、擇偶這個領域，幽默更是留下一片五彩斑斕的世界。

男女相悅，從相識開始。在選擇對象這一問題上，不同的價值取向使不同的人展示了各自的手段和才華。

一個專門創作驚險偵探小說的女作家竟會愛上一個枯燥乏味的考古學家，人們大惑不解。

當事者卻別有高論：「我再也不用擔心衰老了。你知道，在考古學家眼中，越老越可愛。」

古人說郎才女貌，才子佳人是最佳的搭檔，除此之外，男女選擇對象的標準還講究門當戶對，而現在除了才貌相當，文化程度一致，還要有共同語言、身材匹配等等，這一切本是無可厚非，共同的家庭生活，本不是單純的柴米油鹽，吃喝拉撒，出雙入對總得講究個賞心悅目，正所謂「自古良馬屬名將，從來英雄愛美人」，但理想的標準代替不了現實，更何況戀人之間更多的還需深層次的感情交流。

著名將領馮玉祥當年選妻，特意選用了面談的方式。他先問對方的都是同一個問題：「你為什麼要同我結婚？」有的小姐羞澀地說：「因為你官兒大，和你結婚就是官太太。」有的欽佩地回答：「你是英雄，我就是愛慕英雄。」對她們的回答，馮玉祥均不置可否，一笑了之。後來他遇到皮膚黝黑、相貌平平而又不重修飾的女性李德全，她的回答是：「上帝怕你做壞事，派我來監督你。」

馮玉祥覺得她頗有個性，大為欣賞，終於有情人喜結伉儷。久經沙場、見多識廣的馮玉祥選擇終生伴侶不會再如常人只重嬌豔美女，他不會欣賞一個只想當官太太的女人，也不會接納一個只看重

145

他英雄光環的女人，李德全的幽默之處便在於她十分清晰地洞悉了馮玉祥的內心世界，在人格上當仁不讓地將自己擺在與他馮大將軍平等的位置上，我和你結婚，一不圖名，二不貪財，而是怕你做壞事，我要時刻監督你，幽默的回答可謂別出心裁，別說女人，即使馮玉祥身邊的文武將領又有何人敢於如此出言不遜，但這種幽默的妙答恰恰打動了馮玉祥的心，因為他需要的正是這樣一個助手。

可惜如今的一些青年男女竟比不上「女子無才便是德」時代的李德全的眼光，愛情條件完全被物質、金錢、地位異化，在女性早已不准自由買賣的時代，有些女孩卻自願將自己變成商品。我們來看一個拜金者的例子：

有人問一個如花似玉的少女：「你為什麼嫁給一個風燭殘年的老頭？」

少女反問道：「如果有人給你一張百萬美元的支票，你能不關心支票上的兌現日期嗎？」

見錢眼開，不計較其他條件的，當然不光是女人，還有許多男人：

「我認識一個聰明的窮小姐和一位愚蠢的千金小姐。你說，我該向誰求婚呢？」

「當然是那個窮小姐。」

「看得出，你的確是個誠實的朋友。」

「作為朋友，我還有個請求：請你把那位千金小姐的地址告訴我。」

如果擇偶條件過於苛刻，會造成什麼樣的後果呢？

一位老姑娘來到婚姻介紹所，對工作人員說：「我感到太寂寞了！我有遺產，什麼都不缺，只少一個丈夫。你能幫我介紹一個嗎？」

工作人員說：「你能談談條件嗎？」

老姑娘說：「他必須是討人喜歡的，有教養，懂禮貌，能說會道，愛說愛笑，喜歡運動，最好還能歌善舞，趣味廣泛，消息靈通……當然，最重要的一條，我希望他能終日在家裡陪著我，我想和他說話，他就開口；我感到厭煩了，他就別出聲。」

「我懂了，小姐，」工作人員耐心地聽完後說，「你需要的是一台電視機。」

常言道：「己所不欲，勿施於人。」而一些年輕朋友總是不能走出這個幽默盲點，成為被嘲笑的對象。以下這個幽默故事可能會告訴你選擇戀人所不必走的彎路有哪些。

有位日本人總想娶一個美嬌娘，有一天見一招牌寫著「美國式婚姻服務處，歡迎惠顧！」日本人高高興興付了五萬日元。走進第一道門，裡面兩扇小門上寫著A門「年輕美貌」，B門「成熟可靠」。日本人充滿希望地推開A門，走進去又看到兩扇門，分別寫著「嫁妝可觀」和「嫁妝微薄」，日本人不加思索本能地推開「嫁妝可觀」之門，進去後房內空無一物，牆上一面鏡子幽默地寫著「豬八戒之鏡」。請記住選擇戀人之前應該首先看清自己是個什麼模樣。

一位太太擔心她二十八歲的女兒找不到丈夫，便勸她在報紙上登個廣告：「茲有年輕貌美且極富風趣之女繼承人，徵求與玩世不恭、情好遨遊之男士通信。」

廣告登了兩天後，媽媽著急地問：「怎麼樣？有人應徵嗎？」

「只有一封。」女兒歎息地說。

「誰寫來的？」媽媽問。

「我不能告訴你。」女兒說。

「這是我出的主意，」媽媽叫道，「我非知道不可！」

「好吧！」女兒幽默地說，「是爸爸。」

人各有志，在愛情上更能表現人類眾多的價值取向，但無論

147

你的人生價值取向與別人有多麼大的不同，但在擇偶求愛時，還是要現實一點，要根據自己的實際情況，不能踩著月亮想摘星星，不然，只能成為他人飯後的笑談。

二、用幽默開啟愛人的心扉

人們都清楚，微妙的男女關係裡，有不少微妙的心理因素支配著每一個細微的行動，如果你有技巧地掌握和運用這些因素，你就將所向無敵，勝券在握。

◉ 巧藉幽默來搭訕

容貌、財產、地位、為人等等在愛情的天平上都可以成為籌碼，男女雙方為愛情提出的條件可謂千奇百怪，只是在眾多高手目標一致時，往往是狹路相逢幽默者勝。

初諳世事的男孩子總希望與最可愛最漂亮的姑娘相識、相知，這時，最好以一顆幽默的平常心走向你心儀的公主。

許多男孩切身感到，與女孩搭訕，說第一句話所面臨的最大困難就是語言問題。即使是平日善於言辭的人，也常為自己結結巴巴、詞不達意而憂愁。在這種情況下，你不妨巧妙地借用幽默達到搭訕、交談的得體順暢。

那麼，在這種情勢下如何使用幽默呢？

首先存在一個勇氣問題，你不能被漂亮女孩的傲氣嚇得手足無措，要儘量保持一顆平常的心，走近她，和她搭話。

然後，盡可能地利用一切可見的情景，可捕捉到的任何一絲線索幽默一下，跟她開個玩笑。俗話說：「笑了，事情就好辦了。」如果她肯捧出嫵媚的笑容，那下一步就容易了。

大學時，一位男生看上了藝術系一位漂亮的女孩，但卻不知道她的名字，也一直苦惱沒有機會與她搭訕、接觸。

有一次，機會終於來了，他看見那位女孩走進一家牛肉麵館，他毫不遲疑地跟著進去了。他走到那個女孩身邊，鼓足勇氣看著她，心跳得厲害。他想和她搭訕、問好，卻不知說什麼好，就只好問名字了。他有點緊張地向這位女孩開口問道：「經常在校園看見你，請問你叫什麼？」那女孩很疑惑地抬頭看著他，說：「我叫牛肉麵啊！」她顯然不想報上真名，但我的這位同學沒有氣餒，他紅著臉，「噢」了一聲，改口道：「那麼，我也給自己起個名字吧，我就叫陽春麵。」

女孩冷漠的臉上立刻露出燦爛的笑容。後來，這位「牛肉麵」真的成了「陽春麵」的妻子，這就是幽默的奇異效果。

與女孩子第一次接觸時，多數男孩子最慣用的辦法是預先設計程序、語言，有些甚至提前準備一張紙條，見面之後塞給對方了事。這種辦法在多數情況下效果並不理想，因為我們根本就無法預知實際的情形：在怎樣的場合還會有誰在場，女孩會是什麼態度，說什麼話等等。

如果你現在是涉足愛河之初，最好先訓練一下自己的幽默才能，這與打扮自己同等重要。有的朋友可能誤以為幽默是先天的稟賦，與後天學習無關。其實不然，氣質最大程度是先天稟賦，而幽默更多的則是一個方法問題，所以主要依靠後天的訓練。

只要留心學習，隨時總結並運用，讓自己的心理意識接受並習慣幽默，你就會成為一個高手。只要成了幽默高手，那麼相應的也會成為戀愛高手。

● 展示自己的魅力

日本幽默家秋田實認為，幽默是愛情的催化劑。一般來說，女性對那些風流瀟灑的男人，固然非常的心儀，然而，對於那些具有幽默感、辦事穩妥的男子就更加傾慕了。

一對情人坐在公園裡。

男：「我許多朋友都說你很漂亮。」

女（非常高興地）：「真的嗎？」

男：「可是他們又說其實你不漂亮。」

女（吃驚地）：「哎喲！」

男：「是說你不是漂亮，而是迷人。」

女（略喜）：「是嗎？」

男：「不過，你只能迷住那些沒有經驗的男孩子。」

女（失望且困惑）：「怎麼說？」

男：「因為你跟他們一樣年輕，一樣純潔，一樣朝氣蓬勃，一樣活潑可愛。」

女：（心花怒放地）：「哈哈哈哈，你真壞！」

男人可以根據女人不同的性格及其愛好，而採取不同的求愛方式。有時，可以利用思想或者信念，使對方產生這種想法。有時，則可以憑著財力、體力或者某種的才能、名聲或者性格等等。

除此之外，還有「他為了愛我在賭命呢！」的愛情滿足型，甚至有「他的虐待趣味使我身心都麻醉了……」的女性，亦有「我要亂七八糟地去愛他，然後使他破滅……所以，我願為他做一切事情」的女人。

「媽，我發現傑克很愛我。」

「為什麼？」

「每當他擁抱我的時候，我都聽到他的心在怦怦地跳。」

「傻孩子，要當心啊，當年你爸就是在身上藏著一只懷錶使我受騙的。」

一天晚上，一位少女和一位英俊的男雇工在一條僻靜的鄉村道路上並肩而行。雇工肩上背著一個大桶，一手提著一隻雞，另一手拿著一根枴杖，同時還牽著一頭山羊。他倆走進了一條又長又靜的

黑巷。

「我不敢跟你在這裡一道走，」少女說，「也許你想吻我哩！」

「我帶著這麼多的東西，」男工問，「怎麼可能呢？」

「那可難說。」少女說，「假如你把枴杖插入土中，將羊拴在上面，把雞放在桶裡呢？」

一個年輕人寫了一封信：「親愛的小姐，我愛你，而且希望你嫁給我！如果你同意，你就回答我。如果你不同意，就連這封信也不用拆開。」

這樣一個風趣幽默的人，怎能不備受女性的青睞呢？

正是由於這樣，幽默作為一種含蓄的語言形式。人們因此樂於以此道在戀愛生活中表達愛的情感，使人在歡笑中體會到彼此的愛。

● 用幽默開啟愛人的心扉

幽默有著自己獨特的魅力，在現今的社會，幽默的魅力更是被充分地表現出來。在尋找伴侶時，許多女孩都表示要尋覓的郎君應該具有「幽默感」。可見懂得幽默、具有幽默感的年輕人往往備受女孩們的青睞。

在英國有一個年輕人愛上了一位女孩。一天，他又來到女孩家，兩人在火爐邊烤火。最後，他說道：「你的火爐跟我媽媽的火爐一模一樣。」

「是嗎？」女孩漫不經心地應道。她還以為這是年輕人隨便說的一句話。

「你覺得在我家的爐子上你也能烘出同樣的碎肉餡餅嗎？」他幽默地問。

女孩愣了一下，隨即悟出了問話所含的意義。她歡悅地答道：

「我可以去試試呀！」

與這樣溫婉風趣的青年在一起，女孩的幸福可想而知。

一次，一個年輕人從背後捂住了正在公園長椅上等他的戀人的眼睛，道：「只允許你猜三次，若猜不中我是誰，我就吻你一下。」

你猜女孩怎麼猜的？她張口喊道：「你是──蘇東坡？唐明皇？劉德華？都不對，那你就贏了！」

男女之間總是充滿神祕感，雙方之間充滿了誘惑。

在某航空俱樂部的一次聚會上，一位漂亮的空中小姐身著晚宴裝，胸部半裸，頸上繫著一個閃閃發光的金色小飛機垂飾。

一位靦腆的青年空軍軍官，看到女孩子白皙、豐滿的胸部，便難為情地低下頭。

這時，這位魅力誘人的女孩子溫柔沉靜地向他說：「啊？你喜歡這個金飛機嗎？」

空軍軍官只說了一句話，話聲雖低但很清楚：「小飛機非常漂亮，可是更漂亮的是……」

漂亮的女孩子看了看垂飾。這時，空軍軍官最後鼓起勇氣說：「更漂亮的是機場……」

頓時，女孩子開心地笑了。

這句話使她感到意外。因為他並沒有說：「漂亮的是你的胸部。」這樣表述就俗不可耐了，而是暗示她說「更漂亮的是機場……」

心有幽默一點通，幽默終於使他們相互深深地吸引。

為什麼有不少年輕男孩相貌堂堂，舉止文雅，也很有能力，又不乏「男子漢」的風度，卻每每情場失意呢？

關鍵就在於他們不善幽默。他們或者寡言少語，或者饒舌不停，然而沒有一句話是機智幽默的。這使對方深感索然無味，話不

投機。

相反，富有幽默感的人談情說愛卻更容易成功。因此，男女約會時，雙方若能以幽默的口吻交談，可使感情火速成長，順利步入愛情的殿堂。

可能少有人知，當年馬克思其實也是一位情場高手，他在向燕妮求愛時就恰當運用了幽默的求愛技巧：

馬克思與燕妮早已相識相知，但一直沒有互相表白心跡。一天黃昏，他倆又相約於河畔的草坪上，馬克思決心向燕妮求愛。他對燕妮說：「燕妮，我想告訴你，我愛上了一個人，準備向她求愛，但是不知她是否同意？」

燕妮知道這個「她」就是自己，但仍然反問：「是嗎？那是誰？」

馬克思說：「我這裡有一張她的照片，你想看看嗎？」

燕妮緊張地點了點頭，於是馬克思拿出一只精緻的木匣遞過去。

燕妮接過來，雙手顫抖地打開。裡面沒有照片，只有一面鏡子，鏡子裡正好映照出燕妮已經羞紅了的臉龐。

兩人之間美好愛情的面紗就這樣巧妙地被揭開了，燕妮幸福地接受了馬克思的求愛。求愛成功後，相愛開始了。從此，兩人卿卿我我，山盟海誓，如膠似漆。

馬克思所用的這種幽默求愛方式，在今天看來，其可效仿指數也是相當高的，朋友們不妨也在求愛的時候運用這種方法，成本很低，只需要一面鏡子就可以了。

一個男孩常在圖書館與一位可愛的女孩見面，久而久之，動了心，但卻苦於沒有機會。

這天小夥子與那女孩並肩而坐，他側目見那女孩正在做英語選擇題，於是自己也裝模作樣地讀起英語來。少傾，他鼓起勇氣，向

那女孩求教一道選擇題，他在紙片上這樣寫著：同學，今晚請你看電影，敢不敢去，請選擇：

A. 敢去。

B. 為什麼不敢去？

C. 誰怕誰呀，去定了。

D. 請讓我想一想，不過，我想我可能會去。

愛情的表達本無定式，直率與含蓄，各有價值。但是，我們中國人（或東方人）都習慣以含蓄為宜，一是使得話語具有彈性，不致於由於對方一拒絕就不能挽回局面；二是符合戀愛時的羞怯心理；三是符合我國傳統文化心理。

一位青年是這樣向他在銀行儲蓄部當出納員的女友求愛的：「小姐，我一直在儲蓄這麼一個想法，期望能得到利息。如果星期六有空，你能把自己存在電影院裡我邊上的那個座位上嗎？我把你可能已另有約會的猜測記在賬上了。如果真是這樣我將取出我的要求，把它安排在星期天。不論貼現率如何，做你的陪伴是十分愉快的。我想你不會認為這要求太過分吧。以後來同你核對。真誠的顧客。」

在這裡，「儲蓄」、「存在」、「記在」、「取出」、「貼現率」、「核對」、「顧客」，由於處在特殊的語言環境，就都具有雙重意思，而且句句雙關。風趣詼諧和真誠戀情從字裡行間躍然而出，難怪他的女朋友抵制不了這迷人的誘惑。

幽默具有神奇的推動力，它像助推火箭，推動愛情之星扶搖直上，它也像大功率的發動機，推動愛情之舟一路向前。所以，那些有取悅對方心願的癡男癡女，只要一方做出努力，就能用幽默開啟愛人的心扉，就會收穫一份美好的情感。

三、戀愛成功的幽默祕訣

幽默是愛的伴侶，使用充滿熱情的幽默能自然地增進親密，改善彼此的愛情。如果你懂得在愛中運用幽默，你最終將會有情人終成眷屬。

◉ 做一個妙語連珠的風趣戀人

愛情是一個神聖而溫馨的話題。人生中最生動、最溫馨的階段大概要算戀愛階段了。美好的愛情使人如醉如癡，忘記一切。

幽默的言談是男女關係中最富情感張力的語言形式，使用幽默能自然地增進親密，改善彼此的友情，可以這麼說，妙語連珠就是你的「紅娘」。所以，在戀愛中，你要學會做一個妙語連珠的風趣戀人。

富有幽默感的人談情說愛一般比較容易成功。1949年，當接近不惑之年的羅納德‧雷根結識了二十八歲的南西時，愛情之火在他心中燃起。他雖然面臨著電影事業上的困境，但侃侃而談，以充滿熱情的幽默最終打開了南西的芳心。從此，每當雷根談話，南西總是凝視著他，全神貫注地傾聽著那富有趣味的妙語，愛情之藤，老而彌堅。

曾擔任過國務卿的美國五星上將卡特利特‧馬歇爾在他駐地的一次酒會上，請求一位小姐答應他送她回家。這位小姐的家就住附近，可是馬歇爾開了一個多小時的車才把她送到家門口。「你來這兒不很久吧？」她問，「你好像不太認識路似的。」「我不敢那樣說，如果我對這個地方不太熟悉，我怎麼能夠開一個多小時的車，而一次也沒經過你家門口呢？」

姑娘被馬歇爾的風趣逗笑了，後來，他們結成了夫妻。

馬歇爾回答那位小姐的話就隱含了我想和你多待一會兒的含

義，巧妙而機智。

這天，女影星從外地趕到香港與一位男影星合拍電影，男影星前去迎接。

見面時，女影星高興地說：「真沒有想到你會來接我。」

男影星微笑著說：「我為什麼就不能來接你？」

女影星問：「你家裡就沒有一點事？」

男影星說：「家？我早就沒有家了。」

路上，女影星說道：「我不明白，香港有那麼多明星，為什麼千里迢迢要我來？」

男影星幽默地說：「這叫千鳥易得，一鳳難求。」

男影星輕鬆幽默的談吐贏得了這位女影星的好感，為他們以後終成眷屬奠定了良好的基礎。男影星巧用妙喻，將眾多明星比為鳥，將女影星比作百鳥之王──鳳凰，讓對方聽著心裡特別舒服。同時「千鳥易得，一鳳難求」因為是從成語「千軍易得，一將難求」變化而來，這位男影星信手拈來，略加改造，顯得既有文采，又不同於阿諛奉承，又怎麼能不打動芳心！

這兩位影壇明星的結合，最主要也取決於第一次見面的幽默。

由此可知，在製造好感之前一定要有充分的心理準備，大腦要處於活躍狀態，以便於隨時發揮。如果局促不安，心理不穩定，就會產生窘態，幽默更無從談起。當然利用幽默的技巧獲得好感是要以愛、以感情為基礎的。

愛情是心與心的交流，是情與情的互換。倘若沒有真情，而一味地使用言語技巧以期獲得對方的好感，就會流於油腔滑調。而這也從側面提醒人們，要善於甄別真心的愛與虛假的愛，謹防上當受騙。

● 讓你的求婚富於浪漫情趣

對於一對戀人來說，雙方間的默契和幽默感具有一種特殊的作用：它使雙方在片刻之中發現許多共同的美好的事物，留下美好的歡樂的感覺。如果用幽默的求婚方式，似乎更有魅力，更富有使人心動的浪漫情趣。

美國科學家富蘭克林，1774年喪偶，1780年在巴黎居住時，向他的鄰居——一位迷人而有教養的富孀艾維斯太太求婚，情書中求婚的方式極為幽默。

富蘭克林在情書中說：他見到了自己的太太和艾維斯太太的亡夫在陰間結了婚，於是他繼續寫道：「我們來替自己報仇雪恨吧。」

這封情書被譽為文學的傑作、幽默的精品。

寫情書，特別是第一封情書，不論你的感情熱烈到什麼程度，最好不要直來直去說「我愛你」，這是拙劣的表示法，即使不會引起對方的厭惡，至少也會被認為你缺乏修養。

一個男子和女友交往了很長一段時間，他一直請求女友嫁給他，但是女友還想要多過幾年單身生活，所以遲遲不肯答應。

就在女友生日這天，男子拿了一束花對女友說：「今天你無論如何一定要答應嫁給我。」

女友被逼急了只好說：「好吧！如果你猜到我想什麼，我就嫁給你。」

她心想，無論對方講什麼她只要否認就好了。沒想到男子說的話讓她無法反駁，最後只好答應嫁了。

男子說什麼呢？

男子說：「你不想嫁給我對不對？」

如果女孩說對，那麼男子的答案就正確了。如果女孩說錯，不

就是想嫁給他了嗎？

　　幽默是愛的伴侶，是愛的守護神。如果你懂得在愛情中運用幽默的浪漫，你最終將會如願以償與愛人步入婚姻的殿堂。

四、營造兩人世界的愛情天堂

　　愛是光明的使者，是幸福的引路人，聰明的戀人十分善於隨時把握時機，靈巧地用幽默的藝術捧上柔情蜜意，讓對方陶醉在愛情的天堂中。

◉ 巧妙應答戀人的提問

　　熱戀中的女人像一個古怪精靈，總是有五花八門的問題，作為她的男友，你可得有足夠的心理準備，來應答這些問題，而且要回答得機智有趣。

　　戀愛中的女孩常常需要男友發表對自己的感覺，對自己家人的印象與評價，以及對未來的承諾；婚後當了妻子，女人依然不甘休，總要問：「你還愛我嗎？」「你有外遇嗎？」「你外出後會想念我嗎？」以及「電話裡的那個女人是誰」等等。

　　面對這些詰問，有些只需實話實說，有些卻需要巧妙撒謊，因為你的回答必須確保女人歡心，這樣她才會心甘情願地與你和睦相處。但不論怎樣，你的回答必須幽默婉轉，這樣，既可傳達無限愛意，使你的話語情意綿綿，又可避免因正面回答而必有的某種難堪，使你的話語含蓄而機智。

　　一位年輕的大學講師在熱戀中也手不釋卷，陪女友聊天時手裡也捧著一本書，女友欽佩他的勤奮卻不滿於他的迂腐，她靈機一動說：「但願我也能變成一本書。」

　　男友不解地問：「為什麼？」

　　「那樣每天就可以讓你捧在手上了。」

男友意會了女友心中的不滿，也靈機一動，風趣地說：「那可不行，要知道，我閱讀速度挺快的，沒幾天就要換一本新的。你最好就是現在的你，讓我看一眼，便永遠地珍藏在心裡，誰也趕不走，然後，我一面看書，一面在心裡和你說話。」男友的一席幽默讓女友品味出濃濃的愛意，這勝過任何裝腔作勢的話語。女人往往喜歡故意刁難戀人一下，這時你也需要靈機一動的幽默功夫，不然就會陷入窘境。

不同的問題有不同的幽默，有些需要誇大其辭，有些則需蒙混過關，語焉不詳；有些需要拐彎抹角，有些則需直截了當。下面我們設想幾種可能的問題和情境，並討論各自相應的幽默回答。

大家熟知的例子：

女孩子問她的男友：「如果我和你媽媽同時落水，你會先救誰？」這真是一個讓人不知如何回答的問題，而聰明的男孩靈機一動：「當然要先救未來的媽媽！」

一箭雙雕，兩面玲瓏。而到底誰是未來的媽媽，女兒和母親誰都可以。

如果你真的有這麼一位機靈又好出難題的女朋友，那你就得練好臨事而頓悟的功夫了。

戀愛發展到一定程度，需要用熱烈的擁抱親吻來表達無限柔情蜜意了。當你們全身心沉浸於此的時候，女孩也許會從你的擁抱中抬起頭來，冷不防地問：「看你老練的樣子，你這不是第一次吧？你和別人也是這樣嗎？」這時，你若正面否定，說絕不是，女友也許會固執地認為你是在撒謊。但若能滿不在乎地做個鬼臉，說：「不，親愛的，這全是你賦予我的靈感，沒有人能與我們相比。」這一回答迴避了最敏感的「別人」問題，並沒有對女友的問題做出正面回答，而是否定了問題本身。

女友帶你去她家，見到了她的父親，她也許會問：「你喜歡我

爸爸嗎？」你如果千篇一律地回答：「喜歡，他老人家很慈祥。」那就索然無味了。但你要是換一種方式，幽默地說：「這就要看他能否同意我早點娶你。」這句話不但別具趣味，而且不失時機地轉達了對女友的愛，女友肯定愛從心來。

你外出的時候，面對含情脈脈、依依不捨的女友，最好率先脫口而出：「在那邊我會每時每刻都想著你。」因為這個時候女友心裡最感重大的問題就是「你會想念我嗎？」

在外時間一長，女友最擔心的是自己的男友會不會愛上另外的女人，有外遇。相見之後，女友時不時會脫口而出：「你有外遇嗎？」你不能駁斥女友的多心和問題的荒誕，你的幽默回答應該是：「什麼外遇？我在那邊一向不大出門，更別說在外面遇到誰了。」

當女友在你的口袋裡發現一張陌生女人的名片或接聽到另一個女人找你的電話，她們會問：「她是誰？」這時候你可一定要收斂起自己的幽默，如果只圖眼前一笑而對女友開玩笑說：「她就是我的女友。」做女友的最容易對這些話信以為真，你的正確態度應該是平靜地跟她解釋清楚，打消她的疑慮，千萬不能讓她對你進行無謂的猜疑。

女友的詰問實質上表現了她對你的在意與愛，你應該回報以愛。因此，你要採用幽默的方式，婉轉含蓄地回答女友的問題，讓女友知道她是唯一，她在你心中的重要位置，那麼，你的愛情之舟就能一帆風順地駛向成功的彼岸。

● 約會時的幽默

現代青年從明確戀愛關係到舉辦婚禮，往往要經歷一兩年的戀愛階段。這一時期兩人的交往形式主要是約會。在看電影、遊公園、逛商場的活動中，加深瞭解、增進感情。

約會中，在戀人面前的談吐就顯得尤為重要。善於言談的小夥子總是容易博取女孩的歡心，而會說話的女孩也顯得分外內秀。幽默的談吐會使約會的氣氛輕鬆愉快，富於情趣，而在戀人面前過於嚴肅或拘謹，就會使交談變得乏味、死板，久而久之，約會中的談話就成為一項負擔，有導致戀愛失敗的可能。

有一個女孩問男朋友：「你為什麼獻人造花給我？我喜歡鮮花啊。」

男方從容答道：「親愛的，這是因為鮮花總是在我等你的時候就枯萎了。」

在公園的長椅上，女孩不放心地問男友：「你真的非常愛我嗎？」

「非常愛你。」

「那你能為我獻出生命嗎？」

對這個問題，小夥子認為不能輕易許諾，他想了想說：「這可不行。我要死了，還有誰來愛你呢？」

約會要守時，這點戀人們都明白。可是好些時候由於某種原因，總是不能準時趕到。

有一個女孩約會遲到了十五分鐘。她趕到時，小夥子正焦急地東張西望。女孩不好意思地揚揚手腕：「對不起，我又來晚了。不過這次是有原因的，我的手錶停了。」

小夥子笑笑說：「看來你需要換一只手錶了，要不，下次約會我就得換人了。」

如果兩人的關係已經敲定，到了無話不談的時候，這樣幽默一下會有很好的效果。可是如果雙方還較生疏，斷不可這樣，否則，女孩不但不會「換手錶」，還會把男朋友換了。

一對戀人到晚上十二點以後，才戀戀不捨地分別。分別時，約好明天晚上見面。可是到約會時間，女孩沒來。到第三天晚上，她

才來找小夥子。男方生氣地問：「你怎麼今晚才來？」

女孩巧妙辯解：「親愛的，我不算失約，那晚咱們分手時不是零點以後了嗎？」

一個男孩提前半小時來到公園門口，可是女孩卻遲到了四十五分鐘，男孩又喜又怒，說什麼好呢？見女孩「臉不紅心不跳」一副氣定神閒的模樣，男孩靈機一動幽默地說道：「唉，人們都說一日不見如隔三秋，可是我對你的感覺卻是一日不見，如隔千秋，如果你再晚來十分鐘，我就變成小老頭了。」明確地表達了對小姐朝思暮想的思戀，同時也含蓄幽默地批評了女友的不守時。

女友如果偶爾為之，尚可調劑情緒，如不厭其煩，把遲到當成法寶無休止地折騰男友，怕是只會成為一場無言的結局。再看另一位可憐的男孩，約會地點在咖啡館，頗有耐心的他左等右等就是不見女友的倩影，正當準備離去時，女友卻不知從何處跳出來，男孩一言不發，端來一杯咖啡，說道：「你一個人坐在這喝一杯，看看什麼心情。」轉身消失於門外。

約會本是男女雙方增進瞭解的探索性階段，也是戀愛季節富有魅力的活動，來一兩段插曲點綴一下心情也有意想不到的驚喜，只是錯遞鴻雁，錯過一段浪漫故事，才是最令人後悔不及的幽默。

有一高中男生每天搭公車上學，自然經常和他校的女生相遇。日子久了，也就暗自喜歡上一位高中女生，很有書卷氣，也不多說話，總是一副溫柔婉約的模樣。可是，這個男生卻始終不敢和這個女生搭訕、講話。有一天，這位男生終於決定要鼓起勇氣，主動和女孩認識，否則「單相思」太苦了。於是在公車上，當她要下車時，這男生趕緊從口袋中掏出一張事先準備好的紙條給她，希望約她下午六點，在公園內的博物館見面，而女生拿了紙條也對他微微一笑。

放學後，男生興高采烈地前往公園，在博物館門口癡癡等待。

太陽慢慢地下山了，天色也逐漸昏暗了，可是等的那個女生卻遲遲沒有出現。「是塞車吧？她應該來的！下車前她還對我嫣然一笑呢！」男生心裡想……

此時，這位男生右手無意識地放入口袋，竟然發現：要給女生的紙條居然還放在自己口袋裡，而昨天英文小考零分的考卷卻不見了。

如此獨特的情書完全應該進入金氏世界紀錄，夢中的女孩沒來本是理所當然，她如何能從男生的零分考卷上破譯出見面的地點和時間的密碼呢？

年輕女孩們的遲到幽默，只能開心一刻，切不要讓男友等白了少年頭。

古代歐洲有這樣一個傳說：一位高傲的公主對向他求婚的青年說必須在她的窗前等夠一百天，才能答應他的求婚，青年在窗前整整等了九十九天，公主正準備下樓時，青年義無反顧地走了，九十九天代表他對公主的癡情，這唯一的最後一天離去代表他作為一個男人的尊嚴。

「月上柳梢頭，人約黃昏後」，約會的幽默有苦也有甜，但只要不出現原則上的失誤，你都能用幽默變苦甜。

總之，在戀愛過程中，兩人之間不可避免地會出現一些誤會或矛盾，這時你不要意氣用事，要以幽默來巧妙解決兩人間的不快與矛盾，才能讓兩個人的感情不斷增進。

五、學會幽默地拒絕

面對戀人的缺點時，如果直接地提出批評，很有可能會傷害他的自尊，如果巧妙地用幽默提出或拒絕，就另當別論了。所以，我們要學會巧妙地說「不」的幽默技巧。

幽默地拒絕對方的愛

只要別人的求愛是真誠的、善意的，我們理應感激求愛者對自己的賞識和喜愛，回拒對方時應誠懇，回拒的語言要恰當，要委婉幽默，既要把自己的意思表達清楚，讓對方沒有心存幻想的餘地，又不要太不近人情。

柴契爾夫人年輕時在拒絕一名男子的求婚後，安慰道：「親愛的，你不必太過於悲傷，我會永遠欣賞你的好眼光。」

對身邊的同事或同學，拒絕對方的求愛更應該注意方式。如若你當時不加考慮生硬地說「不」，或許若干年以後，你會後悔當初拒絕的除了愛情，還有你並不應該拒絕的友情。

有位漂亮的女孩突然接到一封情書，打開一看，是公司裡表現很一般的小楊寫的。「癩蛤蟆想吃天鵝肉」，一氣之下她把情書貼到了公司餐廳。結果小楊被羞得無地自容，原來追求她的人也都被嚇跑了。三年後，小楊終於找到稱心的伴侶，而漂亮女孩還是孤零零一個人。

所以，假如求愛者與你條件相差較遠，更要注意拒絕要委婉，不然對人對己都不利。

有一個女孩在求愛信中向蕭伯納說：「如果你與我結婚，我們生下的孩子將像你一樣聰明，像我一樣漂亮，這是多好的事呀！」

蕭伯納以他傑出的幽默才能回絕了這位只愛重他的名氣和地位的小姐。

他回信說：「如果你與我結婚，生下來的孩子長得像我一樣難看，頭腦像你一樣愚蠢，多麼可怕呀！」

一位年輕的廚師給他喜歡的小姐寫了一封情書。他這樣寫道：「親愛的，無論是摘菜時，還是炒菜時，我都會想到你，你就像鹽一樣不可缺少。我看見雞蛋就想起你的眼睛，看見番茄就想起你柔

軟的臉頰，看見玉蔥就想起你的纖纖玉指，看見香菜就想起你苗條的身材。你猶如我的圍裙，我始終離不開你，嫁給我吧，我會把你當作熊掌一樣去珍視。」

不久，女孩給他回了一封信，她是這樣回覆的：「我也想過你那像鵝掌的眉毛，像番茄的眼睛，像大蒜頭一樣的鼻子，像洋芋似的嘴巴，還想起過你那像冬瓜的身材。順便說一下，我不打算要個像熊掌的丈夫，因為，我和你就像水和油一樣不能彼此融合，你能明白我的意思嗎？」

拒絕別人是一種藝術，幽默地拒絕別人，既不會讓人難堪，也可以達到自己所要表述的意思。這就是幽默的力量。

在戀情劇場上，一幕又一幕的幽默短劇正在上演。

這時，有一位小姐表演如何擺脫無理糾纏者的喜劇：大街上，一個油頭粉面的男子一直盯著一位漂亮的小姐。小姐突然轉身向男士：「你幹嘛老盯著我？」

「你太美了，我愛你！」男士說。

「我算不上美，我妹妹在後面，她才美哩。」

男子立刻轉身向後看，但見到的卻是位老婦。

「你騙我！」男士追上小姐吼道。

小姐冷冷一笑：「你先騙我！」

面對一個自己不喜歡的人，小姐用一個小小的「騙術」拒絕了對方，這種拒絕既堅決，又不乏幽默韻味。

如果你也遇到了自己不喜歡的追求者，你不妨用幽默拒絕他。

● 失戀後的幽默

在這個到處充斥著「速食式」愛情的時代，愛人變心可能是很多年輕人經常遇到的事情。

以下就是一個不幸的失戀者，不過，面對失戀，他還算灑脫：

「你和瑪麗的婚約取消了嗎?」

「是的,她不願嫁給我,嫌我窮。」

「你沒有告訴她,你叔叔很富有嗎?」

「告訴啦,所以她現在是我嬸嬸了。」

有些人不能承受戀人變心的打擊,可能會變得精神失常、報復社會,嚴重的甚至會自殺。那麼,面對戀人的變心,什麼樣的做法才是理智的呢?我們不妨看看下面這個故事中,男孩是怎樣對付變心的女友的,他的辦法頗具匠心:

一位駐紮海外的士兵收到國內女朋友的絕交信,說她有了新戀人,而且馬上要結婚了,請士兵寄還她的照片。士兵於是從戰友那裡蒐集來各式各樣的女人照片,統統裝入木箱,寄給見異思遷的女友。

女友發現箱子裡有一張便條,上面寫道:「請挑出你自己的照片,其餘的寄回來。」

有個男孩粗心大意,筆下愛出錯別字。他給心上人的情書,開頭一句將「親愛的姑娘」寫成「親愛的姑媽」。

女孩接信後,覺得很可笑,她本不喜歡這粗心的男孩,當然要拒絕求愛,不過為了有利於男孩改正缺點,她把信退了回去,風趣地附了一首打油詩:「怪你眼睛瞎,姑娘喊姑媽,若還嫁給你,羞死我一家。」

男孩出了醜,知道愛情落空,為了挽回一點面子,他回信為自己辯解:「媽也就是娘,娘也就是媽,娘媽本相同,姑娘是姑媽。」

勞倫斯曾說:「世俗生活最有價值的就是幽默感。」作為世俗生活的一部分,愛情生活也需要幽默感。那麼,當你失戀時,與其悲傷欲絕,不如幽自己或他一默,儘快走出失戀的不快。

幸福家庭活力的幽默潤滑劑

縱觀古今中外的偉人，他們大都有幽默的心態與談吐，並經常用幽默化解生活與事業的危機。幽默決定著事業的成敗，它是成功者必備的素質，是我們改變命運的智慧寶藏。

一、幽默是家庭生活中的潤滑劑

幽默是生活中的「鹽」，幽默是家庭生活中的潤滑劑，因而，情意綿綿中的幽默是不可或缺的，它能化解矛盾、消除誤會，更讓你的家中充滿歡聲笑語，給你的生活增添無限情趣。

幽默是多彩生活的「調味品」

幽默是生活中的「調味品」，生活中因為有了幽默而異彩紛呈。

夫妻吵架，是人之常情，這時，不妨運用幽默的力量。

朋友：當你和太太吵架時，是怎麼收場的？

丈夫：哦，她跪在地上向我爬過來。

朋友：真的嗎？

丈夫：是啊！她說：「從床底下給我滾出來，你這懦夫！」

假如你的經濟比較拮据，而且你也沒那麼大方，那就幽默地承認吧！

尼科：「我愛上公司鞋襪櫃的小姐以後，每天都去買一雙襪子。」

湯姆：「噢，你真幸運！我愛上寶石櫃的小姐，只去買過一次寶石戒指，就招架不住了。」

父親：「拉莎，為什麼還不結婚呢？」

假如你不想那麼早找男朋友，那就用幽默回答吧！

拉莎：「爸爸，我找了好幾個男朋友，都不滿意，等我再挑選一下。」

父親：「你年紀不小了，可要掌握時間啊！」

拉莎：「放心吧，爸爸，在人生的大海裡，魚多得很！」

父親：「孩子，釣餌放久了，就沒味了。」

報紙上的建議欄也提供給我們一些有趣的暗示。

有讀者寫信問：「女人在結婚二十五周年紀念，得到的最壞的禮物是什麼？」

回答：「害喜！」

有時候，第三者的幽默力量也能將我們的錯誤顯示出來。

有一位丈夫在店裡挑三揀四，三十分鐘之久還決定不下買哪一樣禮物，便問店員說：「如果你是我太太，你希望我在結婚周年紀念日送什麼禮物給你？」

店員回答說：「我要離婚！」

假如你犯了錯誤，又無法去彌補，那麼，就用幽默來向你的親人道歉吧！

安德列一家終於決定要去黑海度假。前天晚上，妻子便把行李準備好了，所以，第二天直到離飛機起飛前半小時他們才悠悠閒閒地趕到飛機場。

在辦理登機手續時，安德列問妻子：「我的游泳褲帶了吧？」

「帶了。」妻子答。

「我們的網球鞋你沒忘吧？」

「當然沒有。」

「天哪！你一定沒有帶鋼琴！」安德列突然大叫一聲。

「帶鋼琴？你瘋了？帶它幹什麼？」

安德列沉默了一會兒，不好意思地說：「我把機票放在鋼琴上了。」

美國休士頓市有一位千萬富翁，他把全城的單身漢召集到家裡，當眾宣布願意將女兒嫁給他們中間任何一個人，並以自己的一半財產做嫁妝。單身漢們都眉開眼笑，但又不知道要具備什麼條件。這時，千萬富翁把他們帶到自己的游泳池邊。他打開放在游泳池邊的大鐵籠，將一隻兇猛的獅子趕下水。然後對單身漢們說：「誰最先游到泳池對面，誰就是我的女婿。」

所有單身漢都面面相覷。雖然他們都想得到富翁的女兒，但還不至於肯為此把命送掉。

突然——「噗通」一聲，一個單身漢居然跳進水裡，並發瘋似的以驚人的速度游到對岸。眨眼工夫他安全地上岸了！千萬富翁愣了片刻，滿肚子不高興地走到他面前祝賀：「小夥子，你真棒！我想你一定很喜歡我女兒。」

「不！」這位單身漢氣急敗壞地吼道：「我要的是想知道是哪個狗崽子把我推下水的！」

幽默是睿智的同義詞，也是一種語言的藝術。同時，它還是一個人的個性、風度、才氣及思想修養的具體表現。

中國已故著名語言學家趙元任夫妻慶祝五十周年金婚時，夫人寫了一首詩贈送老伴：「吵吵爭爭五十年，人人反說好姻緣；元任欠我今生業，顛倒陰陽再團圓。」

　　趙元任讀罷哈哈大笑，回贈夫人一首：「陰陽顛倒又團圓，猶如當年似蜜甜；男女平權新世紀，同偕造福為人間。」

　　這對老夫妻運用幽默這種特殊的調味品，把晚年的尋常生活調出了多種情趣。

　　自古至今，女人很難有幽默感，因前幾個朝代女人被關在繡房、纏小腳，而後雖拆掉纏腳布，卻走進廚房幾十年，如今又擠進辦公室當女強人，新新女人類也宣導女男平權，這樣的文化，女人的優秀本質——可愛、溫柔、撒嬌、幽默等就被制約了，雖有一些女先鋒勇敢地表現出幽默風趣，卻被一些道貌岸然的「尊者」的一聲「三八」，從此再也不敢尋訪幽默了。

　　事實上，女人也可以幽默，女人幽默才能讓生活更有樂趣。

　　有一位粗心健忘的先生偏偏擁有一位一絲不苟得近乎神經質的太太。有一天，先生要搭火車外出，太太託他寄一封信，臨行前，她反覆叮嚀：「這封信很重要，一定要在上火車前掛號寄出去，記住！」

　　「好了，我一定記住。」先生匆忙到火車站時發現時間快來不及了，直接衝往月台，衝上已經啟動的火車，信果然忘了寄出。

　　他來到另一座城市的大街上，正想搭公共汽車，有人拍他的肩膀：「老兄，你的信寄了嗎？」這位先生莫名其妙：「怎麼會有人知道我該寄信？」也多虧提醒，他就近找了個郵筒，把妻子「重要的」信件投進這座城市的郵筒。而返身回來的時候，又有人提醒他「別忘了寄信」。

　　他一邊道謝，一邊尋思：「怎麼又有人知道我該寄信？」在汽車上坐好，後面一位太太推推他又問：「信寄了沒有？」這位先生終於忍不住了：「信我已經寄出去了，你怎麼會知道我要寄信？」那位太太笑著對他說：「那你可以把衣服背後的紙條拿下來了。」這位先生果然在自己的衣服背上撕到一張紙條，上面寫著：「請提

170

醒我老公寄信！謝謝！」

這位太太真是細心到家。而正是她的細心，才有了丈夫背上那張標籤一般的紙條，可以說，人們對這位先生「健忘」的幽默的印象正是他太太的細心造成的。

如果你為人妻、為人母，但卻抱怨說你已經受夠了：永遠做不完的家事，一堆吵吵鬧鬧的小毛頭，電視機老是轉到棒球賽的頻道，但是你也知道抱怨一點用處也沒有，那就幽他一默吧！

● 幽默是家庭和諧的泉源

夫妻之間，往往會為了雞毛蒜皮的事彼此看對方不順眼，若是雙方都缺乏幽默感，一場大戰可能就此引爆。但如果此時發揮小小的幽默，雖不能解決問題，卻可以化干戈為玉帛，對對方的錯事或許也能一笑置之了。

大科學家愛因斯坦，一次因為一點小事和妻子生了氣。晚上，他要動手寫文章，便吩咐妻子為他做些準備工作。他妻子很不高興地問：

「你都需要些什麼東西？」

愛因斯坦說：「一張桌子、一把椅子、紙和筆，嗯，還要一個大大的廢紙簍。」

「為什麼要大大的廢紙簍？」妻子問。

他說：「這樣，我可以丟掉我所有謬誤。」

他妻子被逗笑了，一場不愉快煙消雲散。

在現代家庭生活中，夫妻間因各種各樣的矛盾，鬧點小摩擦，吵幾句嘴，發生一點小誤會是難以避免的。如果我們動輒打罵，經常爭吵，不但於事無補，弄不好還會擴大矛盾，增加隔閡，傷害感情。假如夫妻雙方能運用一點幽默，效果恐怕就會截然相反。

中國傳統的家庭教育大都嚴肅多於寬容，如「三天不打，上房

揭瓦」、「棍棒底下出孝子」……都是嚴肅多於寬容的寫照。在這種教育思想影響下，父母與孩子的關係往往非常對立。殊不知，最好的家教應該是略帶一些幽默。

有一位父親教育他懶惰的兒子：「你看你媽媽，整天忙裡忙外的，多辛苦，你也不去幫幫她？」兒子卻理直氣壯地說：「哼，她是自願到這個家來受苦的，我可不是。」

類似這樣的幽默是童心天真可愛的表現，許多大人樂於欣賞兒童天真爛漫的歌聲、稚態可掬的遊戲，把它當作一種溫情的享受，而欣賞這些充滿稚氣的幽默，不也是一種享受嗎？天真無邪的幽默之所以引人入勝，就在於它是從兒童的角度關注和評價大人們都感到難以言喻的敏感話題，而孩子們都往往能對這些話題發表自己「獨到」的見解，這正是幽默之所在。如果我們能夠在歡笑之餘，從兒童心理，幼兒家庭教育等方面思考一下這些幽默本身的內涵或許還可以得到一些重要的啟示。

社會和家庭的反覆實踐證明，幽默是營造家庭和諧氣氛的源泉，它能增進家庭成員的感情和信賴，它能強化相互間的吸引力。有幽默感的家庭，窮日子也過得開心快活，有滋有味。家庭有了幽默感，成員之間再複雜的矛盾糾紛也可能迎刃而解，面臨危機的婚姻也可能換來和諧，重現美滿幸福。

二、為你的婚姻保鮮

幽默是調解夫妻生活的良藥，如果用幽默來代替粗魯無禮的語言，解決日常生活中的分歧，那麼，你的婚姻生活就會永遠處於最佳狀態。

● 為你的婚姻保鮮

在婚姻生活中，有的夫妻懂得怎樣去保護自己的幸福，呵護婚

姻中的愛情。他們以幽默來代替粗魯無禮的語言，解決日常生活中的分歧。雖然他們也相互挑剔，也會產生紛爭，但是經過由幽默產生的情感衝擊之後，一切紛爭都顯得微不足道了。

我的鄰居是一對結婚不久的大學生。有一次，我妻子從公司回來，聽到他們在家裡大聲叫喊，便去敲了敲門。女主人氣呼呼地拉開門，問：「誰敲門？」我妻子說：「對不起，你屋裡好像發生了什麼事？」女主人想了想，說：「沒什麼。我先生和我吵了一架，我開槍殺了他，就這樣。」這時她的先生出現在她身後，拍拍她的肩膀，對我妻子說：「別害怕，出現在你面前的不是幽靈。」

當時我妻子目瞪口呆地望著他們。她望著他倆變戲法似的親密地摟在一起，走進裡面，隨後叫罵聲變成了笑聲和溫柔的低語聲。

後來，她把這件事說給我聽時，還講了另外一件有趣的事情。她說她有個大學時代的同學，結婚後經常跟丈夫吵架。兩人都感到忍無可忍了，在一次爭吵的高潮中，女的說：「天哪，這哪像個家！我再也不能在這樣的家裡待下去了！」說完她就拎起自己放衣服的皮箱，奪門衝了出去。她剛出門，男的也叫起來：「等等我，咱們一起走！天哪，這樣的家有誰能待下去呢！」男的也拎上自己的皮箱，趕上妻子，並把她手中的皮箱接過來。結果，他們不知在哪兒轉了一圈，又一塊兒回家了。回來的時候，他們的神情像剛剛度完蜜月一樣。

我妻子指出：是那男人的那句幽默話挽救了這個家庭。

我想，這麼說並不過分。即使那位丈夫確實不想失去自己的妻子，但在那個時刻，除了依靠幽默的力量外，還有什麼更好的辦法，能使妻子在極短的時間內回心轉意呢？

妻子：我和你結婚，你猜有幾個男人在失望呢？

丈夫：大概只有我一個人。

在我們周圍，我們經常可以看到一些聰明的夫婦是怎樣以開玩

笑的方式來表達愛情的。

比如，男的說：「我太太從來不懂得錢是什麼，她以為任何商品都是打五折的東西。」

女的說：「所以我才會嫁給你，你的聰明也是打過折扣的。」

有一位先生對人說：「我太太和我發脾氣，她想要一件新的毛皮大衣，而我想要一部新車子。最後我們都妥協了，買一件大衣，然後把它收到車庫裡。」

有人當著吉姆妻子的面問吉姆：「你們家裡誰是一家之主？」

吉姆板著臉說：「珍妮掌管孩子、狗和鸚鵡，而我為金魚制訂法律。」

那人又問吉姆：「你那位公司裡的祕書長得怎麼樣？」

吉姆仍然板著臉說：「珍妮倒不在乎我的祕書長得怎麼樣，只要他是個男的。」

「聽你的太太說，當年你剛娶她時，答應給她月亮的。」

「別提啦！」吉姆忍不住笑起來，「我是答應給她月亮的，因為那兒連一家百貨公司也沒有！」

試想一下，如果吉姆不能以幽默來回答這些問題，或者換上一個毫無幽默感的人來回答，結果會怎麼樣呢？

● 蜜月裡的幽默

蜜月對於每一個人來說，都是人生中最幸福的日子。如果能用幽默調劑一下，就會為以後長相廝守的婚姻生活開一個輕鬆和諧的好頭。

從舉行婚禮的這天起，新郎新娘就開始兩人生活中極其珍貴的蜜月階段。

完婚這天，新郎新娘忙著應酬客人，被擺布著舉行儀式。一天下來往往疲憊不堪。直到夜深客散，新郎新娘才能單獨在一起，在

充滿喜慶氣氛的新房裡真正開始婚姻生活。

這時候，有一位新郎埋怨新娘說：「你在婚禮上一點都不大方，何至於那麼害羞呢？」新娘這時不再害羞了，大方地說：「這是因為初次做新娘的緣故，下次再不這樣了。」新郎笑了，說：「你永遠是我的新娘。」

新娘聽了這樣的甜言蜜語，當然高興。夜已深了，新郎準備解衣就寢，可是新娘對未來的一切缺乏充分的心理準備，矜持地搬了把椅子坐在窗前，眺望神祕的天空。

新郎耐不住了，催促她：「你還不上床？」

新娘不想表現她的緊張，坦然地說：「不行。我媽說過這是我一生中最美妙的夜晚，我一分一秒也不能錯過。」

這對新人在洞房花燭夜就開始了幽默，這種幽默為以後長相廝守的婚姻生活開了一個輕鬆和諧的好頭。

蜜月生活也會有不盡如人意的地方。人都有自己的個性和習慣，兩個人初到一起，難免有些不容易適應的地方，這時如果處理不好，容易發生爭吵，破壞蜜月裡的甜蜜情調。

● 太太永遠是對的

恐怕沒有任何一種訣竅可以解決夫婦平等的問題，因為每個家庭的情況都不盡相同。傳統的現象是：丈夫是統治者，是上帝，而妻子是奴隸，又做牛又做馬。現在這種可怕的狀態已經有了很大的變化。

某新婚夫婦，新房內貼有家規，上面寫著：第一條：太太永遠是對的。

第二條：如果太太錯了，請參閱第一條。

無獨有偶，一個男人向他的一個朋友道出了他婚後生活美滿的祕訣：

「我的夫人對所有的小事做出決定，」他解釋說，「而我，對所有的大事做出決定。我們和平共處，互不干擾，從無怨言，從不爭吵。」

「很有道理，」他的朋友贊同說，「那麼，你的夫人對什麼樣的事情做出決定呢？」

「她決定我應該申請什麼樣的工作，我們應該到哪裡去旅遊以及諸如此類的事情。」

朋友很驚奇地問：「哪些是由你決定的大事呢？」

男人回答：「我決定由誰來做首相，我們是否應該增加對貧窮國家的援助，我們對原子彈應該採取什麼樣的態度等等。」

女人往往是家庭的統治者，即使她沒有在事實上統治家庭，那也要在外表上看起來是這樣，以滿足她們的統治欲和虛榮心。哪怕是偉人的夫人也不例外。

一次宴會上，林肯和他的夫人面對面坐著。林肯的一隻手在桌上來回移動，兩個手指頭向著他夫人的方向彎曲。

旁人對此十分好奇，就問林肯夫人：「您丈夫為何這樣若有所思地看著您？他彎曲的手指來回移動又是什麼意思呢？」

「那很明顯，」林肯夫人說，「離家前我倆發生了小小的爭吵，現在他正在向我承認那是他的過錯，那兩個彎曲的手指表示他正跪著雙膝向我道歉呢。」

女人即使不能統治家庭，她也特別關注自己在丈夫心目中的地位，用各種語言來表達「你愛我嗎」的試探，卻常常遇到男人機智而幽默的回答。

在現實生活中，怕老婆對男人來說是件不光彩的事，常常被朋友或同事視作笑料。而在社交中有些人卻能巧妙地調侃自己，樹立自己可愛的形象。因此，「怕老婆」這一主題常能演繹出許多幽默的故事。

有幽默感的人也不怕在眾人面前表現自己「怕老婆」。我們來看下面這兩個人的對話：

「在公司裡你做什麼事？」

「在公司裡我是主管。」

「這我相信，但在家裡呢？」

「我當然也是頭兒。」

「那你的夫人呢？」

「她是脖子。」

「那是為什麼呢？」

「因為頭想轉動的話，得聽從脖子的。」

如此妙答，引得人捧腹大笑，也間接地暗示了他對婚姻之滿意。如果他的夫人真的如傳聞的那樣，他也許自我調侃不起來。所以，人的精神狀態的好壞對發揮幽默是相當重要的。

最近網路上流行一則「愛妻五大守則」：

1. 老婆絕對不會有錯；

2. 如果老婆有錯，一定是自己看錯；

3. 如果老婆有錯，一定是因為自己的錯，才使老婆犯錯；

4. 老婆說她沒有錯，自己仍堅持她有錯，那就是自己的錯；

5. 總之，老婆絕對不會有錯，這句話永遠不會錯。

在現在的社會中，幾乎每個人在家庭中都同時主演起雙重角色：一個是獨立的我，另一個則是需要依附於對方的我。獨立的我既要求一律平等，又要求以我為中心。同樣，依附於對方的我也要求對方多做些犧牲，同時想使自己的感情有所寄託。若夫妻一方能按以上的五條去做，那婚姻必能幸福美滿。

● 怕老婆的幽默

現代生活不但要提倡夫妻之間相敬如賓，還要提倡夫妻間幽

默相處。然而人們在公司總是扮演一個職業角色：或者是威嚴的主管，或者是規矩的職員，或者是循循善誘的老師，或者是熱情恭敬的服務員……一天下來，夠累的了，回到家裡妻子（丈夫）還要把自己當成客人，還要周到客套地招待一個客人，連一點輕鬆的時間都沒有，哪裡還算得上幽默？

有一個人走夜路遇到強盜，強盜拿著刀子逼他交出身上所有的錢。他苦苦哀求：「你把我身上的錢全拿走了，我回去怎麼向太太交代？我太太不會相信我遇到強盜的。」

強盜也苦笑著說：「廢話，你認為我太太會相信我沒有搶到任何東西嗎？」

美國總統林肯就是一個這樣的人。他有一個愛嘮叨而又脾氣很大的太太，所以林肯在成為總統以前，經常在酒吧裡待很長時間。每當週末的夜晚來臨，大家都想回家和夫人在一起，惟獨林肯最不願意回家。他寧願在酒吧裡和人開玩笑。

有一天，一個年輕的報童到林肯家送報紙，因為遲到了一會兒，林肯太太將他一頓痛罵。嚇得報童逃到老闆面前哭訴了一番。後來報館老闆遇到林肯說起此事，林肯回答：「請你告訴那個孩子不要介意。他每天只看一分鐘，而我卻已忍受二十年了。」

「妻管嚴」的滋味確實不好受。可是，俗話說，宰相肚裡能撐船，對老婆做些適當的讓步，也是一種幽默的態度，不僅不失男子漢的威嚴，反而使自己顯示得豁達風趣。

一天，妻子又在勸告丈夫戒菸。丈夫不滿地說：「你說了半天，我也不知道戒菸到底有多大好處。」

妻子說：「三年不抽菸，買頭騾子牽。抽菸能省不少錢呢。」

丈夫問：「還有呢？」

「菸含有尼古丁，抽多了短命。」

「好，好，我戒就是了。」

「什麼時候開始？」

「從現在開始，分兩步走。第一步，由每月五條減為三條。」

「第二步呢？」

「到第二個階段，就只限兩個時候抽菸」。

「哪兩個時候？」

「下雨和不下雨的時候」。

再看另一對夫妻的故事。

妻子管得嚴，將酒櫃鎖了起來，只在來客人時才允許丈夫喝酒。一天，丈夫酒癮上來，向妻子討鑰匙，妻子不給，說：「開門七件事，柴、米、油、鹽、醬、醋、茶，哪裡有酒的份兒！」

丈夫回答：「酒是未曾開門就要用的，應該隔夜先買，所以開門七件事裡沒有它。」

妻子沒辦法，只好給他拿出酒來。

妻子看著丈夫一杯接一杯的樣子，很擔心，就狠狠心，花錢買了一只美人杯。這種杯子斟滿酒時，杯底就會出現美人，她以為丈夫為了欣賞美人，就捨不得將酒喝乾了。可是丈夫還是一口就將一杯酒喝乾了。

妻子說：「別喝乾，喝乾了就見不著杯底的美人了。」

丈夫說：「我可不忍心讓美人泡在酒中！」

● 用幽默營造浪漫的「情調」

夫妻關係是最適宜於幽默的人際關係，夫妻是完全平等的生活伴侶，不用戒備和提防，不用講究什麼禮教，家庭生活中有製造幽默的豐富素材。

懂得幽默的人回到家裡絕對是輕鬆自如、自由自在的。換上隨隨便便的衣服、拖鞋，隨意地行走坐臥，和老婆開玩笑，和子女說笑打鬧，絕對不像在外面那樣端莊嚴肅。不管在外面是總統、職

員，還是乞丐，進了家門就是一個有著七情六欲的普通人，一個俗人。在愛人面前肆無忌憚地露一露在公司中必須遮蓋的俗相，那也是人生的一大樂趣。

一個公司職員，因臨時加班，回家晚了，妻子已經就寢了。他在桌上發現一張紙條，上面寫著：「飯菜在微波爐裡，啤酒在冰箱裡，我在床上。」

這位丈夫雖然工作一整天感到非常累，但是看到妻子俏皮的留言「我在床上」，他的臉上肯定會露出笑意，也會被妻子這溫馨可人的話語所打動。如果在家裡還要擺架子、顯示自己的社會地位，肯定是個不受歡迎的人。

英國女王維多利亞跟丈夫阿爾伯特親王吵架後，想要和好，但丈夫閉門不出。女王決心主動道歉，於是去敲丈夫的門。「誰？」丈夫問。「我是女王。」女王回答。門沒有打開，又敲了幾次，裡面沒有反應。這時女王才醒悟了，馬上換了溫柔的腔調說：「對不起，親愛的，我是你的妻子。」門立刻打開了。

在夫妻生活中，大多數的夫婦都屬於平凡的小人物，他們所關心的，無非是自家的衣食溫飽問題。一般說來，夫妻閒聊，多以生活瑣事為主，大多數是一些沒有實際意義的「廢話」，但借助於這些「廢話」，夫妻之間卻能相互溝通，傳遞愛意，相處得更融洽。比如：丈夫回家，看見桌上放著一個大蛋糕，便問妻子是何緣故。

妻子說：「哦！你忘了嗎？今天是你的結婚紀念日呀！我特地為你買的。」

丈夫很感動，便對妻子說：「謝謝，等你結婚紀念日到了，我也買個蛋糕，好好為你慶祝一番。」

夫妻倆在同一天結婚，結婚紀念日只有一個，又怎麼會分「你的」、「我的」呢？

顯然，丈夫在這兒運用了幽默手法，一來為自己的健忘進行掩

飾，二來也是為了逗妻子開心。畫蛇添足的幽默法是純粹的幽默行為，不帶任何攻擊性。夫妻之間使用畫蛇添足幽默法，可以變廢話為趣話，讓日常生活更富有情趣，夫妻在心理上、情感上靠得更近些。

經常聽到有人抱怨：「我那一口子不活潑，弄得家裡一點情調都沒有，沒意思，太乏味，離了算了！」其實這「情調」就是幽默輕鬆的氣氛。這一點，對一個家庭來說的確很重要。大千世界，男女結合是一段美麗的緣。正如歌手黃安所唱：「多少男男女女相聚分離，遇見你是千萬分之一，哪怕時空拉開我們的距離，我只想和你在一起。」

家庭生活是產生和培植幽默的最為廣闊的沃土，只要你是一個有心人，你就可以收集到豐富的家庭幽默素材，從而成為營造浪漫情調的高手。

● 用幽默增強愛的活力

希望婚姻生活幸福美滿，這對於每一個做丈夫或做妻子的人來說是一種美好而且不算過分的要求。但在日常生活瑣事的衝突中，保持這種樸實的幸福，使自己的愛情始終得到呵護，僅憑主觀想像和願望是不夠的，還要懂得一樣東西——在幽默中發展愛，讓幽默為愛注入活力。

富蘭克林說：「婚前要張大眼睛，婚後半閉眼睛就可以了。」

婚後睜大眼睛的人，多半抱怨自己婚前瞎了眼睛。

所以，任何一個成了家的人，不要輕易去否定自己的眼力。應當試著以幽默去保護自己的家庭。如果沒有根本性的、重大的分歧，幽默將使家庭生活始終處於最佳狀態。

有一位男士，很有幽默感，為人脾氣隨和，他的妻子似乎受他感染，也很有幽默感，兩人之間經常開些小玩笑，豐富兩人的感情

生活。

有一次在電梯裡，只有三個人。這位男士目不轉睛地注視一個美麗的長髮女郎，她的妻子很不高興。

突然，那個女郎轉過身來，給了這位男士一記耳光，說道：「我教訓你下次別偷捏女孩子！」

當夫妻倆走出電梯時，這位男士委屈地對妻子說：「我並沒有捏她呀！」

「我知道，」妻子說，「不過，我捏了她。」

為了給丈夫一個教訓，他的妻子巧妙地利用女郎常規的心理反應，使女郎判斷失誤，叫丈夫有苦難言，給丈夫一個有趣的教訓。

這對於一個具有幽默感的丈夫來說，不為過分，而且有的丈夫還會用欣賞的目光來看待他的妻子。而對於毫無幽默感的丈夫來說，妻子最好不要自作聰明玩這種心理遊戲，否則，將是另外一種難堪的結局。

家庭由於愛而產生，靠愛來維護，而愛需要不斷地注入活力。

許許多多的人有過從愛情到「城堡」的感受，當初的愛似乎枯萎了。丈夫抱怨妻子不能體諒男人的苦衷，只知拚命地打扮自己，不知滿足。做妻子的則埋怨丈夫好吃懶做，不幫忙家務，感情遲鈍。或者丈夫認為妻子缺乏激情，枯燥乏味，如此等等。

事實上，愛情、家庭都依賴一種雙向的合力運作，成亦在此，敗亦在此。如果你是一個聰明的人，你應該懂得怎樣以幽默來替代粗魯無禮的語言，解決日常生活中的分歧，從而呵護婚姻中的愛情，讓婚姻處於最佳的狀態。

三、夫妻相處的幽默智慧

在夫妻之間，真正客客氣氣、相敬如賓的並不多見，往往「嘻笑怒罵」互相調侃的幽默夫妻占絕對優勢，平淡的家庭生活正因為

有了這種幽默的氣氛才可以使情緒得以控制和宣洩，同時幽默也可化解自己面臨的窘迫局面。

● 幽默為夫妻生活增色

有人說：「沒有幽默感的家庭就像座旅店。」這話固然過於偏激，但畢竟說出了幽默對於家庭的重要性。但凡一個幸福快樂的家庭，都多少有幽默調侃在起作用。有些人十分幽默，喜歡在家裡說些笑話，逗大家開心，創造歡樂的家庭氣氛，這更是明智的選擇。有的夫妻一走進家門，就把自己所見的趣事說給愛人聽，特別是女性，喜歡採用這種方式表達自己的心意。她們總是把自己以為最有趣的內容拿回來與愛人分享，引起一陣笑聲，其中就表現了深深的愛意。運用幽默語言調節心情，化解矛盾，更是愛意的語言表現。

有一對夫妻發生了矛盾，妻子生氣不吃飯，也不理睬丈夫，丈夫開玩笑說：「愛生氣可是老得快，愁一愁白了頭，你想來個老妻少夫呀？」妻子被他逗得噗哧一聲笑了。丈夫又說：「這就對了，笑一笑十年少，笑一笑老來俏！」妻子臉上頓時笑顏逐開，嬌嗔地說：「小心我休了你！」她的心裡像吃了蜜似的。你看，笑語的作用有多大！

上述充滿愛意的語言表達方式如果用之得體，都有助於創造溫馨的家庭氣氛，我們不妨一試。

實驗證明，幽默的、充滿愛憐之意的調侃語言表達形式，能夠喚醒人類沉睡於心底的愛情之火，在家庭中，說一些「我愛你」之類的甜蜜的話語固然可以，但說的多了，也就失去了新意，演繹愛情的方式應該是多種多樣的，把愛意蘊含在幽默風趣的調侃言語中，更容易讓人怦然心動，在彼此心中激起一陣陣愛的漣漪，給平淡的生活激起一串串五彩浪花，把生活點綴得更美好、更愜意，有力地推進夫妻愛情之舟不斷駛入美好境界。

　　一位屬鼠的丈夫得重感冒臥床不起，朋友探望或許多說一些早日康復的安慰話，聽多了反而沒了感覺，他的妻子一回家發現此狀，幽默地大喊：「糟了，家裡流行鼠疫。」趕緊找來感冒藥並別出心裁地在藥瓶上貼一幽默的標籤「老鼠藥」，怕是丈夫藥未吃進口，聽到妻子幽默的調侃病情倒也好了一半。

　　在我們周圍，我們隨時也可以看到一些聰明的夫婦是怎樣以開玩笑的方式來表達愛情的。

　　睡前，丈夫要妻子到時叫醒他看足球現場直播。妻問：「明天看重播不一樣嗎？」丈夫就問：「新婚和二婚能一樣嗎？」夜過半，妻子大聲嚷道：「快起來看你的新娘子。」

　　一日，妻子欲尋找一樣東西，在丈夫抽屜裡竟翻出一大疊美女相片，妻子十分氣憤。丈夫想留下這些照片，於是，靈機一動，在每張相片背後寫上一句：「再美美不過我妻子。」

　　妻子的臉上終於多雲轉晴。

　　羅欽斯基夫人在她寫的《生命的樂章》一書中，提到這樣一個故事：有人問羅欽斯基：「你生了兒子，滿意嗎？」

　　他回答說：「這得問我夫人，因為孩子是她生的。至於我，諸位，我平生最滿意、最輝煌的成就則是我竟能說服她嫁給我！」

　　羅欽斯基夫人立刻接著說：「我為他生了孩子，卻丟掉了皇冠！」

　　一剎那間整個屋子笑聲紛揚。

　　無論是做妻子的，還是當丈夫的，誰也不會把這愉快的一刻忘掉。

　　如果在雙方發生分歧的情況下，你撇開嚴肅的態度，以幽默來暗示責備，那麼即使是半諷刺、半寬容的幽默也能治癒人，而不會傷害人。

　　丈夫：「你出去時，可別帶那隻怪模怪樣的花狗去。」

妻子：「我覺得那條花狗很可愛。」

丈夫：「你一定要帶牠，是想以牠作對比，顯示出你的美貌吧？」

妻子：「你真糊塗，如果想那樣，我還不如帶你出去更好！」

在家庭中，不僅需要有溫柔的感觸，不斷激盪的熱情，也需要有充沛的情感智力。這種情感智力可以表現你的靈巧、有趣、富有朝氣，它能使生活平穩地發展。

某病理學專家在報紙上發表了一篇題為《論吸菸的危害》的論文。

妻子問：「報社給的稿酬你怎麼用的？」

專家回答：「今天上午買了一條『萬寶路』菸請客了。」

這對話是一個良好的開端，之後的整個晚上，他們的家裡始終充滿歡笑。

新婚不久，新娘對新郎說：「今後咱們不許說『我的』，要說『我們的』。」

新郎去洗臉，好半天也不出來，新娘問：「你在做什麼吶？」

新郎回答說：「啊，我正刮我們的鬍子呢。」

一對年輕夫妻走進一家高級餐館，坐定後，妻子拿起菜單看了看，發現愛吃的菜都是高價位，便幽默念頭頓生，將菜單推給丈夫，問道「你看看到底愛我到哪一價位？」丈夫也煞有介事地拿起菜單：「我看要超過鹹牛肉，不過還沒有超過烤龍蝦。」先別忙著考證鹹牛肉的價位多少，單這種幽默的問答方式也比單純的千篇一律的「我愛你」更讓人回味無窮。

用調侃幽默的方式表達不滿也是恩愛夫妻保持感情的一大法寶，許多關係融洽的家庭不是沒有衝突，而是在解決衝突的時候採取的往往是溫和的幽默手段。

請看一對夫妻的表演，妻子盛怒中罵丈夫：「你這個臭男

185

人！」丈夫笑嘻嘻地幽默地回敬一句：「你這個香女人！」妻子好半天反應不過來這怒氣該怎樣發洩下去，便轉怒為喜了。

　　婚姻是很容易老化的，而夫妻之間的幽默風趣，能使夫妻和睦，能保持相互的吸引力，化解矛盾，相愛如初。所以，家庭生活中極需要這種幽默，無論什麼情況下，一對善於以幽默來潤滑生活的夫婦，他們獲得的幸福比任何夫婦都多。

抱怨不如自嘲

　　親密而不隨便的幽默，是指夫妻間的幽默請注意保持距離。我們提倡在婚姻或家庭生活裡運用幽默，是因為幽默可以製造出和諧的氛圍，使得當我們和親密的至愛的伴侶在一起時，更開心地、毫無顧忌地笑，從而享受兩人世界的甜蜜與浪漫。

　　幽默本身是一種愛，而不是傷害。倘若因為夫妻親密無間、無話不談而濫用幽默，就會因為太隨便而流於粗魯無禮，違背了幽默的本義，不但達不到笑的目的，反而會挑起夫妻矛盾。因此，在夫妻間運用幽默時，一定要掌握好分寸，不要用挖苦、諷刺的幽默，而要用快樂、活潑的幽默，要適當保持一點距離，還要考慮到對方能否接受。

　　幽默是一個人品質、能力、智慧的象徵，是一種修養。它應當深沉、高雅而不流於滑稽，它應當溫和、含蓄而不流於粗俗，它應當穩健、自然而不流於矯揉造作。幽默是用來治癒人的，而不是用來傷害人的。幽默是愛，不是傷害。有的人也許會認為，傷人的幽默也可用在婚姻生活中，因為聽眾是他深愛和關係密切的人，當刺耳的話語說出後，也許會得到包容與諒解。其實不然，如果不去抑制它，反而毫無顧忌，結果會適得其反。因此，在兩性幽默中，必須保持清醒的頭腦，以不傷對方為宜。

　　要做到這一點，自嘲不失為一種好辦法。人們往往以嘲弄他人

的方式來證明自己高人一等，比別人聰明，卻往往使得他人極為反感。如果我們反過來透過笑自己來學會幽默，即自嘲，那麼結果會大為改觀。

在婚姻家庭生活裡笑你自己，讓每個人都知道你不僅有人性，還有幽默感，像下面這些自嘲的話語都可以使用：「我戒酒了，為了太太和我的腎臟而戒掉的。」

「我太太逼得我天天喝酒」——「你算幸運，我太太逼我出去走路。」

「我太太得了一種罕見的怪病。她的手臂愈來愈短了。我為什麼知道它變短了——因為我們剛結婚時，她的手可以環住我的腰。」

以自嘲的幽默方式化解矛盾，調侃自己，而不是去損對方、挖苦對方，於一笑之中使不快頃刻間煙消雲散，實在是一種高明之舉。除此而外，還可以和配偶一起笑，而不是取笑她。譬如：「我丈夫是個樂觀主義者，他從來沒想到事情最壞的一面，但是當不幸發生時，他會使它壞到極點。」「我儘量幫你調出你想要的顏色，但是油漆店裡的人告訴我，當先生訂購特別混合的顏色，需要有太太簽名的同意書。」這些話遠比抱怨之辭更能讓人願意接受。

一位滿腹辛酸的家庭主婦說：「有時寧可被愛過後而遭遺棄，強過為六個孩子寫功課。」但實際上她實在願意陪著孩子而不願被棄。這句幽默言辭既包含了抱怨，又滲透出了一些淡淡的滿足感，其目的只是為了引她與丈夫一起笑。

上面這些幽默的言辭都不同程度地揭示了在婚姻或家庭生活中夫妻對於現實或對於對方的不滿或抱怨，但不是直接地抱怨和發牢騷，也不是刺傷人的粗俗的幽默，而是以溫和的、風趣的言語，輕鬆地將家庭生活中的矛盾與無奈，把自己在家中的境況婉轉地表達了出來，讓人在細細品味之餘不禁啞然失笑。

　　即使是肌膚相親的夫妻，也要在運用幽默時照顧對方的自尊，適當保持一些距離，將幽默的言辭說得含蓄一些，溫和一些，讓人既笑得出來，又不覺得自己被無端地冒犯，從而觸摸到你的真正意圖，讓對方覺得，你是個富有生活情趣的、幽默的、可愛的人。

　　下面這位陳先生與其妻的幽默，讓人更覺得有趣。

　　陳先生懼內，也就是「妻管嚴」。一週末晚上，陳先生與友人王先生在房中小酌，酒酣耳熱之際，陳先生有感於平時家庭「陰盛陽衰」的苦衷，不禁長歎。

　　王：「老兄因何長歎？」

　　陳：「我在想，這女人好比是水，男人好比是船，水可載舟，也可覆舟……」

　　話未完，陳夫人破門而入，柳眉倒豎，杏眼圓睜，厲聲問罪：「結婚到現在，我讓你翻過幾次船？今天你不說清楚，絕不善罷甘休。」

　　陳夫人邊叫嚷，邊揮手，矛頭直指陳先生，一場口角大戰迫在眉睫。

　　陳先生面對風雲突起的險情立即辯解：「我是一艘潛水艇，終年潛伏水下，雖不能揚帆千里，也無覆舟之慮，倒可圖個『天下太平』。」

　　有個結婚多年的朋友，有一天夫妻吵嘴，太太覺得自己很委屈，便大聲對老公說：「我嫁給你，簡直就是一朵鮮花插在牛糞上。」語畢，兩人立即陷入一場冷戰中，雙方情緒也遲遲無法平復。

　　過一會兒，老公朝著老婆走了過來，自我解嘲地說：「老婆大人，『牛糞』來找『鮮花』了。」

　　如此，一場冷戰終於結束了。

　　看了上面的例子，我們可以知道，其實，經營婚姻無其他妙

方，善用幽默趣談、多從趣味面思考，這樣，你就可以調和生活中看似不可調和的矛盾，讓許多不快在笑聲中化為過眼雲煙，從而營造良好的家庭氛圍。

● 用幽默代替責備

無論在何種情況下，家庭生活是很需要幽默的，如果能以幽默來代替責備，那麼即使是半諷刺、半寬容的幽默也能治癒人，而不會傷害人。因為幽默多半不是決定於我們說什麼話，而是決定於我們對所說的話有什麼感覺。

例如有一位太太，對釣魚、打獵、跳舞都沒有興趣，而棒球更讓她想到「棒打薄情郎」。但是這四項活動都是她丈夫的嗜好，每一次他享受這些休閒活動時，必定要求她同往。

最後她哀求：「比爾，你得學會獨立生活。」

「怎麼啦？」丈夫摸不著頭腦。

「為什麼你不能像別的丈夫那樣，哪兒也不帶我去？」

注意：這位太太以幽默表明了一個重要看法，即興趣的共用與堅持形影不離是有所區別的。有一句現代名言提醒我們：「愛就是相近到足以親暱，但又必須保持適當的距離。兩性中的適當距離有利於個人成長。」

許多人認為，生活是時間的形態。在家庭生活的漫長時間裡這形態會顯得呆板而凝固。於是便有生日、情人節、結婚紀念日等活動。

人們在這樣一類活動中懷念某些值得懷念的時刻，其最終目的是為了更好地生活下去。因此，我們應該抓住生活中某些有意義的時刻，讓直達人心深處的幽默產生長久的影響，以便將來回顧這一時刻時，仍然會使人露出微笑。

總之，以上的這些幽默對話，能將個人的看法有效而確切地表

達出來，它在暗示責備的同時，也能增進家人的感情。所以，當你與愛人在生活中發生爭執分岐時，你不妨運用一些幽默的談吐，表達自己的觀點。

● 用幽默化解妒意

「醋意」人皆有之，不管是男人還是女人，從某種意義上講，沒有了醋意，也就沒有了愛情，但是「醋意」大到敏感、猜疑、神經質，以至於影響到夫妻情感的程度就不好了，醋吃得適量可以開胃，吃多了傷身。

「吃醋」一詞由來已久，早在唐太宗李世民執政時期，一次太宗要為宰相房玄齡賜一美妾，房妻堅決不同意。太宗大怒，賜房妻毒酒一杯，要房妻選擇：要麼同意房玄齡納妾，要麼喝毒酒而死，房妻毫不猶豫接過毒酒一飲而盡，過了一會兒卻發現沒有任何反應，原來太宗賜的乃是一壺陳醋。

愛情是自私的，不允許他人分享。作為夫妻，彼此都希望愛人在感情上專注於自己。

然而，作為一個社會人，他（她）既要與愛人過好家庭生活，與愛人處理好關係，同時也要與別的異性打交道，協調關係，就不可避免地要同夫妻之外的他（她）接觸，進行言語上的交流。這就不免會使夫妻中的一方產生醋意。

在兩人的感情世界裡，適量放點醋，是一種情感的需要，說明兩人彼此還深愛著。如果看到自己的配偶與別的異性愉快地交談而沒有絲毫的嫉妒之意產生，這也可能是他們的婚姻要出問題的一種危險信號。但是，醋意一般不宜太露，表達時要委婉而不傷對方的自尊心。醋的味道太多，醋味太濃，後果則可想而知。

對於吃醋的幽默，其分寸的把握關鍵在於如何看待對方和異性的交往。對於喜新厭舊的思想，我們大可不必像討厭瘟疫一樣對

此敬而遠之，它其實是人人都有的一種正常心態，世上除了古董之外，似乎沒有什麼能逃脫喜新厭舊的命運，產品可以更新換代，服裝可以年年換新樣，輪到人便走了樣。

有人幽默地稱：「朋友是舊的好，老婆是新的好」，一對夫婦能白頭偕老並非他們可以超越喜新厭舊的規律，而在於不斷調整充實自我。所以說，夫妻之間應該互相信任，如果互相猜疑，醋意十足，就可能引發吵鬧。而巧用幽默吃醋，則會使醋意變得溫和、恬淡而富有情趣。對於愛吃醋的一方，則可以借用幽默避其鋒芒，轉彎抹角地將對方的醋意輕輕彈壓一下，而又不刺傷對方。同時也可以消解對方的妒意，維護家庭的和睦。

下面是一則有關醋意的幽默。

一位剛剛榮升總經理職位的男子，在辦完所有的交接手續後，就和他的妻子開車去郊外散心，放鬆心情。

開到一半的路程，車快沒油了，就到了一個加油站加油。到了加油站後，丈夫說自己有些累了，想休息一會兒，就叫妻子下去加油而自己留在車上。沒想到妻子和加油站的老闆有說有笑，非常開心，而且臨走時還互相握了一下手，這時丈夫不免心生醋意。等到加完油，妻子回到車上。

「剛才和你有說有笑的那個人是誰呀？」丈夫吃醋地問。

「噢，是我的高中同學呀！」妻子回答說。

「還有說有笑呢！你呀，如果當初嫁給他，現在就只是加油站夫人，哪裡會是總經理夫人！」丈夫有點驕傲地說。

「你要搞清楚，如果我當初嫁給他，現在升為總經理的就不會是你，而是他！」妻子很正經地回答。

這位妻子善於幽默地藉題發揮，接著丈夫的話題，將了丈夫一軍，使他的傲氣有所收斂，同時也化解了他心頭的醋意，又替自己解了圍，可謂一石三鳥，不愧是善用幽默的高手。

從愛情步入婚姻，生活變得平淡起來，適當地放些醋，調劑一下，也滿有情趣的，但不可太盛，醋意太盛則會使感情變味。而如何巧妙地添加醋意，是一門需要好好學習的藝術。

挪揄勝於批評

金無足赤，人無完人。夫妻相處久了，就會發現配偶的身上存在著一些缺點毛病，就會有一些不滿，將這種不滿埋在心裡，時間長了就會妨礙夫妻關係，如果你直言不諱，言辭激烈地指出，則難免傷害對方。如果能將批評的話語製成「糖衣炮彈」，對有缺點的一方進行善意的挪揄和諷勸，那麼就會既達到了批評對方的目的，又增加了生活的情趣。

妻子對丈夫說：「我生了女孩，你媽媽說什麼了嗎？」

丈夫回答：「沒有，她還誇你呢。」

妻子認真地問：「真的，誇我什麼？」

丈夫一字一句地說：「誇你有福氣，將來用不著看兒媳婦的白眼了。」

這位丈夫沒有直接指責妻子，而是以幽默地方式道出，這種溫和的批評方式，讓妻子回味之餘，肯定會接受並加以改正。

相反地，帶有侮辱對方、刻薄對方的批評，則往往使批評者自取其辱。一對夫妻吵了一架誰都不願先開口說話，最後，丈夫指著不遠處的一頭毛驢說：「牠和你有親屬關係吧？」妻子答道：「是的，是夫妻關係。」這位丈夫的幽默並不高明，因為他幽默的動機不純，反倒被其妻順水推舟，把他比作了毛驢。

批評對方帶上一些幽默的成分與趣味性，則批評的效果會大大改觀。有一位丈夫，他的太太比較懶，家裡總是很亂，也懶得去收拾，他的丈夫沒辦法，只好寫了一張紙條：「請整理一下我們的家」，並在上面壓上了一張鈔票。他的太太很快就發現了鈔票，並

且看到了紙條的內容，於是懷著愉快的心情將房間整理得井井有條。

這種方式雖然比較稀有，但這位丈夫的作法獨特、有效，而且可行。這種方式的妙處就在於給批評的內核包裹了一層獎勵的外皮，既達到了批評的目的，又維護了夫妻情分。

夫妻關係是很微妙的，他們之間既應該坦誠相見，毫不虛偽，又應注意表達方式，顧及對方能否接受。要想使對方樂於接受你的批評意見，首先要排除洩憤的心理、羞辱對方的目的；其次，要用真誠的、善意的、發自內心的誠懇言辭進行表達，同時還要注意融入幽默性與趣味性，以減少批評的嚴肅性與火藥味。如果能做到這些，那麼你的批評就已經成功一半了。

有人說，結婚前要睜大雙眼，結婚後睜一隻眼閉一隻眼就行了。意即擇偶時要小心謹慎，而結婚後就不必再對對方過於挑剔了，應該以寬容的心態包容對方的缺點。兩個人，有時對某事的意見發生分歧，也在所難免。我們也不必強調夫妻一定不能有分歧，不一定要看法完全一致，當然能取得完全一致更好。問題是，發生了分歧怎麼辦？求同存異、尋求溝通，不失為一條好的、可行的解決問題的途徑。

尤其是對於那些個性都比較強的夫婦來說，更有必要掌握這種求同存異的幽默技巧，以保證家庭的安定團結。夫妻雙方就某個事情產生分歧，是有其客觀性的。客觀事物紛繁複雜，而人的認識又是極其有限的，也許我們只認識了事物的一個側面，卻往往以為自己得到了真理的全部，犯了「一葉障目，不見泰山」、「只見樹木，不見森林」的片面性錯誤。如果偏要把自己的這種片面的見解硬加給對方，而不管對方喜不喜歡，結果就不大妙了。而那種太固執、不懂得靈活變通的人，常常會使其配偶產生厭惡的情緒。夫妻間的分歧不但不會消失，反而會擴大。而這時如果我們換一種思維

方式，試著去與對方溝通，交流看法，求同存異，也許會達到「柳暗花明又一村」的新境界呢！

這正如世界上沒有兩片完全相同的樹葉一樣。夫妻也同樣如此。所以，多數夫妻雖然同床共枕，但在脾氣、性格、鑑賞力、知識層次、社會經歷等方面還是存有不少差異，甚至是缺點，面對妻子的缺點，我們只能運用幽默的力量，巧妙地揭示，這樣既可以防止齟齬，又善意地批評了對方，同時也維護了夫妻之間的深厚感情。如果你是聰明的妻子或丈夫，你一定深諳此道。

● 繁瑣家務的幽默

進入夫妻生活以後，戀愛階段的花前月下不可避免地要為油鹽醬醋所取代。繁瑣的家務很易使夫妻之間發生齟齬，但如果運用幽默，情況就大不一樣了。

有的男子雖然坐享其成，可是嘴甜，從不挑剔妻子做的菜，能哄得妻子高興。比如端上來一盤素菜，他就說：「素菜是我的命，什麼山珍海味都不如它的味道好。」

過了一會兒，妻子端上魚肉，丈夫就拚命地大吃魚肉而不吃素菜。

妻子問：「你不是說素菜是你的命嗎？怎麼不吃？」

丈夫說：「見了魚肉，我命都不要了。」

可是也有的男子，認為妻子做飯是天經地義的，不僅不做飯，還對飯菜挑三揀四，這也不吃，那也不吃。對這樣的丈夫不能一味地遷就。

丈夫下班回家，妻子正在廚房做飯。一進門，他就衝妻子喊：「今天給我做什麼好吃的了？」

妻子見他一見面就談吃，淡淡地說：「今晚的菜嘛，你倒可以選擇。」

「是嗎？都有些什麼菜？」

「炒白菜。」

「還有呢？」

「沒有了。」

「那我怎麼選擇？」

「吃還是不吃。」

有一位丈夫下班後回到家，見妻子還沒回來，就打開電視機等著妻子回來做飯。

妻子進門後也坐下來看電視，想休息一下再去做飯。過了一會兒，丈夫的肚子開始「咕咕」叫起來，就催促妻子說：「快去做飯吧，我餓得受不了啦！」

妻子說：「那你幫我一塊做。」

丈夫板下臉來，威脅地說：「你再不去做，我可要上館子去吃了！」

妻子說：「好吧，請你等十分鐘。」

丈夫取得了勝利，高興地說：「你真是越來越能幹了，十分鐘就能做好飯嗎？」

妻子說：「不，十分鐘我就能打扮好陪你上館子了。」

丈夫無可奈何地一笑，只好幫著太太做飯。

聰明的妻子總是能把家務事分給丈夫一點，用自己的智慧和幽默往往能使丈夫心服口服地去做，心甘情願地去做，並且是高高興興地去做。

請看這位妻子是如何運用幽默讓丈夫去做家務的：

妻子：「親愛的，你能把昨天晚上換下來的衣服洗一下嗎？」

丈夫：「不，我還沒睡醒呢！」

妻子：「我只不過是考驗你一下，其實衣服都已經洗好了。」

丈夫：「我也只是和你開玩笑，其實我很願意幫你洗衣服

195

的。」

妻子：「我也是在和你開玩笑，既然你願意，那就請你快去做吧！」

丈夫此時不得不佩服和欣賞妻子的幽默和情趣，高興地去做不願做的家務。

當然，如果妻子已把衣服洗了，其幽默感更強，丈夫受到感動，往後會主動幫妻子做家務，這樣家務事帶來的不是煩惱，而是一種家庭快樂了。

在家庭生活中，最讓人心煩的是妻子被家務累得要死要活，丈夫什麼忙也不幫，卻在一邊指手畫腳，甚至雞蛋裡挑骨頭。這時，妻子要見機行事，輕鬆幽默地提醒他不能坐享其成。

星期天，妻子洗完一大堆衣服，又忙著做飯，累得汗流浹背，丈夫卻坐在餐桌邊一邊翻看雜誌，一邊悠閒地說：「我看過一篇有關豬肉的文章，說是豬腦補腦，豬腳補腳……」

這時，妻子把炒好的豬肝和豬心端上來，放在桌子上。丈夫放下書，拿起筷子夾了一塊豬肝、一塊豬心放進嘴裡，邊吃邊問妻子：「你知道這豬肝、豬心補什麼嗎？」

妻子擦了一把汗，沒好氣地說：「補那些沒有心肝的人的心肝。」

這位妻子抑制了自己的怨氣，於不經意間，輕鬆幽默地諷刺了一下懶惰的丈夫，提醒他不該飯來張口，坐享其成。夫妻間因家務事而引發的爭吵，屢見不鮮，怎樣才能避免類似的爭吵？善意的嘲諷要比火冒三丈好得多。這種半諷刺、半包容的力量能治癒人，而不會傷害人，同時也維持了家庭的良好氣氛。

每個人身上或多或少總有一些難以克服的毛病，運用幽默的手段恰當地表露自己對他人失誤的看法，不僅能解決現實問題，而且不必大動肝火，同時會讓人覺得你有涵養。

當你跨進家門，見妻子忙家務忙得不可開交，你可試著向妻子說：「如果你願意的話，你會多一個很好的幫手。」於是，你捲起衣袖與她一起做家務。或許，她本來有著的一肚子氣就由此消失。如果妻子不理睬，不著你幽默的「道」，你馬上可再問一句：「你今天怎麼反常的高興？親愛的，你可是中了鉅額樂透了？」

你若是個忙碌的母親，偏巧孩子的爸爸又帶一條小狗什麼的動物回來。當孩子們正決定為牠取個名字時，你告訴他們：「你們最好叫牠『媽媽』，因為你們如果要把這隻狗留下來，我就要逃走了。」

妻子已經有兩個禮拜沒有打掃房間的清潔了，如果丈夫決定表示他的不滿，不妨這樣說：「親愛的，上星期你工作很忙，沒有時間做家務，如果這個星期你仍然忙的話，我還可以替你再做一週家務。」這樣，就比嚴厲地指責她的懶惰與疏忽大意來得輕鬆一些，也容易被對方接受些。妻子聽了丈夫的話，會有慚愧或難為情的感想，也會為其夫的體貼周到而感動。

「接吻是不能永久持續下去的，而飯卻是要天天吃的。」這是英國十九世紀著名作家梅瑞狄斯的一句名言。的確，進入夫妻生活以後，戀愛階段的花前月下不可避免地要為油鹽醬醋所取代。日常生活中許多生活瑣事往往會引發大的干戈，其原因之一是雙方的話語中都缺少一種幽默的成分。所以，無論夫妻間發生什麼，都要保持冷靜，然後運用幽默去化解。

四、緩和夫妻矛盾的幽默藝術

幽默在關鍵時刻往往可以使憤怒、焦躁的情緒得以紓解，使緊張、不安的氣氛變得比較輕鬆，要想使您的小家庭有情調，你和你的伴侶都要學會用幽默的滅火劑。

● 及時平息夫妻間的「戰火」

夫妻間的幽默是精神的消毒劑，是平息夫妻間「戰火」的滅火劑。高尚的幽默不僅能給生活帶來歡樂，而且可以沖淡矛盾、消除誤會。當發現一種不諧調的或於己不利的現象時，為了不使自己陷入被動局面，最好的辦法是以超然灑脫的態度去應付。幽默在關鍵時刻往往可以使憤怒、焦躁的情緒得以紓解，使緊張、不安的氣氛變得比較輕鬆，使窘迫、尷尬的場面在笑語中消失。

這裡我們先來談談傳統的兩性幽默，可以幫助我們瞭解幽默在婚姻中的力量。我們可以用「笑自己」來學到幽默

婚姻就好像一把剪刀，兩片刀鋒不可分離，雖然作用的方向相反，但是對介入其中的東西總是聯合起來處理。

要想使您的小家庭有情調，你和你的伴侶必須學會放鬆一些、隨便一些、幽默一些，如果你想這麼做，也願意付出努力，你會發現，這很容易。我們可以先看看幾組夫妻間的小幽默。

新郎：「親愛的，商量一下我們婚後的生活吧！你是當家裡的總統？還是副總統？」

新娘：「親愛的，什麼總統副總統的，我可不能勝任，我就當一個小小的角色吧！」

新郎：「你當什麼角色？」

新娘：「我就總管你家的財政，當個家庭會計師好了。」

有一對夫妻為一件小事爭吵起來，兩人互不相讓，最後要鬧著去離婚。於是他們決定去法院。在他們去法院的路上，有一條不大的河。

到了河邊，丈夫很快脫掉鞋子走入水中，妻子卻站在河邊發愣，瞧著冰冷的河水不知道該怎麼辦。丈夫回頭溫和地說：「我背你過去吧。」

丈夫背著妻子走入水中，沒走多遠，妻子輕聲說：「算了，咱們回去吧。」

「為什麼？」

妻子不好意思地說：「離婚回來，誰背我過河呢？」

夫妻之間幽默的話題的確很多很多，可以幽默的材料也俯拾即是。在幽默的家庭裡，幽默活躍在夫妻生活的各個角落，廚房上、飯桌上、閒談時、爭吵時、忙碌時、漫遊時，都能見到幽默的倩影。

幽默大師林語堂不管在舞台上，還是在家中，都表現非凡，他常用幽默的語言來增進夫妻感情。比如在《林語堂自傳》中有一段描寫他和妻子的趣聞：一次與妻子的笑談中，他心血來潮地蹦出一句：「把我們的結婚證書燒掉吧，結婚證書只有離婚時才用得著。」其妻會意，便把大紅的結婚證書拿出來，讓丈夫付之一炬。數十年來，他們相愛甚深、恩恩愛愛、甜甜蜜蜜、心寬體胖、思維敏捷，被世人譽為「金玉良緣」。

夫妻之間常常爆發「戰爭」，其實只不過「雷聲大雨點小」，運用幽默則會巧妙地化解矛盾。

俗話說：「天上下雨地下流，小倆口吵架不記仇。」即是說夫妻之間小吵小鬧是生活常事。年輕人談戀愛海誓山盟，花前月下，極富浪漫情調，但是結婚之後，所面臨的問題就不僅僅是兩個人愛情的小天地，而是許多實際的生活問題，這時家中小事的處理常常是夫妻吵架的導火線。如果這時能用幽默的方式去對抗怒氣沖沖的另一方，則會立刻化干戈為玉帛，令對方的怒氣煙消雲散。

● 惡語相加不如幽他一默

夫妻生活，總是充滿「酸甜苦辣」的滋味，有時恩恩愛愛、甜甜蜜蜜，有時則是吵吵鬧鬧、打打殺殺。

199

　　有些夫妻吵架時，是屬「動作派」，摔杯丟瓶、大打出手，所以戰後「鼻青臉腫」、「手腳瘀青」；但有些夫妻吵架則是屬「理性派」，只動口、不動手，甚至以互不理睬、不講話的方式進行「冷戰」，反正大家都不講話，看誰會先「憋死」。

　　京城有個讀書人的老婆，非常妒恨丈夫，小則惡語相加，大則以錘擊打，還經常用根長繩一頭繫著丈夫的腳，一頭用手牽著，以便於隨時召喚。書生不堪忍受，就私下裡找巫婆幫他出主意，巫婆就對他如此這般如此這般地交代了一遍。

　　書生回到家裡，晚上睡下，待妻子睡熟，才躡手躡腳地下床如廁，解開腳上的繩子，繫在預先牽來的一隻羊身上，然後翻牆逃走。那悍婦一覺醒來，不見丈夫，就用力拉繩，結果竟拉來一隻羊，非常害怕，就找來巫婆商議。巫婆乘機說：「你平日積惡甚多，祖先們顯靈怪罪下來，就罰你丈夫變成羊。你如果能從此努力悔改，我還可以替你祈禱一番。」悍婦聞聽，抱羊大哭，後悔莫及，當即發誓永不妒夫。巫婆故弄玄虛地要婦人齋戒七日，要全家老少都躲在屋內，不准窺視。巫婆設置了香案，祭祀鬼神，假裝發咒語讓那隻羊還原為人形。

　　那書生早就藏在暗處，得到巫婆指令，就悄悄地把羊放走，自己慢慢站起來。那婦人終於見到丈夫，一時激動不已，再三詢問：「您變成羊這麼多天，一定夠辛苦的了？」男人心中忍不住笑，故意裝作愁苦的樣子，十分委屈地說：「直到如今想起我做羊時吃的雜草，肚子裡還隱隱作痛呢。」那婦人聽了，更覺傷心，從此對丈夫百般關懷，再也不妒恨丈夫了。

　　有一對年輕夫妻吵了一晚的架，臨睡前，兩人仍然氣呼呼的，都認為對方莫名其妙、不可理喻，而不願主動開口說話。關燈睡覺前，老公用筆寫了一張紙條，遞給他身邊的太太，上面寫著：「明天早上六點半把我叫醒！」老公於是開始呼呼大睡。

隔天早上，老公突然醒來，驚慌地發現已經陽光曬屁股——七點半了。完了，完了，上班遲到了！

咦？太太呢？讓她叫醒我，她居然不理，自己先起來上班去了。

這老公在急急忙忙穿衣服、打領帶時，突然發現自己床頭上留有一張紙條，上面寫著：「六點半了，趕快起床！」

湖邊，一個畫家正在畫畫，身後來了一男一女兩口子。他們看了一會兒，最後丈夫以無可辯駁的口吻對妻子說：「看見了吧，親愛的，不買一個相機，該有多苦惱哇！」

丈夫熱中於釣魚，喜歡把所釣的魚拍成相片，貼在床頭牆壁上，並註明牠們的名稱、重量以及垂釣地點，樂此不疲。

妻子見狀，便將自己的玉照掛在丈夫床頭，並注明：「美人魚，49.5公斤，釣於公園。」

日常生活中夫妻間打打鬧鬧、爭爭吵吵也是常事。如果一旦發生碰撞，千萬不要互不相讓，更不能要分個誰是誰非、誰對誰錯，採用幽默的手法來進行夫妻間的溝通，是化解矛盾最好的方法。

● 調節夫妻口角的高招

家庭之中夫妻口角是一種普遍現象，不論是偉人還是普通人莫不如此。怨怒之中如果即興來一兩句幽默，往往會使形勢急轉而下。人常說「夫妻沒有隔夜的仇」，更多的時候都是這種豁達的幽默消除了隔閡。

男女朝夕相處，天天鍋碗瓢盆，始終舉案齊眉、相敬如賓本就是一種不正常的現象。小吵小鬧有時反會拉近夫妻間的距離，同時也使內心的不滿得以宣洩，如果再佐之以幽默、機智的調侃，無疑使夫妻雙方得到一次心靈的淨化，保證了家庭生活的正常運行，請看下面這幾對夫妻的幽默表演。

　　新婚之夜，新郎問道：「親愛的，告訴我，在我之前，你有幾個男人？」沉默。「生氣了？」新郎想，過了片刻又問，「你還在生氣？」「沒有，我還在數呢！」

　　結婚多年，丈夫卻時時需要提醒，才能記起某些特殊的日子。在結婚三十五周年紀念日早上，坐在桌前吃早餐的妻子暗示：「親愛的，你意識到我們每天坐的這兩把椅子已經用了三十五年了嗎？」丈夫放下報紙盯著妻子說：「哦，你想換一把椅子嗎？」

　　妻子說：「結婚前，你總是給我叫計程車，而現在卻讓我乘公共汽車。」丈夫回答：「因為我感到自豪，在計程車裡只有司機一人能看見你，而在公共汽車裡卻有成百的人可以看到你。」

　　一對夫妻發生口角，很不愉快。兩個人都不說話，到了吃飯的時候，丈夫心軟，在吃晚飯的時候，見妻子嘔氣不吃，於是忙盛了一碗飯給妻子，並輕鬆地開玩笑說：「你吃下這碗飯，才有力氣和我吵架啊！」

　　妻子立即回答：「我要是吃了這碗飯，我們可就吵不起來了！」

　　透過這種似乎是嘲諷而實際上卻是委婉的勸解方式，丈夫巧妙地以幽默來結束這樣一場爭吵。當今社會中，由於雙方互不相讓，因而出現矛盾的事例越來越多，要解決這種矛盾，縮短夫妻之間的心理距離，調節生活節奏，使婚姻生活充滿新意，生活在幸福之中，則需要這種幽默的潤滑劑，來消除時常出現的小摩擦。

　　所謂夫妻吵架幽默是指以輕鬆歪曲的語言回答怒氣十足的一方，使對方在玩笑調侃之中怒氣全消，從而增進感情，免去生活中常常出現的不和諧。

　　看下面一則幽默：

　　妻子：「你真是個暴君！」

　　丈夫：「當初你幹麼要與我結婚？」

妻子：「你說我要是不嫁給你，你就要去死。」

丈夫：「當時我確實想到了，死了不更好？」

妻子：「可當時我還沒有成為你遺產的合法繼承人呢！」

這裡丈夫和妻子發生摩擦，如果不及時中止，戰火可能會越燒越旺，而且還會升級，面對暴怒的妻子，丈夫又不想沉默，想拿出男子漢大丈夫的尊嚴，所以才積極回擊，眼看這樣發展矛盾會激化，甚至會出現白熱化的激烈場面，而妻子這時沒有推波助瀾，而是急流勇追，又從另一個角度去找突破口，一句幽默的話語，頓時化解了這一場矛盾。

● 擺脫醉酒窘境的幽默

現在社會，人們的交際越來越廣，應酬也越來越多，但男人喝酒，常常會受到妻子的責罵，如果能巧妙地運用幽默，卻能很好地解脫。

「竹林七賢」之一的劉伶，嗜酒如命。

他的妻子為此很是氣惱，就與劉伶的妾串通一氣，釀了一大缸酒。

一天，劉伶要喝酒，他妻子說：「待把酒釀熟了，我就請您喝個醉。」到了酒熟的時候，他的妻子與妾就請劉伶俯缸就飲，乘劉伶不防備，就一齊用力把劉伶推在酒缸中，然後用東西把缸口蓋住，上邊又壓了大木頭。

過了三天，聽缸中毫無動靜，就開缸察看，只見酒已光，而劉伶大醉，坐在缸中。

過了好大一會兒，劉伶才抬起頭來，對他的妻子說：「你說過要請我喝個大醉，而今卻叫我在此閒坐幹什麼？」

一個酒徒在外面喝酒喝多了，很晚才回到家。他又忘記了帶鑰匙，於是只好敲門。

妻子怒氣沖沖地打開門說道：「對不起，我丈夫不在家。」

「那好，我明天再來。」

酒徒說完，裝出轉身要走的樣子。

結果你或許也想到了，妻子一下子就追上去把丈夫拉回了家。

丈夫借助幽默的語言和行動，化被動為主動，巧妙掩飾了自己的過失，得到了妻子的諒解。

有一天晚上，丈夫在外面吃完飯回來，高興地對妻子說：「今天我們公司的經理請一部分職員吃飯，大家都開懷暢飲，席間，經理拿出三瓶威士忌，對大家說：『在座的諸位，你們誰一生中從沒有背叛過自己的妻子，這三瓶酒就歸他所有，結果沒有一個舉手，你說奇怪嗎？」妻子聽後好奇地問：「那你怎麼不舉手？」

丈夫慌張地說：「你是知道的，我向來喜歡喝啤酒，而不喜歡喝威士忌。」

「員警先生，求求你把我關進牢裡吧！我剛剛喝醉酒，拿根棍子打蚊子，結果打在我老婆頭上。」

「你打死她了？」

「壞就壞在沒有，所以請你趕快把我關起來。」

妻子：「親愛的，你昨晚看上去真的喝醉了，在飯桌上老是叨嘮不停。」

丈夫：「真的嗎？千萬別信醉漢說的話。我都說什麼啦？」

妻子：「我愛你，親愛的。」

再看兩則幽默：

丈夫下班後，沒有回家，卻和朋友們一起去喝酒了，到家時遲到了半個小時。他妻子見面，不問青紅皂白就問：「這麼晚了，你到哪裡去啦？怎麼不先打電話回來說一聲？」

丈夫明知不對，但也大聲地說：「假如我連這點自由都沒有的話，會被人家笑話的，讓我在所有朋友面前，被說我不是大丈

夫。」

妻子聽了這點，也不甘示弱，回擊說：「如果連這點要求都得不到滿足的話，我也怕被別人笑話，說我是你的小老婆！」

深夜兩點，喝得醉醺醺的丈夫才回到家裡。

「我一再告訴你，在外面喝啤酒一次不能超過兩瓶，回家一定不能超過十點，你這是怎麼了？」妻子發怒了。

「你真是這麼說的嗎？看來我整個給記顛倒了……」

又如下面這段夫妻對話：

妻子：「你在外面很少喝酒，為何在家裡拚命地喝呢？」

丈夫：「我聽說酒能壯膽。」

幽默能擺脫窘境，如果你是一個聰明的人，你就學會用幽默的技巧，化被動為主動，巧妙掩飾自己的過失，從而取得妻子的諒解。

五、把幽默融入親子教育中

人人都希望家庭的港灣幸福而和諧，而幸福快樂的生活也需要笑聲作點綴，和諧的日子也需要詼諧幽默來調劑。把幽默融入親子教育，不僅可以分享童稚的樂趣，更能在笑聲中彌補與孩子間的代溝，讓孩子體味人生的真善美。

● 分享童稚的妙趣

兒童年幼無知，天真單純，他們對世界的認識常常是表面的、直觀的，並由此得出簡單幼稚的結論，形成他們對外界事物的認識和看法，這種看法與成人世界的真實而複雜的事理形成鮮明對照，有著強烈的反差，因此兒童的一些觀點和說法便顯得較為滑稽可笑，這就是兒童的幼稚所導致的幽默。

大多數孩子會對自己的來歷進行追問，而多數大人們不願涉及

複雜的生育問題，而僅僅編造一些故事來敷衍，難免會引出孩子十分幽默的話語。

有一位小孩，問及自己是如何到世上來的，父親就用送子鳥的故事搪塞。孩子問：「爸爸，我是怎麼來的？」

爸爸答：「是送子鳥叼來的。」

「那爸爸呢？」

「當然也是送子鳥叼來的啦。」

隨後，孩子又問了媽媽、奶奶的來歷，答案依然如此。

孩子憤憤地說：「難道我們祖宗三代男女之間一點兒關係都沒有嗎？」

還有一位小女孩問媽媽自己是怎麼來的，媽媽便說小孩兒是老天爺給的。小女孩不解地問：「老天爺在哪呀，我怎麼從來沒見過？」「你等著吧，」媽媽說，「他過一會兒就來按咱們家的門鈴。然後你就過去給他開門。」

過了一會兒，門鈴真的響了。

小女孩打開門，看見爸爸站在門口：「爸爸，你就是老天爺嗎？」

小敏吃過晚飯後，奶奶對他說：「你今天跟奶奶睡，因為媽媽剛生小弟弟，沒空照顧你。」

小敏問奶奶：「我和弟弟是從哪裡來的？」

奶奶答：「從天上掉下來的。」

小敏說：「那我和弟弟為什麼沒有摔死呢？」

小芬指著媽媽的肚子問：「媽媽，弟弟為什麼住在你的肚子裡？」

媽媽不知如何解釋，只好說：「媽媽肚子裡有一座漂亮的皇宮，是專門給小寶寶住的，所以弟弟住在裡面。」

小芬一聽到皇宮，就睜大眼睛問：「我也住過嗎？」

媽媽說：「當然啊！」

小芬很得意地說：「哈！那就是我住過的舊房子！」

對成人世界裡的婚姻家庭問題，孩子們也常常發表他們與眾不同的觀點和看法，這些看法更具耐人尋味的幽默性。細細體會這類幽默，別有一番情趣。

請看小女孩關於結婚的看法：

小男孩向和他一起玩耍的小女孩：「等妳長大了，願意和我結婚嗎？」

「哎呀，不行。」她說，「我可以愛你，但不能結婚。」

「為什麼呢？」

「因為在我們家裡，只有自己家的人才能結婚。比如，爸爸娶媽媽，奶奶嫁爺爺，叔叔和嬸嬸結婚，可不都是這樣？」

在孩子身上我們還可以看到一個可貴的特質，那就是「誠實」。人之所以會變得狡猾欺騙，大半是從與大人相處的經驗中學來的，因為大人難免會說謊，而孩子卻會把你的謊話當真。大人有時會掩飾自己的缺點或情感，孩子卻不會，要哭便哭，要笑便笑，沒有矯飾。有時，孩子的心思單純，往往可以給大人們一些啟示。

一個小孩第一次上教堂，回家後媽媽問他：「你喜不喜歡上教堂？」

他說：「喜歡啊！」

媽媽問：「你最喜歡哪個部分？」

他說：「我最喜歡他傳箱子的時候，不過我很客氣，只拿了一塊錢，下次去，要多拿一點。」

人若沒有「赤子之心」，斷難上天堂，而孩子天真無邪，總能為平淡的生活帶來許多樂趣。

小李剛燙了頭髮，看起來又短又亂。一天晚上他在朋友家做客，樂而忘返。朋友家沒有客房，只好叫自己的小兒子睡沙發，把

床讓給小李睡。第二天一早孩子走進臥室，叫道：「爸爸快來看，我床上有一隻怪狗！」

當大人們為生活奔波時，幽默感也在不自覺中消失，而孩子卻是最佳的幽默泉源，可以不時激發大人的靈感，找回失落已久的歲月，用更柔軟、更快樂、更單純的心去看待每件事，你會發現世界也變得可愛多了。

小民突然在客廳裡嚎啕大哭，媽媽急忙跑來安慰他說：「怎麼哭得這麼傷心呢？」

小民邊哭邊說：「剛才爸爸在釘釘子，不小心用鐵錘打到自己的手了。」

媽媽說：「乖兒子，你這麼擔心爸爸，爸爸一定很高興。別哭了，笑一個吧！」

小民很委屈地說：「我就是因為笑才被打的！」

兒童的心靈是一張沒有雜色的白紙，他們對事物的看法簡單、率真，毫無做作與虛偽之態，所以，他們才會比成年人更富有幽默感，才能有那麼多妙趣橫生的語言。所以，我們成年人如果能像孩子一樣單純些，就會有更多的幽默感。

糊塗人的教子「良方」

許多長輩教育孩子時由於方法不當而出現了笑話。古時有個縣官，斗大的字認不了幾個，在官場上鬧出了不少的笑話。他知道自己識字不多，所以請先生教他兒子唸書，孩子在學校唸完後回到家裡也唸：「趙錢孫李，周吳鄭王……」縣官問孩子：「你知道這幾個字怎麼講嗎？」孩子說：「不知道，先生還沒有講過。」

縣官說：「我講給你聽，趙，就是照鏡子的照；錢，就是買東西的錢；孫，就是孫子的孫；李，就是不講理的理；周，就是驢軸棍的軸；吳，就是捂著臉的捂；鄭，就是正經八百的正；王，就是

混帳王八蛋的王。懂了沒有？」孩子說：「記住了。」

　　縣官過生日時，很多人來給他慶壽。有人說：「貴公子將來一定很有出息，你唸了什麼書呀？」孩子說：「唸了百家姓。」於是他就唸道：「趙錢孫李，周吳鄭王……」孩子唸得一字不差。縣官聽了很高興地對大家說：「他還會講哩。」於是孩子講道：「照鏡一看，花錢買知縣，孫子不講理，軸棍捂著臉，正經八百的，混帳王八蛋。」孩子一住口，客人們大笑起來，縣官更是氣得臉色發紫。

　　事實上，孩子是一張白紙，你在上邊畫什麼他就是什麼。父母的言行就是孩子模仿的對象，要教好孩子，父母必先自律。

　　兒子：「老師說爸爸打兒子也是犯法的。」

　　爸爸：「笨蛋！老師說的是國法，我打你用的是家法。」

　　兒子：「爸爸，《史記》是什麼？」

　　爸爸：「笨蛋，死記就是死記硬背，不會靈活掌握，懂嗎？」

　　母親對兒子說：「托托，快去練習彈鋼琴吧，我給你一個法郎。」

　　兒子答道：「好吧。不過，我們的鄰居答應我，要是不彈鋼琴的話，給我兩法郎呢！」

　　明明一人在客廳玩玩具，母親在一旁做家事。

　　突然一轉身，看見明明將一枚一元硬幣吞下肚子裡，想要阻止已來不及。

　　她立刻把明明抱起，倒立著，用力拍他的背，終於將硬幣抖了出來，可是竟是兩枚一元硬幣。

　　她一看覺得不對勁，趕緊告訴明明的父親：「你兒子剛才吞了一枚硬幣，卻吐出了兩枚。怎麼辦？」

　　明明的父親一聽大叫：「快，繼續讓他吃硬幣！」

　　管理委員會阿姨：「小孩，大冷天你一個人站在門口幹什麼，

怎麼不在屋裡待著？」

　　小孩：「爸爸媽媽在吵架。」

　　管理委員會阿姨：不像話，「你爸爸是誰？」

　　小孩：「這就是他們吵架的原因。」

　　一個成功的企業家告訴他的孩子說：「一個成功的人要具備誠信與智慧兩個必要條件。」

　　子：「什麼是誠信呢？」

　　父：「誠信就是明知明天要破產，今天也要把貨送到客戶的手上。」

　　子：「那什麼是智慧呢？」

　　父：「不要做出這種傻事！」

　　身教重於言教，作為孩子的父母，一定要以身作則，誠實做人，培養自己高尚的人格魅力，然後幽默地管束孩子，讓教育方式變得比較輕鬆愉快，給孩子一個較好的成長環境。

● 用幽默管束你的孩子

　　世界上有人拒絕痛苦，有人拒絕憂傷，但絕不會有人拒絕笑聲。在教育孩子時，家長如果能經常想到「寓教於樂」，再頑皮、再固執的孩子也會轉變的。因為幽默是潤滑劑，能使大家融洽地相處；幽默是快樂之源，能使我們的家庭生活充滿和諧與快樂。恰當的幽默不僅能使孩子免去在大人面前的拘謹，還能使其在輕鬆一笑中接受良好的、正確的教育。

　　蘇聯著名詩人米哈伊爾‧斯維特洛夫是一個善於用幽默的方法來教育孩子的高手。

　　有一次，斯維特洛夫剛進家門，就發現家人慌作一團，斯維特洛夫的母親正在打電話給醫院請求急救。原來，斯維特洛夫的小兒子舒拉別出心裁地喝了半瓶墨水。斯維特洛夫明白，墨水是不至

於使人中毒的，所以用不著慌張，而這會兒正是教育舒拉的大好時機。

於是，他輕鬆地問：「你真的喝了墨水？」

舒拉得意地坐在那裡，伸出帶墨水的舌頭，做了個鬼臉。

詩人並沒有生氣，他從屋裡拿出一些吸墨紙來，對兒子說：「現在沒有別的辦法了，你只有把這些吸墨紙用力地嚼碎吞下去了。」

一場虛驚就這樣被斯維特洛夫的一句幽默給沖淡了。舒拉原想以此成為家人的中心，但是未能如願。此後，他再也沒有犯過類似出風頭的「錯誤」了。

幽默之所以能成功地達到寓教於樂的目的，是因為一個人在笑的時候是無法同時憎恨或者發怒的。能夠在管束孩子的同時傳遞愛的溫暖是幽默的特點，用幽默從側面對孩子進行啟發誘導，含蓄委婉地批評教育孩子，容易消除孩子的逆反心理。

應該說，懂得用幽默來管束孩子的父母才堪稱成功的教育家，才能以這種幽默輕鬆的口氣對孩子講話，多創造一些其樂融融的氣氛，使孩子從學校的那種刻板的生活中解放出來。不懂得用幽默來管束孩子的父母，只能適得其反。使孩子不但沒有學到他應該學到的知識，反而學到了一些不好的東西，而在他們身上產生了不良影響。

◉ 用幽默彌補「代溝」

在家庭裡，與孩子處好關係需要用幽默。因為幽默是家長與孩子溝通的有效方式，用幽默可彌補「代溝」。

「我愈看現在的年輕人，就愈相信我從沒有經過他們這個年齡。」

「無怪乎要跟孩子溝通很難。因為現在發生的事情中有半數是

前所未聞的，另一半是說不出口的！」

「現在的孩子真叫人難以瞭解。不吃菠菜的孩子長得那麼大，排著隊在買營養藥。」

「我花了一筆錢在孩子的教育上，另外一筆錢花在他們的牙齒上。兩者唯一的差別是他們到現在還在用牙齒。」

「我想瑪麗將來必定前途無量！她寫信給我們，說她這個暑假不住在家裡，因此我們可以租用她的臥室，再把房租寄給她。」

「我們那十幾歲大的女兒告訴我們說：『我已經長大了，可以過我自己的日子，住自己的公寓。現在，我唯一需要的是多一些零用錢。』」

母親與兒子正談他的女朋友。

「她喜歡你哪一點？」母親問。

「那很簡單，」兒子謙虛地說，「她認為我英俊、風趣、聰明、能幹、舞又跳得好。」

「那你喜歡她哪一點呢？」

「喜歡她認為我英俊、風趣、聰明……」

父親責罵小女兒太吵：「你不是答應我要安靜的嗎？我不是跟你說好，你不安靜的話就要挨打嗎？」

「是啊，爸，」女兒表示同意，「但是我沒遵守我的諾言，因此你若不遵守你的諾言的話，也沒關係！」

這時你會驚奇地發現，你從你的孩子的幽默中，化解了心中的火氣。

小孩子似乎很小的時候就學會了以幽默來與別人溝通，或藉此達到目的。例如，小孩可能向父母要求一樣他並不想得到的東西，以期得到他真正想要的東西。如下面這段對話：

男孩：「媽說不准我養狗。」

朋友：「你不該這樣直截了當地要。向你媽要個小弟弟，她就

會買隻狗來給你了！」

另外我們還可以從孩子的新觀點上，來獲得幽默的力量。

而且我們也會因為孩子的緣故，幫助我們看見自己的缺點，而學到如何輕鬆地面對自己。

週末，父子兩人結伴到森林裡露營。

「好了，很有趣吧？」父親問。

「我想是吧，」兒子說，「只是下次，我們是不是可以帶媽媽和番茄醬來。」

不論是有意或無心，孩子發現了如何將幽默的力量對準我們的興趣，從而達到他的目的。

有時候，小孩的幽默力量比我們更早預見先機。有一位父親把當年結婚照片的相簿拿給小女兒看。

小女兒看著照片，先是疑惑不解，繼而突然眼睛一亮。

「我明白了！」她說，「就是這個時候你把媽咪帶回家來，幫我們做家事的。」

父母同子女間的幽默相處也增進彼此的友誼。

當我們發現孩子擔心我們使他受窘，更甚於我們擔心他使我們受窘時，我們就知道他長大了。當我們的孩子長大到足以用幽默的力量來對待我們，這是個可喜可賀的現象。這證明了我們也可以讓他瞭解我們的幽默方式，來和我們溝通。

你的孩子也許已經能成功掌握幽默的力量，說不定比你還行。承認這個事實吧！向孩子們學習如何在生活中有效地發揮它。

六、用幽默營造幸福的港灣

歌德說：「家庭和睦乃是人生中最快樂的事。」而最能讓家庭和睦的便是幽默感這個調味品了。巧用家庭中的幽默感不僅可以化解夫妻矛盾，更可以給家中增添無數的笑聲和快樂，讓家成為快樂

的天堂，成為幸福的港灣。

● 用幽默詮釋親情

凡有幽默感的家庭，成員間不存在命令式或是強制性的關係，凡事都應平等相待，哪怕對待年幼的子女也應如此，平等、幽默等於家庭生活品質。只要你幽默不離口，你就能詮釋親情的真摯和醇厚，享受到和睦家庭的溫馨。

著名劇作家沙葉新幽默感極強，其女兒也天生具有幽默細胞，還在童年時她就對「女大不中留」有過一番妙論：「我認為『女大不中留』的意思就是……嗯……就是女兒大了，不在中國留學，要到外國去留學。」不料，後來她果然去美國留學了。

沙葉新的女兒一次回國探親，她和父母談起同在美國留學的弟弟，說弟弟想娶個黑人姑娘。母親不由大吃一驚。「媽媽怎麼還有種族歧視？黑人女孩是黑珍珠，身材好極了，長得也漂亮。」「我倒沒有種族歧視，」沙葉新插話說，「我就擔心他們以後給我養個黑孫子，送到上海來讓我們帶。萬一晚上斷電，全是黑的，找不到孫子那不急死我們！」女兒連忙說：「那沒關係，斷電的時候你就叫孫子趕快張開嘴巴，那不是就找到了！」

在父女之間這場溫情脈脈的唇槍舌劍中，父親顯示了他開闊的胸襟、年輕的心態和幽默的天性，而女兒更是青出於藍而勝於藍，她機靈的回答、狡黠的反擊為久別重逢的父女增添了一份格外的喜悅。

詩人余光中育有四女，再加上妻子，十足的陰盛陽衰。好在余光中已習慣與五個女人為伍，沙發上散置皮包和髮卷、浴室裡彌漫著香皂和香水的氣味、餐桌上沒有人和他爭酒，這些都是天經地義的事。所以余光中戲稱家為「女生宿舍」，稱自己為「舍監」。

由於家中的電話裝在余光中的書房，所以他會忙得不可開交，

四個女兒加上一個太太，每人晚上四、五個電話，催魂鈴聲便不絕於耳。他說自己：「像一個現代的接線生，我成了五個女人的接線生。有時也想回對方一句『她不在』，或者乾脆把電話掛斷，但又怕侵犯了人權，何況還是女權。在一票對五票的劣勢下，怎敢冒天下之大不韙？」

在余光中的滿腹牢騷中，我們分明可以聽出他作為家中唯一一名男性的自得與驕傲。與其說他是忍氣吞聲為家中的女人們忙進忙出，不如說他是心甘情願為家中的女人們辛苦；與其說他忙得焦頭爛額，不如說他是忙得不亦樂乎。聰明的余光中是以正話反說的方式向妻女「談情說愛」的。

倘若說余光中的「叫苦」還有一絲「欲說還休」的味道，那麼，當代著名漫畫家丁聰的「抱怨」則完全是「一吐為快」了。

有人問丁聰：「你身體這麼好，有何養生之道？」

他回答說：「大概是有個好飼養員吧。飼養員就是我老伴，她做什麼，我就吃什麼，從不挑食，不挑食的孩子就是好孩子。」

當然，丁聰所謂的「不挑食」僅限於肉類，至於蔬菜，他是難以下嚥的。對此，丁聰看法如下：「我的理論是順其自然，想吃說明身體需要，不想吃說明不需要，何必勉強呢！所以，我是想吃什麼，吃什麼，當然還要在老伴的管轄之下。我什麼也不會做，因此只能逆來順受。」

有時，丁聰索性將老伴稱為「家長」，他的幸福感便表現在不時地向朋友們抱怨「家長」的管束，名為訴苦，實為誇耀。丁聰正是運用這種獨特的方式向老伴進行柔情傾訴的。

胡適視女兒為掌上明珠，談起女兒他就沒大沒小、口無遮攔了：「我現在是名花有主，動輒得咎。出門要請假，回家要報到，自己看自己也覺得有教養多了。之所以有這點滴的進步，全是女兒天天對我的栽培。」倘若不是深愛女兒，怎麼可能對女兒言聽計

從、畢恭畢敬呢？

　　他還說過：「我從小就沒有父親，不明白一個標準的父親是怎麼樣的。我本可以自學成父，可是真的當了父親才知道比較困難。好在有女兒的言傳身教，就把父親當了下來。」「自學成父」一方面說他從小沒有品嘗過父愛的滋味，另一方面也表明了他要做一個好父親的決心。

　　總之，與家人一起時，不妨講講故事，說說笑話，既有教育子女的作用，又給家庭平添了不少樂趣，能使家庭氣氛更融洽，使家人生活更幸福。

⚫ 長輩對晚輩的幽默

　　現代家庭中，年輕的夫妻往往把孩子交給爺爺奶奶、外公外婆來帶。這時候，當了奶奶的也許覺得對兒女有使用諷刺幽默的必要。

　　某女士有四個孫兒女，經常被他們的父母送來交給她照管。

　　她告訴兒子和兒媳說：「孫子來，能帶給我雙重的快樂！」

　　「怎麼說呢？」兒媳問。

　　「他們來了，我很快樂；他們走了，我也很快樂。」

　　上面這位女士，用幽默的方式含蓄地表達了她對兒子和兒媳自己不照看孩子，而總是把孩子送給她來照管的不滿。

　　家庭成員的角色中，岳母常常被塑造成某一種刻板類型，她們自己也深知這一點。

　　有一個女人，她的女兒剛結婚不久，就隨女婿到了國外。鄰居中有人問她：「你不打算去看看女兒和新女婿嗎？」

　　「不啊，不過我想等到他們生了小寶寶以後再去。」她幽默地答道，「因為，我想祖母要比岳母來得受歡迎吧！」

　　她運用自己的幽默，把自己的想法巧妙地表達了出來。要營造

兩代人之間和諧融洽的關係，首先得加強彼此之間情感的交流。有些做父母的為了在子女面前保持威嚴的形象，平時在他們面前總是不苟言笑，更不用說向他們表達自己的愛意了，其實，父母應該告訴子女你愛他們。

俗話說：「孩子都是自己的好，老婆都是別人的好。」所以，一些長輩對晚輩的幽默大多帶有溺愛的逗笑色彩。

宋朝時，有一個太尉很溺愛兒女。一天他回到家中，看見兒子沒穿衣服跪在雪地上。

他問明原委，知道是自己的母親體罰有嚴重過失的孫子。於是他也脫了衣服，讓人把自己綁上，跪在兒子旁邊。

他母親聽說此事，前來問他為什麼這樣作踐自己？

太尉回答說：「你凍我的兒子，我也凍你的兒子！」

一位老奶奶得意洋洋地用幽默的口吻誇自己的孫子：「我的孫兒比林肯總統還聰明。他現在才八歲就已經會念戈底茲堡演說詞了，而林肯到五十歲時才會念。」

布朗先生很為他的小兒子驕傲。

有一次，布朗先生跟一位客人談起他的小兒子有多麼的聰明。「這孩子才兩歲，」他對客人說，「他什麼動物他都認識，長大了一定是個了不起的生物學家。來，我叫他認給你看看。」

他從書架上取下一本生物書，放在孩子膝蓋上，然後翻開書，指著一張長頸鹿的畫，問道：「這是什麼，寶貝？」

「馬。」

布朗先生又指著一隻老虎，問孩子那是什麼。

「貓咪。」

接著父親又指著一隻獅子，問兒子是什麼。

「狗。」

於是布朗先生又指著一隻黑猩猩。

寶貝高興地喊道：「是爸爸！」

每一個父母和長輩都很愛自己的孩子和後代，但愛孩子不能溺愛，與孩子相處，我們要巧妙地減減孩子的嬌氣，使我們的鄰居、朋友、同事，不會對我們感到太厭煩。

長輩與孩子之間的幽默可以說是不勝枚舉，比如不同地方的長輩對晚輩的幽默就有所不同。

美國企業家艾科卡在里海大學讀書時，是九百多名畢業生中的第十二名，畢業後又被送去攻讀碩士生，並如願以償地到了福特公司。他父親自然高興，看到他時說：「你在學校讀了十七年書。瞧，念書考不到第一名的笨蛋，現在情況如何？」

在笑罵中表現出對艾科卡前程的滿意與自豪。類似這種「打是親、罵是愛」的長輩對晚輩的幽默在日常生活中是常見的。

我們再舉美國杜魯門總統的一則軼事為例，來說明家庭生活中溫暖人心的幽默力量。

他當選總統不久，有一位客人來訪他的母親。「有海利這樣的兒子，你必定感到十分驕傲！」客人笑著說。

「是的。」杜魯門老夫人同意道，「但是我也為我另一個好兒子感到驕傲。他現在正在外面種田。」

人一生中要扮演不同的角色，也許你現在扮演的恰好是長輩的角色，作為孩子們的長輩，你要學會用幽默縮短與孩子們的距離，這樣，你就能做一個平易近人的長輩。

● 晚輩對長輩的幽默

一般的家庭可能由兩輩人組成，核心家庭中可能只有一對同輩人，也就是夫妻，但是較大的家庭則有可能由兩組三輩人或三輩以上的成員組成。這時候，同輩之間或者長輩對晚輩運用幽默的情況較多，但晚輩也可以透過適當的方式對長輩幽默。

有一位畫家，總希望兒子繼承他的事業。他要兒子學畫畫。

而兒子另有志向。時間長了，父子間總有隔閡。一直到兒子十六歲，父親還是固執地強迫兒子這樣做，兒子苦不堪言。

這天，兒子拿著一張白紙交給父親，說已經畫好了。父親不解地問：「你的畫呢？」

「爸，在這張紙裡，你可以看到一匹馬，牠正在吃草。」

「草在哪兒？」

「給馬吃光了。」

「那馬呢？」

「草吃光後，牠就走了。」

畫家笑了，從此不再讓兒子畫畫。魯迅有句話：不在沉默中爆發，就在沉默中死亡。試想，這位兒子如果把對父親的不滿強忍在心裡，久而久之，會積累成怨恨，父子關係一定不合；而如果兒子採取過於激烈的反抗，也會導致父子不合。所以，晚輩對長輩適度的幽默有助於雙方的溝通和互相理解。

對於小孩，他們的生活中只有兩件事是迫切重要的，那就是「吃」和「玩」，這就是他們活著的意義和任務。但大人好像往往不太清楚這一點，老是要在這兩件事上橫加阻礙，和他們過不去，而孩子的意志力是驚人的，不達目的絕不會善罷甘休，因此在百貨公司、速食店裡，或者大街小巷，便經常可以看到大小人之間，為玩具和零食所爆發的爭戰。這樣的爭戰有著遺傳的宿命，總是一代一代接替演下去：

小明的奶奶信佛虔誠，每天都要跪著唸佛一小時。

一天下午奶奶正在念佛，正好賣霜淇淋的來了，小明拉著正在唸佛的奶奶說：

「阿嬤，我要吃冰。」

奶奶頭也不抬地說：「等一下。」

過了一分鐘，小明又說：「阿嬤，我要吃冰。」

奶奶說：「再等一下。」

小明委屈地說：「你等一下再唸，佛祖又不會跑掉，可是賣冰的就快要跑掉了。」

奶奶生氣了：「你一直叫我奶奶很煩耶！」

小明說：「可是我才叫你兩次啊，你就嫌煩，你叫阿彌陀佛幾萬次，他都沒說煩？」

公園的椅子上坐著一位老婦人，一個小孩子走過來。

「婆婆，您的牙好嗎？」

「已經不好了，都掉了。」

於是小孩子拿出一包核桃，說：「請您替我拿一拿，我去打球。」

孩子的單純可愛，沒有世俗污染的童稚兒語，常會為父母和長輩增添許多歡笑，其實，只要多一點童心，不管你多大，你也會讓笑聲滿盈四周。不管你在何地，你會給父母和長輩帶來快樂。

當晚輩不理解長輩的意思，不同意長輩的看法時，要善於運用幽默的方式表達不同的意見。但不管怎樣，要處理好和長輩的關係，就首先要有一顆尊敬長輩的心。

作為父母的孩子，你長大了，就會離開父母和長輩，去外地求學、就業。對於父母來說，那些在外地求學、就業的孩子，就像長了翅膀的小鳥，常常忽略對父母的感受以及對他們的牽掛。而作為孩子，你也要體會做父母的不易，學會感恩。

在外的你好不容易回家一趟，也許回家只是為了要投票、喝某個親戚的喜酒，所以即使好長時間沒回家了，心裡卻仍有些不甘願。回家這一趟「犧牲」了許多精彩的節目：這禮拜的學校晚會無法參加了，和別校的聯誼不能去了，還有同學朋友的聚餐……然而父母盼的就是這一刻。

所以，你只需花點心思，就能讓父母感受到你的貼心。在回家之前先打個電話，說要回家吃飯，讓母親做和以前一樣的菜，尤其是以前母親曾經強逼你吃，說是為了你好的那些菜。

你的理由則是：「以前不喜歡，可是現在說不定會喜歡。」

「就是要吃這些熟悉的菜，才覺得真正回到家了嘛！」

母親在笑罵之餘，心裡一定覺得溫馨。別讓老母親煮了好多你愛吃的菜等你，而你在外酒醉飯飽之餘只有一句：「煮這麼多真浪費！」「又是這些菜！」等無情的話。

也許你不是孩子了，也許你已經長大成人了，但有時也需要用幽默與父母或長輩溝通。面對自己的父母長輩，多一些幽默，少一分冷漠，多一些牽掛，少一些抱怨，這才是真正的成熟。

● 用幽默營造幸福的天堂

在生活中，除了夫妻外，長輩和孩子也是一個家庭不可或缺的因素。要想營造一個幸福的家庭港灣，不僅需要夫妻和睦相處，與長輩和孩子間，也要創造一個和諧快樂的氛圍。因此，對配偶和孩子應運用幽默力量。

幽默中有自嘲、有寬慰、有機智、有純真，根據不同情況，花樣翻新，方式雖不同，效果卻同樣神奇。

譬如遇到家人生悶氣時，不妨說句「天氣預報可是晴天啊，怎麼多雲轉陰啦！」

說些有趣的事情來逗家人輕鬆大笑，就像你對朋友或同事說笑話一樣。

「泡泡糖最大的好處，就是當你嘴裡嚼著它的時候，孩子沒法兒問你問題。」

「我的車庫舊貨拍賣差不多快結束，但是叫人洩氣得很。有好多東西沒賣出去。因此我又貼個字條，寫著：『歡迎順手牽

羊。』」

在婚姻和家庭生活中笑你自己，讓每一個人都知道你有人性——還有幽默。

「他們每次都叫我拍全家福照片，這一來，照片上從來就沒有我。」

「每次吵架總是我贏。因為第一次我若輸了，我就要求重來。」

「我太太有絕妙的方法贏得爭執。昨天晚上我告訴她要去朋友家打牌。她說：『何不在我的身體上打？』」

「我提醒我先生，當年他剛娶我時，答應給我月亮的。他說：『你知道為什麼？因為那兒連一家百貨公司也沒有。』」

「愛使得這世界旋轉，但是笑使得我們不致轉得頭昏。」幽默力量的分享能造成愛與被愛的平衡。

有的年輕夫婦懂得如何分享樂趣，我相信年長的一輩也能夠從他們身上學到一些東西。

有一個年輕人告訴我：「我父親總是在廚房裡幫我母親。其實我知道他是在幫自己填他的無底洞。」

我們再來看看一些老人的幽默。

有一位老先生在他90歲那年說，他希望自己和他同年齡的太太，能多共用幾年的生活。

「我希望能活到120歲。」他解釋道，「而我希望我太太活到119歲。」

「為什麼有這等差別？」

「因為啊，」他說，「我希望過一年清靜的生活。」

我們每個人都有機會來運用自己的幽默力量，並且把它用在與最親近的人的關係中。

馬丁和貝蒂安戀愛的時候，同大多數年輕人一樣，十分狂熱。

有一次，貝蒂安離開馬丁，到賓州老家去探親。她這一去就好像不復返了，一再寫信對馬丁說要拖延歸期。馬丁已經沒有等待的耐心了，於是，他決定採取一個行動。

正好馬丁在當地報社中有幾位朋友，他請他們幫他刊登了一則「尋人啟事」。

啟事寫著：「尋找貝蒂安小姐。年方十八，金髮。身高168公分。眼睛圓，目光天真，眼睛和眉毛間的距離稍大。身材苗條、輕盈，極易被歹徒注意。如有發現者，請及時與本人聯繫。如貝蒂安小姐自己看到這則啟事，請務必於一週之內返回，逾期不予會面，做斷絕關係處理。」

結果，第三天貝蒂安就風塵僕僕地回來了。她一見面就說：「我料到你這啟事是假的，不過我還是回來了。」

這件事使馬丁發現了自己身上的幽默力量。此後，在對許多事情的處理中，馬丁總要根據自己的經驗而採用幽默的方式。

比如有一次馬丁去發表一個演說。他把貝蒂安也帶去了。在會場門口，馬丁遇見了一位朋友。朋友說：「我看見你帶太太來了。」

馬丁回答說：「是的，我把太太帶來了。我寧可把她帶來，也不願和她吻別。」

此外，馬丁還經常把他自己的經驗加以分析，找出自己的特點，並在恰當的時機裡去加以運用。

記得有一次馬丁帶孩子們去看電影。孩子們剛剛互相吵過嘴，因而在去電影院的路上很沉默，顯得彆彆扭扭。

馬丁想改變一下氣氛，使他們愉快起來，他說：「大家注意了，現在你們都閉上眼睛，不要睜開，到電影院裡面再睜開。你們在裡面給爸爸找位子，爸爸在外面給你們帶路。」

孩子們一個個閉上眼睛，手牽手，嘻嘻哈哈地跟在馬丁後面。

他們立刻把爭吵的不愉快忘掉了，入場後爭著找座位，而馬丁一入場確實什麼也看不見。

多年以後，馬丁又採用了這個經驗以消除他和一個朋友之間的不愉快。

在生活中，要讓自己更具幽默感，因為一個具有幽默感的人，身上會有不凡的幽默力量，只要你在家庭善於運用這些力量，你就能把家營造成一個幸福的港灣。

Chapter

揮灑職場魅力的
終生利器

如果能在平靜如水的工作中發揮幽默，贏得同事們的莞爾一笑，想必在輕鬆身心的同時，更能融洽原本平淡的同事關係。

一、親親職場幽默

過度的工作壓力會引起焦慮、沮喪、易怒等不良情緒，造成各種生理上的疾病，如心血管疾病、頭痛，或造成工作事故等。

對於工作壓力，我們一方面要儘量避免，另一方面要學會自我調節。做做精神上的深呼吸，壓力就有可能轉化為動力，提高工作效率，保證身心健康。

學會幽默地紓解工作壓力，學會幽默地自我安慰，經過適當的減壓與自我安慰，可以忘記工作中的煩惱，使身心得到放鬆，重新以飽滿的熱情和積極的心態去工作。

● 工作中幽默感的價值

據統計，那些在工作中取得成就的人，並非都是最勤奮的人，而是善於理解他人、有幽默感的人。

幽默感在各種各樣的工作中發揮著不可估量的作用。幽默不僅

能夠用自身的機智、自嘲、調侃和風趣給人們帶來歡樂，而且有助於消除敵意，緩解摩擦，防止矛盾升級。幽默還能激勵士氣，提高生產效率。

美國科羅拉多州的一家公司透過調查證實，參加過幽默訓練的中層主管，在九個月內生產量提高了15%，而病假次數則減少了一半。經過實驗證明，有以下幾個原因：1.幽默感測試成績較高的人，往往智商測驗成績也較高，而缺少幽默感的人其測試成績平平，有的甚至明顯缺乏應變能力。2.具有幽默感的人在日常生活中人緣都比較好，因為他們可在短期內縮短人際交往的距離，贏得對方的好感和信賴。3.有幽默感的人總是能在工作中保持良好的心態。據統計，那些在工作中取得成就的人，並非都是最勤奮的人，而是善於理解他人、有幽默感的人。4.具有幽默感的人更樂觀、更豁達，所以，他們能利用幽默消除工作上帶來的緊張和焦慮。而缺乏幽默感的人，只能默默承受痛苦，甚至難以解脫，這無疑增加了自己的心理負擔。職場中的許多人，都運用幽默來改變他們的形象。60％的人相信：「幽默感能決定一個人事業成功的程度。」

《芝加哥論壇報》工商專欄的作家那羅伯，訪問了參與調查的幾位主管人員，而後整理出幾位高級經理人員的意見：

克雷夫特公司總裁畢爾斯認為：幽默感對於主管人員是十分重要的。「它是代表一個主管是否具有活潑、彈性的心態的重要指標。」畢爾斯說：「這樣的人通常不會把自己看得太重要，而且比較能做出好的決策。」

還有一家公司的總裁，從創造和諧快樂的同事關係中使用幽默。

「這是一個基本原則，」他說，「就是你如能做些自己引以為樂的事情，那麼你會是一個較好的老闆或較好的屬下。」

幽默家歐爾本創辦了幽默服務。他發現近十年來，光顧他的客

戶有了很大的變化，工商業者越來越多，不再像從前，以娛樂界、政治家、教育家等為主要雇主。

至於對一個受雇於人的職員，幽默對他潛能的發揮有什麼作用呢？赫斯特先生在佛羅里達一家經營數家餐廳的大公司裡擔任高級主管，他將幽默列為職員必備的條件之一。

他說：「尤其是居於最前線接待客人的職員，幽默更是特別重要。」

他建議在人事的挑選和面談時，要「選那些能自我解嘲的人」。

越來越多的高階層的領導人，希望他們在同事和大家眼中的形象更人性化一些。這些領導人鼓舞大家與他一同笑，於是他們選擇了用幽默包裝自己。

美國石油大王洛克斐勒才思敏捷，很多朋友遇到難題都來向他請教。

一天，一個朋友對洛克斐勒說，他有一筆5000美元的債款討不回來，而且因為他和借款者交情不錯，當時沒有簽署正式的借據，現在想控告他欠款也沒有證據了。他問洛克斐勒有何良策討回這筆借款。

「很簡單，你寫一封信，催他還10000元的借款。」

「可是，他實際上只欠我5000元呀！」那位朋友說。

「當他回信辯解時，你就有證據了。」洛克斐勒安靜地回答。

還有一個笑話。

法官怒斥被告：「我擔任這個地方法院的法官以來，已經在法庭上見過你七次，難道你不覺得羞恥嗎？」

被告：「你不能升官，可不是我的錯。」

你盡可以對這種做法毫不理會並且大加嘲笑。不過，幽默卻是創新環境的一個重要組成部分。根據Robert Haft International公司的

一項調查發現，只有15%的員工是因為能力不足被解僱，剩下的那85%都是因為無法跟同事相處融洽。當問到高效員工應該具備哪些素質時，高級行政主管和人力資源部的員工都認為幽默感是入選員工的一個共同特點。

Accountemps公司透過一項調研發現，96%的高管認為有幽默感的人比缺乏或根本沒幽默感的人的工作成效更高。

為什麼幽默感成了工作中一項公認的「資產」？因為幽默感有利於促進溝通，建立良好的人際關係，降低壓力，提供新的觀點，讓別人更加用心傾聽，還具有激勵作用。

西南航空公司在鼓勵員工在工作中多表現出幽默感方面，為我們樹立了一個範例。西南航空的企業文化包含了風趣、愛心和尊重。該公司會聘用有幽默感的人，而且鼓勵員工在工作中表現出幽默感——相應的結果是，乘客們度過了美好的時光。飛行旅途通常是很沉悶的，但西南航空卻讓他們得到了輕鬆愉快的休息。

「令人大笑的想法可能會引出另外一些能讓人牢牢記住的有趣構思，」創造力培訓師和演說家桑姆龐瑟說，「作為創造力引導者，我觀察到，當我和一群人在一起，鼓勵他們提出最天馬行空、最好玩的想法時，他們就會很放鬆，然後想法開始源源不斷地出來。沒有坐立不安，大家都開著玩笑，開心地大笑，這給了整個會議一種有益的刺激，使得大家能夠提出更多的想法。而且更有意義的是，不僅是想法的數量增多了，品質也同樣提高了。」

● 不同職業有不同的幽默

從事不同的職業就會接觸不同的職業對象。

職業的性質和對象，決定了幽默的特色和分量。

有個化學老師善於溫和的諷刺，批評考試時有人偷看別人的答案卷說：「有位女老師發現一學生偷看鄰座同學的答案，喝道：

『薩利，你這是第五次偷看了。』薩利說：『不是我想一看再看，實在是他的化學反應式寫得太潦草，一次看不清。』」這個笑話諷刺了作弊的同學，使大家印象極深。

有位消化內科專家在為學生講胃病時，為了加深學生的印象說：「世界上所有物質，可分為兩大類。」學生好奇地豎起耳朵聽他的高見了，他嚴肅地說：「一類是胃，一類是非胃。」

至於教師在評講作文時的幽默就更多了。有的學生把同學的名字寫錯了，把「宋梅珠」寫成「宋梅球」，有的把「遺憾」寫成「移汗」……這些荒唐的笑話令人捧腹大笑。

商業幽默也很重要，它能密切服務員與顧客的關係。有一位很活潑的售貨員在介紹電動刮鬍刀時說：「三個月內馬達不動了來找我——沒電池可不行」後面這半句使用了有意錯置的荒唐法。他又誇這電動刮鬍刀是「男女老少必備用品——不，女士及嬰兒暫時不用。」後半句也是用了荒唐法。他要教人使用時說：「鬍子弱的人每天一次，每次一片；鬍子強的人每天兩次，每次兩片，白開水送服」——他這種教人吃藥片的做法利用了順混法。

據說巴黎十八區的一個市場有個幽默的年輕人，專賣鮮肉類，攤子不大，顧客擁擠，原因是他善幽默。比如他看到中老年顧客，假裝沒看見的樣子：「您好，年輕人，吃點什麼？來小牛肉吧，又嫩又香，吃了小牛肉年輕人特別健壯。」老年人被稱為「年輕人」當然開心，何況還有他那巧妙的商品介紹，當然生意好。服務員儘量不要說顧客「老」是成功的祕訣之一。

醫生也可來點幽默，特別是對那些疑神疑鬼，總以為自己的病難治的病人。有個病人檢查出肺結核，很害怕，醫生對他說：「當今的肺結核是福氣病。一保證能治好，二能吃得好，三能休息。有了這三條，可以得出第四條——能長壽。」病人笑著走了。有位貪吃的太太，每天各種食品不離口，當然導致消化不良。她拖著肥胖

的身體去求醫，醫生問明來由點了點頭，她問：「開點什麼藥最好？」』醫生除了開點助消化的藥外，對她說：「我把賽萬提斯的一帖名藥也送給您吧。」

胖太太很高興：「太好了，是什麼開胃藥？」醫生說：「饑餓是最好的開胃藥。」胖太太會意地笑了。

職業的幽默無模式，只能根據不同職業、不同對象、不同境遇，隨機而發，但必須以「愛」為出發點。

幽默是工作中快樂的泉源

提起辦公室生活，也許你很快就會想起用死氣沉沉或索然無味這樣的詞語來形容。其實辦公室內也是一個可以笑聲洋溢的場所，如果你有足夠的幽默感，那麼你的身邊就會不乏笑聲。事實上，很多人都在利用幽默的神奇力量。

幽默的藝術主要在於它能製造不變中的變，使人把枯燥的工作看得有趣、輕鬆，從而不再感到沉悶。充滿歡笑的工作不是折磨，而是一種愉快的運動。

富於幽默感的人一定充滿活力，他會有多方面的興趣愛好、廣泛的交往、充沛的精力和開闊的胸懷。不論你從事的是什麼行業，不論你是個生手或熟手，老闆或屬下，董事長或小經理，幽默都能使你的工作增色不少。

幽默能幫助你在工作上與人建立和諧的關係。當你希望成為一個能克服障礙、充滿樂觀的態度、贏得他人的喜歡和信任的人，它就能幫助你做到。

幽默在工作中不但可以表現你的聰明，還可以鼓勵他人，使緊張的局面得到緩和，為你的工作助興。對事業來說，幽默還有一個功用，就是消除工作中的緊張和沮喪。

為了消除工作中的疲勞、緊張和沮喪，我們需要休息、鬆弛，

更需要笑。

適合職場的幽默方式很多，比起其他場合來說，它的禁忌是較少的。一般無殺傷的透明、暖色幽默當然絕對少不了。像是走在路上遇到一台提款機，上面就寫著：「我喜歡被人『利用』！」經過一家賣地磚的商店，外面又貼著：「歡迎隨時『踐踏』我們。」既有趣又令人印象深刻。

其他幽默也自有發揮的空間，例如你不需要為了怕傷害家人而少用麻辣幽默，無須特地為了維持朋友情感而小用黑色幽默。因為要在職場上學習與各色各樣的人相處，有時候為了防衛必須採取「自我保護」的措施。面對言語冒犯的人，有時需要技巧地「擋」回去。

例如有人說：「少做點白日夢，你就可以當主管。」

你回答：「可是當我做夢時，就已經覺得自己是主管。」

有技巧的回話，見人說人話，見鬼說鬼話，那麼黃色笑話能不能用？笑話當然能用。

關於辦公事的黃色幽默，一個女人在辦公室中或許屈居劣勢，但一群女人可就不見得輸給男人。

例如一群女人在討論男模大賽中哪個猛男比較帥時，辦公室那些肌肉鬆弛、胸前無毛、肚皮有油的傢伙完全沒有插嘴的餘地，應該要躲在牆角羞愧才對，如果他們膽敢對這個話題置喙一句：「你們女人就喜歡那種長毛猩猩！」馬上就會被女人們的口水淹死：「啊，你們男人是嫉妒啦！我們就是喜歡大的，不行嗎？」這正好反制男人喜歡吹噓鋼管秀、檳榔西施、PUB妹妹的惡習，讓男女話題生態均衡一下。女人說淡黃色的笑話，似乎更代表對規範不屑一顧，擁有自主的權力，不被男人的騷擾控制。你看那種說話大剌剌的女人，是不是有「大姐」般的瀟灑氣質，而身邊的男同事又有誰敢亂開她的玩笑？

除了男女之間免不了的舌戰，員工對老闆永遠是諜對諜的遊戲。

有一個員工下班時收拾桌子，把記事本遺漏在桌上，他的同事提醒他：「你忘了帶走你的本子。」他回答：「沒關係，主管會替我收的。」

果然，等他們離開後，主管偷偷去翻他的本子，像是要查出什麼祕密似的，但看完後大為感動：「沒想到，他居然把我寫得那麼好，把我當父親看待……」

看來上班也有好處，如果你不在職場，根本看不到如此荒謬的景象。

幽默是提升情緒生產力的重要武器，也是EQ高手非有不可的情緒裝備。只要用心撰寫每天的幽默腳本，就能真正樂在工作。如果公司最大的客戶告訴你，他們下年度起不和你續約了，因為他們已決定要換人，聘用另一家公司來服務。面對最大客戶的移情別戀，你會怎麼把這壞消息稟告上司？安倪與她的美國老闆相處的過程中，總是不失時機地幽他一默，總能「化險為夷」，永遠是快樂的結局。有一天安倪的老闆不小心把可樂打翻在他辦公室的地毯上，他異常惱火，激動地告訴安倪蟑螂部隊一定會因此大規模地襲擊他的辦公室。安倪想了想，微笑著說：「絕對不會發生這種事，因為中國蟑螂只愛吃中餐。」老闆的臉色放晴了，高興地朗聲大笑。

當然，很多時候，我們的幽默言辭都是在瞭解了歐美國家的文化背景和職場習慣後的即興之作。一個星期五下午，不知出於什麼原因，簡穿著牛仔褲就出門了。經過口語聽力測試、電腦水準測試後，那美國人的表情告訴她他非常滿意。但他突然冷不丁地問簡：「請問妳為什麼穿牛仔褲來參加面試呢？」簡急中生智，快速答道：「今天不是週五嗎？週五不是便裝日（Casual Day）嗎？」簡記得原來在另一家美國公司工作時，週五總是有一幅漫畫貼出來，漫

畫上的公司職員都穿睡衣、著拖鞋、睡眼惺忪的模樣，旁邊標注著大寫的「Friday」（星期五）。果然不出所料，老美哈哈大笑，簡自然順利地得到了這份工作。

適度的幽默就像是一根閃著金光的魔杖，輕輕地揮舞著它，就會讓我們單調的辦公室生活開出五顏六色的花朵來。

一個在公關公司工作的朋友，描述她當時處理事情的情形。她在主管的辦公桌前坐下，開始說話：「我今天早上開車載客戶去看場地，結果一不小心出了車禍，我沒大礙，但客戶的大腿被夾傷血流不止，醫生說有需要切除的可能。她很生氣，大聲嚷嚷說要告我們公司，並中止跟我們的合作，還打電話去電視台要發布新聞。喔，對了，我忘了說我開的那部公司車右邊幾乎全毀，恐怕要花好幾萬修車。」看著上司的眉頭愈皺愈緊，她稍停了一會兒，然後接著說，「其實我早上並沒開車，客戶也沒受傷，不過他們的確決定不跟我們續約了。」主管如釋重負，一陣噗嗤之後，兩人就能對失去這個客戶一事輕鬆以對了。這真是幽默感的精彩演出，它讓我們對事情產生新的洞察及觀點，而能重新來看待自己遇到的挫折。因此幽默是提升職場上情緒生產力的重要武器，當然是EQ高手非有不可的情緒裝備。

現在，你必須明白一點，不論你從事什麼行業，也不論你是董事長、經理或是普通職員，幽默都能助你一臂之力，擁有了幽默，你也就擁有了一部所向無敵的事業「推進器」。

在職場中要懂得幽默，就要知道「樂在工作」的祕訣。它代表兩種意義：

第一，懂得苦中作樂。即使三年沒加薪、兩年沒出國玩、一年沒休年假、同事比你早升官、廁所馬桶壞了沒人修理……也能找到解嘲的方法。

第二，懂得尋找快樂。快樂不找你，你去找快樂，沒事上網找

笑話再轉寄出去，下班就把公司的事情忘個精光，做你想做的事。

第三，能夠維持快樂。實際上上班的苦比樂多，就像人生。但人還不想死，是因為他還懷念上次的快樂，並期待下一次的快樂；即使下次不知道什麼時候會來，如果你是個能夠放鬆、願意保持幽默心的人，就不會讓自己等得太久。

一家商店招收店員，聲明只要已婚男人。求職者中的單身漢深感不平，紛紛問經理道理何在。經理心平氣和地解釋：「結過婚的男人，就比較習慣別人對他亂喊亂叫。」

有一位游泳教練個性開朗，嗓門很大。有一天他正在逛百貨公司，在擁擠的人群中，突然有位女士跟他打招呼，教練愣了片刻，隨即大聲說：「呀，原來是你！你穿上衣服，我都認不出來了！」

一位年輕人被雇了幾星期後，有一天被叫到人事科長的辦公室。科長問他：「你在應徵工作時告訴我們，你已有五年的工作經驗，可現在我們發現這是你第一次找到工作。」

「是這麼回事，」那年輕人說，「在你們登的廣告裡不是說要找一個具有想像力的人嗎？」

你可以注意聽別人幽默地談他的工作，你自己在工作中也該聽聽同事的幽默談話，但是也不要忽略了其他行業裡的幽默。各行各業都有屬於它圈內的笑話，但對圈外的人仍然具有吸引力。當你遇到一個和你不同行業的人，應留心聽他人所講的趣事。向人偷些故事來，藉著故事的「竊取」，我們可以將幽默應用到適合於自己的生活方式裡去。

⬤ 幽默可以緩解工作中的壓力

幽默最重要的另一種作用是幫助我們消除因工作而來的緊張，驅逐挫折感，並解決問題。

說個公共汽車修理工的故事。這個修理工處理了高速公路上

的一樁車禍之後，填寫報告，在「乘客的反應」一欄，寫：「瘋掉了」。

或者，以辦公室裡常遇到的問題說個笑話：

有一個人事經理填寫一份問卷，其中一道問題問：「你辦公室裡有多少人有婚姻困擾？」他的回答是：「酗酒是我們的更大問題。」

當別人想努力做好分內的工作時，你和他一起笑，就能融洽你和他之間的關係。例如：你對送信來的郵差先生說：「我看今年春天是來晚了一些。你們的郵政服務一定會把它寄來。」

郵差先生對你說：「別擔心，我們連你的年齡都會幫你郵寄到家。」

你對醫生說：「我知道你是個非常成功的醫生──病人沒什麼毛病的，你也有辦法告訴他有什麼毛病。」

醫生對你說：「我的成功是因為我是個專科醫生。意思是說我能訓練病人在我的診所裡生病。」

你對修車工人說：「我在報上看到一則廣告，說：『徵求修車工人。相貌誠實。』」

修車工人對你說：「我會很誠實。說真的，我很喜歡你車裡的絨布椅套。它比皮革或乙烯都來得好──可以讓我擦掉手上的油污。」

你對同事說：「唔！我看得出你知道辦好事情的祕訣。而且你也知道如何守祕不宣。」

你的同事對你說：「謝謝你把你的一點想法告訴我，我很感激──尤其是當你的業績如此低落之時。」

有時候我們在工作上、與同事的關係上，都需要更肯定一些地表達自己。受到阻擾、受到不平的待遇、有所不滿時，不妨哇哇叫幾聲，當然也是運用幽默的力量。

　　有一位電影明星向著名導演希區考克嘮叨攝影機的角度問題。她一次又一次地告訴他，務必從她「最好的角度」來拍攝她。「抱歉，做不到，」希區考克說，「我們沒法拍你最好的角度，因為你正把它壓在椅子上。」

　　或者：「昨天半夜三點鐘我打電話給我的醫生，告訴他我實在不願打擾他，但是我患了嚴重的失眠症。」

　　「你想怎麼樣？」他問，「要傳染給人嗎？」

　　無論是人事變動時被遷至分公司或轉任較低職位的工作，都無須氣餒頹喪，因為世事變化無常，就算被分發至分公司也是培養實力的大好機會。

　　後面的笑話，對於被降職的人來說，必定是個苦澀的笑話。但我們選擇這個笑話的目的是要各位實際體會幽默的滋味。

　　因為「人世中也會有這種事情的」。如果用餘裕的心思看別人的境遇和自己的遭遇的話，所謂的降職也只不過是人生際遇之一而已。事過境遷，而當你做個深呼吸之後，必能冷靜地下定決心：「好吧！我就努力給你們看吧！」具有幽默感的人必定能夠這麼做，相對地，能以此種心境泰然處之的人，早已具備幽默的性格了。

　　某公司的職員被外調至分公司服務。決定人事變動的經理以安慰的口吻對他說：「喂！你也用不著太氣餒，不久以後，我們還是會把你調回總公司來的！」

　　那位被調的職員，以第三者旁觀的口氣，毫不在乎地說道：

　　「哪裡，我才不會氣餒呢！我只不過覺得像個董事長退休而已，哈！哈……」

　　他才是個能做精神上深呼吸的人。

　　如果說不與人爭吵而歡度一生是具有幽默感的人的話，那麼和公司內同仁對立則是有害於幽默感而無益於身心的傻事。

所以最重要的是：

1. 永遠保持微笑（再怎麼困難也要學習維持笑容的本領）。

2. 表示自己的關心（用言語或表情都可以）。

3. 瞭解對方最感興趣的事（這才是交朋友的最大重點所在）。

4. 真誠地為對方特別服務（捨棄驕傲的態度，但也無需過於謙卑）。

5. 褒獎對方（能找出對方值得誇獎的長處，才是我們能讓對方表心感激的本領，但褒獎對方無須用錢來表示）。

6. 在彼此能容忍的範圍內，就某事發表彼此的論點。

7. 為對方設身處地地想一想（他今天大概有約會，所以上班時心神不寧）。

8. 在兩人間引進第三個朋友（在化學上稱之為媒體。例如引進女人加入的話，彼此都不會拒絕）。

9. 上班外也要保持友誼，但要以「君子之交淡如水」的原則為準。

10. 友情是需要培養的（彼此都需以誠相待）。

11. 培養實力（否則總有一天會不及對方而遭捨棄的）。

由於生活的挫折、事業的變幻不定，人們難免有時會產生一種難以控制的沮喪情緒，這種沮喪情緒一旦被帶入以後的生活、事業，又會導致降低效率、增大損失，形成惡性循環。這就需要我們始終保持正常的心理狀態和清醒的頭腦，這樣才能使我們做起事來有條不紊、遊刃有餘。

二、幽默是引領職場成功的魔杖

如果你在辦公室工作，朝九晚五的生活枯燥無味，同處一室的同事沉默鬱悶，你可能忽然有一天會對自己無名地發火，面對緊張的工作壓力你總是愁容滿面。

　　無論日後是想仕途得意平步青雲，還是想就此沒沒無聞地過太平日子，幽默是提升情緒生產力的重要武器，幽默可以讓你保持輕鬆的心情，提高工作效率，甚至能在關鍵的時刻幫你渡過難關。

　　在職場中生存不僅要嚴陣以待，有時更需幽默來點綴。在不影響工作的前提下，可以和同事開個適度的玩笑，幽默一下，活躍一下辦公室的氣氛，會收到意想不到的效果。

● 幽默，讓你的面試順利過關

　　茫茫人海，每個人都有可能不被他人所理解和接受，這就需要自己做點什麼來讓他人理解。在舉薦、推銷自己有突出於他人的某些特長的時候，也要講究方式、方法。這其中也有個靈活、機智的問題，幽默的力量便從中脫穎而出。

　　找到一份稱心如意的工作，是求職者最大的心願，但求職不易，有時我們在苛刻挑剔的雇主面前一籌莫展。這時，何不試試幽默的魅力。

　　幽默的力量是屬於你自己的，是你和你在人生中所扮演的角色所擁有的。這種力量能使人解脫，它使我們自由自在地表現我們自己，表達我們的想法，並表露我們的感受，而得以自由地去冒險，表現不平凡的作為，創造有意義的人生。

　　在這商業化的社會上，與其說自誇可恥，毋寧說它是一種宣傳、廣告，是所有商業行為的基礎。

　　不過話雖如此，但過分或低俗地自我炫耀，還是會招致別人反感的。因此一句要兼具自我宣傳和自我炫耀的話必須有適度的幽默感，才能避免引起反感，並讓人愉快地接受。

● 幽默感是晉升的推動力

　　在你爬上頂峰的途中，會遭遇許多阻礙，也有許多機會。其中

一個障礙（或機會）也許是在心理上對新工作的適應困難。成功的一個代價，是要我們把自己的許多才能和專長撇在一邊，以專心於交往，激勵他人。

如果你自認是世界上最好的老師、祕書、會計或工人，那麼當你剛當上校長、督導、經理或工頭的時候，也許不會快樂。畢竟，發揮個人才能要比處理不斷的人事問題要來得舒服多了。

有一個成功的例子：在一家大公司擔任公共關係協調人的桃麗，她得幽默力量之助，而得以瞭解自己實在是個成功者。她的工作是負責改善大家對公司的印象。其他的經理都讚佩她的能力，說她有辦法克服時間的壓力、緊迫的期限，以及瞬息萬變的大眾態度。

在一年半之中，桃麗連續雇用、訓練、並失去了三位祕書，三位都離職另謀他就。「我是怎麼回事？」她開始懷疑自己，「為什麼我連一個祕書都保不住？」

有一位同事幫助她看清自己：「這幾位祕書都是在公共關係方面找到更好的工作，」這位同事指出，「你應該感到驕傲，因為你幫她們往上爬。」

「我的困擾就是走錯行了，」桃麗打趣自己，「我應該去當老師，但是我又教得太好了，下次我不要把祕書訓練得這麼好。」

桃麗以取笑自己來得到更有信心的自我形象。當她面臨又一個祕書在訓練有素之後離職時，她也一樣能這樣笑。如果你也能運用幽默的力量去幫助他人更上一層樓，那麼你自己也能向前邁進。如果你還需要其他的動機，那麼就鼓勵自己將幽默力量應用在工作上。

如果你已經利用幽默來幫助你向成功邁進，你也就能對挫折一笑了之，就能坦然開自己的玩笑，並且關心別人，就能以輕鬆的心態面對自己。

喜歡拍馬屁的人，對上司而言，不但沒有害處，相反地，有時更如同空氣或水對人是必不可少的東西一樣。因為這種人拍馬屁時可使上司心情舒暢，但在上司的眼中，他們是絕對無法獲得較高的評價的。

有骨氣的人雖不似奉承諂媚的人受上司指使，或許甚至不被上司喜歡，但他們的傲氣是任何上司都無法予以輕視的。例如：

加班實在多得令人厭煩時，如果你對上司說明：「實際上，如果我再加班下去的話，我太太可真的要往外發展了！」

你不從正面拒絕他：「我不願意加班！」而是婉轉地避開主題，這種高明的手段，可以抓住上司的心理，使他自然而然地產生一種同情心，便於你達到目的。

這種方法任何人都可能辦得到。

最近常叫下屬加班的經理問員工：「很抱歉，昨晚讓你那麼晚下班！你太太沒有抱怨什麼嗎？」

那位下屬答道：「也沒什麼，不過今天早上我出門時，我太太卻對我這樣說⋯⋯」

「說什麼呢？」

「親愛的，你今晚還是要加班嗎？」

「那你怎麼回答她呢？」

「我說，是的。」

「她怎麼說呢？」

「我太太說：『那你一定要真的加班哦！不可以太早回來哦！』」

上司器重你，也是期望你能夠為他效力。如果上司常找你麻煩，原因可能出在你身上，這時你就得慢慢地改正自身的缺點，但絕不可以完全改變常有的作風，因為這樣一來，將更使上司理所當然地把找麻煩的心理趨向於合理化。

如果不想談些諷刺話時，偶爾利用類似書上開心小品的笑話也可以，但是，那種指桑罵槐的諷刺話仍要特別慎重，幽默的運用應儘量避免怪異獨行為妙。

認知自己的缺點和未成熟是幽默的條件之一，接下來的步驟是讓對方默許自己的缺點和不成熟性。

如果你有原諒自我的寬容性的話，就不會斤斤計較上司的想法如何了。你可以找機會面帶微笑地對上司說：「經理，偶爾也讓我好好地請一次嘛！」

即使沒有相當成功地招待他吃一頓的話，仍然可作為緩衝彼此對立的媒介。說不定他會認為你有意對他屈服而改變對你的強硬態度呢！

遺憾的是，能和老闆談俏皮話的機會太少，突然在老闆面前過分地開黃腔或說下流話，則有損於他身為老闆的威嚴。

「只有兩人單獨相處時」，這是最重要的先決條件。因為兩人單獨相處即會自然地產生親近感。而且一旦說到俏皮的話，就能深入到彼此間的心靈深處。和其他高級主管間的距離感，也會因俏皮話的「同伴感」拉近彼此之間的差距。

記住，不可過分流於下等，至少一開始不該如此。這就像和寵物玩耍一樣，不可操之過急，要慢慢地馴服牠們才行。

某職員向老闆說道：「請你把女兒嫁給我吧！」

老闆：「哦！就憑你的薪水，跟我的女兒只能生活一個禮拜而已！」

如果是一般人的話，或許會向老闆提出：「那麼你就加我的薪水不就得了嗎？」

但這位職員回答：「不，老闆，只要有愛情存在的話，過一年就像過一天一樣快呢！」

讚美也是人際關係的潤滑劑，它能促進人際關係的和諧，這是

許多高級主管或職員都深信不疑的。特別是派系分明的大企業中，需要劃分彼此之間的界線，無論是為了公司業務的競爭發展，或個人間的主從身分，都必須如此。

巧妙的第一步在於技術性地貶謫或指責對方的不是。利用貶謫，再與下一階段做鮮明對比，即可倍增其效果。

「與其折斷，不如弄彎。」這就是幽默之心。

在目前這種競爭激烈的商場中，更需具有高明的自我推銷技術。我們若能以幽默的話語來配合自我的宣傳，則會發揮事半功倍的效果。

以下，讓我們來研究一下如何在商場中利用適度的幽默術來做自我的宣傳。

例如，一位對自己的記憶力很有自信的人或許就可以應用下列的例子。

一位平時常自以為記憶力不錯的職員，有次，公司的老闆就對他說：

「聽說你的記憶力很好，而且也常自誇你甚至記得還在你母親體內的情形，到底那時候的你是怎樣的情形，是不是可以說來聽聽呢？」

「是，遵命！既然老闆您有興趣，我就說一說更以前的，我還在我父親體內時的情形吧！」

另外，還有一則也是有關誇耀記憶力的笑話。

有一天，科長問一位年輕的部屬：

「你經常在辦公時閉著眼睛，你到底是在想什麼呢？該不是在打瞌睡吧？」

「哦！不，科長！實在是因為只要我看過一次的東西，我就會把它全記起來，所以如果一直張開眼睛，頭腦裡就會記滿各種資料而產生疲倦，所以必須經常閉上眼睛休息。」

一位計算能力很強的人，如果直接地向人表示「我是珠算×段」，這未免就不太可愛了。但他要是像下面那樣說話，情況或許就不一樣了。

「有一次，我去參加珠算的聽算比賽，主考官所讀的每一個數字都是十位數，可是由於我計算的速度實在太快了，所以當我算完時，主考官才只讀到一半而已。」

有一次，經理對一位電腦內行的職員說：

「再過不久，我們公司決定要配置電腦設備了，所以請你來設計一些軟體，好嗎？」

「這個問題我非現在回答不行嗎？」

「不，以後再說也沒關係哦！你是覺得太唐突了嗎？」

「事實上，我在自己家中也設計了一套電腦軟體。每次當我遇到重要問題時，我都要和它討論以後才能下決定。」

● 幽默助事業如日中天

從實際效果上看，富於幽默感的人一定充滿活力，他會有多方面的興趣愛好、廣泛的交往、充沛的精力和開闊的胸懷。

以美國為例，則可發現，正是這種對未來充滿希望的活力推動著美國興旺發達。在這個國家草創之初，最初的移民就是靠著幽默力量的支持和鼓勵，克服對蠻荒的恐懼，熬過創業的艱難，戰勝新大陸的種種挑戰。有此等力量，開創事業，就不在乎「難」字。

富蘭克林是一位很有幽默感的人，他因此而獲得了多方面的成功，成為作家、出版商、科學家、發明家、將軍、政治家、外交家和哲學家。時至今日，他的一些充滿智慧的幽默還使人津津樂道，一些妙語至今仍在流傳，如：「上帝治好病人時，收錢的卻是醫生。」「無所盼望者也有自己的樂趣，那就是沒有失望。」

既然幽默具有使人成功的活力，那麼讓我們來看一看實際操作

243

中，工商界成員是如何獲得成功的。

有一位年輕的女推銷員挨家挨戶推銷大英百科全書，獲得了相當驚人的成績，她是怎麼做的呢？

「很簡單」，她得意地閃爍著雙眼說，「我總是在夫婦倆都在家的時候去拜訪，然後向丈夫說明來意，列舉這本書的實用價值和博大精深的內容。但是我故意壓低聲音，那位坐在旁邊的太太就會一字不漏地注意傾聽。這樣，在丈夫徵求妻子是否同意時，就很容易取得一致意見。」

有一位推銷旅遊用品的新手，向一位老前輩大談苦經：「我做得糟透了，每到一個地方，就受人侮辱。」

「你真不幸，我弄不懂你怎麼會搞成這樣。」前輩深表同情地說，「我已經做了四十多年的推銷員，我的樣品曾經被人扔出窗外，我自己也曾經被人一拳揍在鼻子上，被人踢下樓梯，被人趕出門外，但是我想自己還算幸運，我從來也沒有被人侮辱過。」這位老前輩幽默地看待自身難以避免的遭遇，而以嚴肅的、堅忍不拔的精神對待工作，這就是事業成功的前提。

對事業來說，幽默還有一個功用，就是消除工作中的緊張和沮喪。

為了消除工作中的疲勞、緊張和沮喪，我們需要休息、鬆弛，更需要笑。

有時候，一句短語就能顯示幽默，如小吃店的門上寫著：「不好吃不要錢」，或者「本店徵求顧客，無需經驗」，顧客看了這樣的宣傳，就會心生好奇，吃的時候也會津津有味。

又如，在垃圾上寫著：「保證滿意，否則加倍奉還垃圾。」也會使人忍俊不禁。

羅氏一家從事一種危險行業，即用炸藥拆除舊建築，此工作的心理壓力特別大。在一次大爆炸前，記者問如何清除碎磚殘瓦，羅

家長子一本正經地回答：

「我們已經向三明治包裝袋公司訂購了一個特大塑膠袋，就要用直升飛機運來。我們的這袋垃圾創造世界紀錄，叫清潔工人大傷腦筋。」

記者因其誇張與嚴肅的混合而笑彎了腰，工地上的氣氛也為之緩和。

荒謬的故事也能以其趣味性，使人擺脫受挫後的沮喪。有兩位保險公司的業務員爭相誇耀自己的公司付錢有多快。一位說：「我們的公司十有八九在意外發生的當天，就把支票送到受益人的手中。」

另一位無法爭得上風，又不甘心就此認輸，就說：「那算什麼！我們的公司在一幢40層大廈的第23層。有一天，我們的一個投保人從頂樓摔下來，當他經過第23層時，我們就已經把支票塞到他的手裡。」

可真夠厲害的，吹牛不犯法，雖然它有些不著邊際，但有時卻能幫助人們找到信心。因為此時它是與幽默結合在一起的。

現在，你必須明白一點，不論你從事什麼行業，也不論你是董事長、經理或是普通職員，幽默都能助你一臂之力，擁有了幽默，你也就擁有了一部所向無敵的事業「推進器」。

幽默地面對工作中的困難

工作是我們賴以生存和發展的保障。工作中，我們有成功的歡樂，也有失敗的酸楚；有晉職的喜悅，也有加薪的愉快。但更多的是人際關係的不協調，上下左右的不相容。如果運用幽默，我們的工作肯定會一帆風順，卓有成效。

卡普爾擔任美國電話公共公司的最高行政主管時，有一次主持股東大會，會議中大家情緒非常激昂。會議的緊張氣氛隨著大家對

卡普爾的質問、批評和抱怨而升高。

其中有一個女人不斷質問公司在慈善事業方面的捐贈,她認為應該多些。

「公司在去年一年中,用於慈善方面有多少錢?」她帶著挑戰性地問。卡普爾說出有幾百萬時,她說:

「我想我快要暈倒了。」

卡普爾面不改色地說:「那樣好些。」

最後,隨著會場中大多數股東的笑聲——包括他的挑戰者們,緊張的氣氛終於輕鬆下來。

卡普爾將看來似乎敵意的幽默,轉變為人性的力量,化解緊張的一刻,解除大家焦慮的心情。

面對挑戰者,卡普爾幽默地表達了重要的資訊:「我們的企業是人性化的,我們應該關心他人,關心社會慈善事業。」這樣,就使挑戰者認識到自己的自私和缺乏人情味,也使卡普爾得到了其他挑戰者的理解和支持,從而順利擺脫工作的困境。

不論你從事的是什麼行業,不論你是個生手或熟手,老闆或屬下,幽默的力量都能幫助你與他人的溝通和交往,幫助你解決工作中的問題並順利渡過困難的處境。

工作中,面對自己的成就不能驕傲自誇,這會拉開你和別人的距離,使自己站在了所有人的對面,這時不妨運用幽默,調侃一下自己的光榮和優點。

1950年,當布勞先生被任命為美國鋼鐵公司董事長時,有人問他對這個新職位的感想。他不願表示興奮,也不準備慶祝一番。

「畢竟,」布勞先生說,「這不像匹茲堡海盜隊贏了一場棒球。」

布勞先生的幽默以對,顯示出他為人不驕傲不自誇,能以新的眼光看待自己的榮耀,強化了自我形象,也更能贏得別人的尊敬。

　　我們認為「謙虛是美德」，並不是說凡事都要過於謙讓，不與人爭。在靠著自己的才能取得工作成績時，我們一方面要強調那只是「幸運」或「大家的幫忙」，另一方面也要用委婉的方式表明自己的努力也是取得成功的關鍵。必要時，甚至不妨幽默地吹噓一番。

　　一位外語能力很強，兼通各國語言的人，他可以很幽默地自誇說：「我可以用英語、法語、德語、西班牙語來保持沉默，可是一旦有話要說，則只說英語。」

　　乍聽之下，好像他說的僅僅是很謙遜的話，事實上他幽默的話語中卻充滿著自信的自我宣傳。有時候，對於工作成績非常明顯的人來說，即便是幽默的自我誇耀也是不必要的，因為，他所做的一切都早已經在別人的眼裡和心裡了。這時候，他可以透過批評自己工作中的小失誤的幽默方式來表現自己的謙虛，贏得員工、同事、上級等人的好感。

　　亨利在二十六歲時，擔任了福特汽車公司的總裁，以前公司虧損嚴重，他上台後，大膽變革，扭虧為盈，雖然工作中也有許多小失誤，但最終還是取得了很大成績。

　　有人問他，如果從頭做起的話，會是什麼樣子。他回答說：「我看不會有什麼非同尋常的作為，人都是在錯誤和失敗中學到成功的，因此，我要從頭來過的話，我只能犯一些不同的錯誤。」

　　亨利回避問話者的語言重點，故意避開自己的成績不談，反而拿自己在工作中的失誤做談論的話題，給人以謙虛和平易近人的感覺。

　　最後，還要注意，面對工作成就時，你以幽默的方式表達出來的謙虛應該是一種發自內心的、真誠的表達。

三、用幽默增加職場的人脈

同事是自己工作上的夥伴，與同事相處得如何，直接關係到能否把工作做好。同事之間關係融洽，能使人們心情愉快，有利於工作的順利進行；同事之間關係緊張，經常互相拆台，發生矛盾，就會影響正常的工作，阻礙事業的發展。

幽默的力量能幫助你在工作上與同事建立融洽的關係。與同事分享快樂，你就能成為一個被同事喜歡和信賴的人，他們會願意幫助你實現工作目標。甚至當你和同事的志趣並不相同時，快樂和笑的分享也能令同事感受到心靈的默契。

● 讓自己的談吐幽默

一個人有沒有水準，主要表現在說話上，說話水準高是一個人獲得上司賞識，下屬擁戴和同事喜歡的最便捷、最有效的手段。

在辦公室中，能夠成功交談的人，可以輕易地擴展其人際關係，因為人人都願意和他在一起、聽他說話，所以會在人氣上占據絕對優勢。

成為一個成功的交談者有幾項基本要點：一是要真誠，因「感覺比語言快十倍」，任何人都不願和一個令人感覺虛偽（無論感覺是對是錯）的對象交談；

二是要有幽默感，幽默感可使其他人感受愉悅輕鬆的氣氛，具備幽默感是辦公室溝通的重要技巧之一。

在一個豪華旅館中，三位男服務生先後向老闆吹噓，自己最懂禮貌，保證不會得罪客人，為了測驗誰才是真正做得出色的，老闆出了個題目，想考考三人。他說：「如果你無意中把房門打開，正好看見房內女客人脫了衣服，赤身裸體，而她也看到你，這時候，你怎麼辦？」

甲說：「很簡單，立刻鞠躬，說聲：『小姐，對不起，我真該死，走錯房間了。』接著，馬上關門退出。」

乙說：「我要立刻蒙住眼睛，說聲：『小姐，很抱歉，我什麼都沒看到。』然後，趕快關門離開。」

丙說：「我會這麼說：『先生，我視力不好，請告訴我這是哪裡？謝謝你。』」

一天，長官吩咐祕書說：「有人找我就說我很忙，讓他等一會兒。」

祕書問：「要是來人說有急事怎麼辦？」

長官說：「告訴他，說這種話的人多了。」

過了一會兒，長官的太太來找他了，祕書對她說：「長官很忙，請您等一會兒。」

太太怒道：「我是他太太，讓他馬上來見我。」

祕書笑道：「說這話的人多了。」

大衛找到了一份新工作，這公司每個人都要填份表格。

大衛拿著填好的表格來到經理面前。經理看後說：「你這份表格填得不錯。就是有一點，你在填與太太的關係一欄，應該填『妻子』，而不該填『緊張』。」

「但我與她的關係是緊張呀。」大衛嘟囔著說。

小王看到新來的漂亮小姐滿臉疑惑地站在碎紙機前，於是熱心地上前詢問是否需要幫忙。

小姐道：「啊，是的，這個東西如何用呢？」

小王從小姐手中拿過紙來，放入碎紙機中，開始示範如何操作，但小姐仍然是滿臉疑惑。於是小王又問：「有什麼不懂嗎？」

小姐道：「是啊，到底影印本從哪兒出來呢？」

當你的老闆開他自己玩笑並與你一同笑，而你也同樣在回報他時，你們彼此都有獲得。也許他這樣說：「不要把我當作你的

老闆，只當我是一個永遠是對的朋友。」你可能回答說：「其實我是把你當成拼圖遊戲之一，當你想拼好完整的圖時，就得往碎片裡找。」

在枯燥的工作中，你可以和周圍的人一同笑那些在不知不覺中發生的趣事。

你也可以笑那些與你的工作有關或無關的事情。這樣做既給你的工作增添了活潑的生氣，還能給別人的工作帶來影響。

晚上九點整病人睡得正香，值班護士急忙走到床前，對著病人喊道：「喂，快醒醒，你還沒吃安眠藥呢！」

雨天，一位婦女牽著一條腿上沾滿污泥的狗上公共汽車，坐下後對售票員說：「喂，如果我給這條狗買一張票的話，牠是否也能和其他乘客一樣有個座位？」售票員打量了一下那隻狗說：「當然行，太太。不過牠也必須和其他乘客一樣，不要把腳放在椅子上。」

湯姆和傑克在一起工作。

湯姆說：「都說一個監工能頂兩個人工作。今天我當監工，你工作，我倆能頂三個人。」

傑克說：「我倆都當監工吧，兩個監工能頂四個人呢。」

假設你是個推銷經理，下面的推銷員個個垂頭喪氣，怎樣改善這種局面呢？請聽聽高明的推銷經理是如何說的：「每一個優秀推銷員的敵人，是閒蕩、喝酒和無所事事。各位先生，我要恭喜你們，因為你們已經學會了愛你的敵人！」

你正和愛挑剔的顧客打交道，幽默是最有效的工具。

在一個汽車展示場上，一對年輕夫婦對那輛小型汽車的價錢頗有微詞。

「這幾乎等於一輛大型汽車的價錢了。」那位丈夫抱怨道。

銷售員說：「當然，如果您喜歡大車的話，同樣的價錢，我可

以賣給您兩台大型拖拉機。」

　　社會的需求是多方面的，工作的種類也是五花八門的。不管你從事什麼樣的工作，都請用輕鬆愉悅的態度去面對挑戰。

● 用幽默來代替批評

　　如果我們以尖刻的批評去說一位工作處理不好的同事，就會造成失敗的局面。那位同事會失去他的自信心，而我們會失去他的信任，得不到成功的合作。但是，如果「以對方為中心」去瞭解他人，卻可以打開溝通的管道。

　　憑幽默的力量來成功，以建議的方式來代替批評。對工作出了毛病的問題，和你的同事一起笑吧，那麼你和你的同事就都贏了。更甚於此，你的同事會因此覺得能自由自在地與你一同笑。有一位經理對手下的職員說：「我需要這進度報表的五份影印本，馬上就要。」

　　這位職員按下影印機的按鈕，立時，二十五份複印本馬上就滾了出來。

　　「我不要二十五份。」經理大聲說。

　　於是這位職員笑著說：「對不起，但是你已經得到了那麼多！」

　　然後他倆爆出一陣笑聲，笑那影印機沒有人性。

　　這位職員以輕鬆的反應來舒解緊張的氣氛，並且贏得上司接納了她在嚴肅與趣味之間巧取的平衡。

　　當然，她的上司也贏了。他以更為輕鬆的心情，瞭解到了自己忽視了一個與其他部門做更好溝通的機會。多出來的二十份複印本，可以用來幫助其他的部門經理瞭解他這個部門在做些什麼。

　　當問題發生在公司與客戶之間的關係上時，幽默也能發揮出雙方都贏的作用。

客戶的過期帳單堆得愈來愈高時，通常就成了急需解決的問題。這個客戶如果是老客戶，又是大客戶，這問題多半由上面──公司老闆親自處理。

「你知道，艾迪，我們很感謝你與我們的交易，」老闆可能會在約客戶午餐或是晚餐時這樣說：「但是你的賬單到現在已經過期十個月了。可以說，我們照顧你已經比你母親照顧你還要久了。」

問題可能就此解決，感謝這位老闆能對問題做趣味的解釋。

幽默地協調同事關係

過去人們常說僕人眼中無偉人，同樣，在同事眼裡也無完人。你的同事身上是有這樣或那樣的毛病，這很正常，就像在你自己身上也有著各式各樣的毛病一樣。在現代職場上，你不能對自己的同事有太高的期望，因為大家畢竟都是凡人。如果你在同事身上看到有陽光的一面，那在他身上必然會有陰暗的一面。相反，如果你不幸地看到了同事身上的陰暗面，那也並不代表他們沒有陽光的一面。

所以，你對人要寬容一些，要學會接受期待與現實之間的落差。

不過，還是有很多人只是看到同事身上的小缺點，而對同事的優點視而不見。抓住同事的缺點進行諷刺挖苦的作法就要不得。

同事之間分成兩種：處得好的與處得不好的。

通常，不好的原因不是真的處不好，而是沒機會處得好。你看短短沒幾步距離的其他部門同仁，只因為辦公室隔間，就難得有說話的機會，而且部門之間還會因為利益上的衝突，而推演到個人行為。

各部門要各司其職，所以失去了交往的機會。就像電腦部的人老認為我在拖稿，害他不能準時發電子報。有一次我們電腦壞

了，當然要找電腦部的人來修理，他覺得我們很煩，好像一天到晚故意要「弄壞」電腦似的，十分不情願地過來之後，摸摸電腦，沒有打算修的意思，還撇下一句就走人：「電腦壞了別老叫我修行不行！」

這句話真是經典的黑色幽默：電腦壞了不找電腦部修，那公司請你來幹麼？我們幾個聽得目瞪口呆，此話真是荒謬絕倫，引得眾人哈哈大笑。

還有一些可大可小的麻煩事，諸如打探隱私、薪水、辦公室戀情等。對於我們不喜歡的人，可以不假辭色，但我們不能因為這些事傷了和氣，於是應對的技巧便很重要。

「你說對了，我的確和辦公室的某個人在一起，昨天帶老闆的兒子去用餐被別人看到了，事情就是這樣。」（老闆的兒子只有十歲。）

「我的薪水夠我買『雙B』：Bread和Beer（麵包和啤酒）。」

同事之間不一定常劍拔弩張，有時也會互相玩一些幼稚的把戲，例如感情好的同事就會互相幫忙，像是過濾不想聽的電話時，只要打個手語、寫張字條給我們，我們就立即撥另一支分機讓它響，並大叫「××，老闆找你」或「你的客戶找你」，保證能順利脫困。

偶爾我們會打桌上的分機，佯裝主管祕書找某位同事，等那位同事傻傻地去找主管時，我們便在一旁偷偷竊笑，很像上學時玩的幼稚把戲。當然，我聽過最有趣的笑話，都是同事告訴我的。

● 辦公室裡好人緣幽默術

幽默是一種最生動的語言表達手法，與幽默的人相處，談話是一件非常有趣的事。在工作中遇到難題，如果這時以幽默調節，事情就可能很快得以解決。如果你需要幽默的力量來改善同事們的工

作態度，你可以利用幽默的妙語來表明你的觀點。

我們如果不能領略到別人的幽默對自己的裨益，也就不太可能以自己的幽默來激勵別人。為了表現我們重視別人所帶來的好處，應該時時保持樂觀的態度，同別人一起歡樂。

一位男士對即將結婚的女同事打趣地說：「你真是捨近求遠。公司裡有我這樣的人才，你竟然沒發現！」他的女同事開心地笑了。

對上面這位男士的玩笑，女同事沒有說他輕浮，反而感激他的友誼和欣賞。笑的熱流流淌在兩性之間，總是使人覺得彌足珍貴！當同事期望太多、要求太多之時，我們還是可以用幽默表達我們不同的意見。

使用幽默語言的人，大都有溫文爾雅的語氣、親切溫和的處事態度。這樣的幽默才使人感到輕鬆自然。

如果你已經利用幽默力量來幫助你取得成功，你也就能對挫折一笑置之，坦然開同事的玩笑，並且關心他們，更重要的是以輕鬆的心情面對自己，而以嚴肅的態度面對自己的新角色。

四、不妨幽老闆一默

上司與下屬的關係，首先是一種領導與被領導的關係，但是除此之外，雙方還應該建立友愛合作的關係。作為一個下屬，在恰當的時間、場合和上司開一個富有幽默情趣的玩笑，在作好同上司的關係方面，可以收到非常好的效果。

● 用幽默拉近與上司的距離

所謂「以下犯上」，就是指在對幽默藝術的理解和應用上具有了推而廣之的性質。這種「以下犯上」的幽默藝術在具體的處理上所表現出的構成方式，就是改變了以往幽默形式上的同輩或者平等

關係的性質，而在上下級之間進行的幽默。這種幽默的特點就是：在級別、官職、權力上形成客觀的劃分；第二，就是在「犯」上作文章。這個「犯」字在方式上有「冒犯」、「輕瀆」等性質，但在內容上卻抽掉了裡面的侵犯性內容，帶有了更多的調侃、自嘲、戲謔等幽默性成分。也就是這種語言藝術，具有了調整上下級關係向著更為親和的方向發展的性能。當然，以下犯上的幽默不以冒犯上級的人格尊嚴為前提。

我們看到許多人與主管的關係由於種種原因而僵硬甚至緊張，而另一些人則與主管的關係非常融洽，敢於開主管的玩笑而不得罪主管。這就不能不說是一種特別的語言藝術了。

美國總統常常是美國人開玩笑的對象。玩笑涉及到他的生活細節、個性特色以及他的政府方針、政績與紕漏。國父華盛頓在美國歷史與美國人心目中擁有無可爭議的地位，但也有人去用幽默的語言去「犯」這位神一樣的英雄。有人在描述華盛頓的語言風格的時候，曾說：「喬治‧華盛頓還是當將軍的時候，就像《舊約》裡的耶和華，命令太陽和月亮靜止不動，日月竟然能夠服從於他！」這種富有幽默感的描述，就把華盛頓的語言特色中的果斷、勇敢、霸氣傳達出來。

所以，我們在理解「以下犯上」的幽默的時候，就應該對它的處理方式更加廣泛地理解。上面的例子說明，「以下犯上的幽默」也可以為第三者去描述自己的上級。

美國總統柯立芝就曾因為自己的沉默和嚴謹而被人用幽默的方式「犯」過。有一次他去華盛頓國家劇院觀看戲劇演出。當看到一半的時候，他就有些瞌睡了。演員馬克停下歌唱，走到他前面，喊道：「喂，總統先生。是不是到了您睡覺的時間了？」總統睜開眼睛，四下裡望望，意識到這話是衝著自己來的。他站起來，微笑著說：「不。因為我知道我今天要來看您的演出，所以高興的一夜沒

睡好，請繼續唱下去。」

這則幽默對話，表現了演員的直言不諱，也表現了總統的幽默感。演員根本沒有開罪總統，相反，倒成了總統的好朋友。由此可見：以下犯上的幽默使用得適度，又在適當的時候，往往起到特別的效果：既改變相互的關係，又能贏得理解和信任。

透過這個例子，我們可以更好地瞭解這種幽默的構成特色。那就是：下級出其不意地用比較「衝」的語氣或者溫和的語氣向上級詰難或者質問，當然，這種「衝」絕對沒有冒犯主管尊嚴的成分，僅是對他當時當地態度的一種反應。實際上我們看到，這是變相地使主管擁有一次表現自己幽默感的機會。先把對方拉進來，然後二者同時跳出去，皆大歡喜。

這種幽默方式，排除了由於職位、級別等權力因素在個人心理上造成的重壓，然後，走向一種共同的幽默。

所謂的幽默感並不是說不由正道，而是能夠透視事物的正反兩面。

因為在所有的職業中，並非一下子就能找到能夠完全發展我們才能的合適職位。當我們尚不能一展長才而被認定為新手時也用不著在意。

如果你能夠微笑著說話，你的老前輩必也會露出會心的一笑吧！而就在你表現出沉著不慌張的大家風範，且前輩又似乎對你放鬆敵意時，正好有機會使他對你改變以往你是公司內新手的舊觀念。

● 為自己的錯誤辯解

每個人都會碰到一些尷尬的問題和失誤，這時候就需要一些辯解的技巧來巧妙地化解。

1.「強詞奪理」

阿才在一家大的外商公司工作。他經常在上班時間去理髮店理髮，這是違反公司規定的，公司規定職員必須在下班時間才能理髮。

一天，當阿才正在理髮店理髮的時候，公司經理也來理髮。阿才看見經理，急忙低下頭，藏起臉，想躲過經理。可是經理卻坐在他旁邊的位置上，很快認出了他。

「喂，阿才，」經理說，「你怎麼在上班時間理髮？」

「是，經理。」阿才說，「您看，我的頭髮是在上班時間長的。」

「不完全是，」經理馬上說，「有些是在你下班時間長的。」

「是的，經理，您說得很對。」阿才禮貌地回答，「但是，我現在只剪上班時長的那部分。」

不論其行為正確與否，單就這種「強詞奪理」的幽默對答就表現出阿才的信心與機智。他知道，與自己的老闆開個玩笑是在當時情況下最好的處理方式，相比之下，任何解釋和辯解都將顯得蒼白無力。

2. 借用別人的謊言

一天，指揮官在晨操前點名，發現有九名士兵還未回軍營，大發雷霆。直到下午六點，第一個士兵才搖大擺地走回營房。

「很抱歉，長官，」那個士兵解釋說：「我因有約會，誤了時間。回來又錯過了搭車，但我還是下決心趕回，於是租了一輛馬車。誰知在途中那匹馬突然死去，我還是步行了十多里路趕了回來。」

軍官聽了，滿腹猜疑，但還是原諒了他。然而跟著之後，接連回來七個士兵都是這樣說。

當最後一個士兵回來的時候，軍官早已忍耐不住，手扠腰吼道：「你又發生了什麼事呢？」當士兵正欲報告時，軍官大動肝火咆哮道：「夠了，不要再告訴我馬死了。」

「不，長官，」士兵振振有詞地說：「馬並沒有死，麻煩的是路上躺著八匹死馬，我的馬車根本沒法通過。」

3. 順水推舟

傳說漢武帝晚年很希望自己長生不老。

一天，他對侍臣說：「相書上說，一個人鼻子下面的『人中』越長，壽命就越長，『人中』長一寸，能活百歲，不知是真是假？」

東方朔聽了這話，知道皇上又在做長生不老之夢了。皇上見東方朔似有譏笑之意，面有不悅之色，喝道：「你怎麼敢笑話我？」

東方朔脫下帽子，恭恭敬敬地回答：「我怎麼敢笑話皇上呢？我是在笑彭祖的臉太難看了。」

漢武帝問：「你為什麼笑彭祖呢？」

東方朔答：「據說彭祖活了八百歲，如果真像皇上剛才說的，『人中』就有八寸長，那麼，他的臉不是有丈把長了嗎？」

漢武帝聽了，也哈哈大笑起來。

在這個故事中，東方朔以幽默的語言，用笑彭祖的辦法來諷刺漢武帝的荒唐，批駁得機智含蓄，風趣詼諧，令正在發怒的皇上也不禁哈哈大笑起來，很愉快地接受了這種批駁。

● 讓上司樂於接受你的批評

有這樣一個笑話：我國古時候，有一個縣官很喜歡附庸風雅，儘管畫技不佳，但興致很大。他畫的虎不像虎，反而像貓。並且，他還每畫完一幅作品，都要在廳堂內展出示眾，讓眾人評說。大家

只能說好話，不能說不好聽的話，否則，就要遭受懲罰，輕則挨打，重則流放他鄉。

有一天，縣官又完成了一幅「虎」畫，懸掛在廳堂，又召集全體衙役來欣賞。

縣官得意地說：「各位瞧瞧，本官畫的虎如何？」

眾人低頭不語。縣官見無人應答，就點了一個人說：

「你來說說看。」

那人戰戰兢兢地說：

「老爺，我有點怕。」

縣官：「怕，怕什麼？別怕，有老爺我在此，怕什麼？」

來人：「老爺，你也怕。」

縣官：「什麼？老爺我也怕？那是什麼，快說！」

來人：「怕天子。老爺，你是天子之臣，當然怕天子呀！」

縣官：「對，老爺怕天子，可是天子什麼也不怕呀！」

來人：「不，天子怕天！」

縣官：「天子是天老爺的兒子，怕天，有道理。好！天老爺又怕什麼？」

來人：「怕雲，雲會遮天。」

縣官：「雲又怕什麼？」

來人：「雲怕風。」

縣官：「風又怕什麼？」

來人：「風又怕牆。」

縣官：「牆怕什麼？」

來人：「牆怕老鼠，老鼠會打洞。」

縣官：「那麼，老鼠又怕什麼呢？」

來人：「老鼠最怕牠！」來人指了指牆上的畫。

新來的差役沒有直接說縣太爺畫的虎像貓，而是從容周旋，藉

題發揮，繞彎子似的達到了批評的目的。

在我們的日常工作、生活中，也經常會碰到類似的問題，明明發現自己的上司有明顯的錯誤，卻又不方便直接面刺其過。這時候，我們就需要開動大腦這台機器，用巧妙的語言技巧，委婉地指出上司的失誤之處，讓上司很樂意接受你的正確意見。這樣既保全了上司的面子，又達到了目的。

附錄

史蒂芬‧賈伯斯對史丹福畢業生演講全文
Stay Hungry, Stay Foolish

求知若渴，虛心若愚
（Stay Hungry , Stay Foolish）

今天，很榮幸來到各位從世界上最好的學校之一畢業的畢業典禮上。我從來沒從大學畢業過，說實話，這是我離大學畢業最近的一刻。

今天，我只說三個故事，不談大道理，只講三個小故事就好：第一個故事，是關於人生中的點點滴滴如何串連在一起。

我在里德學院（Reed College）待了六個月就辦休學了。到我退學前，一共休了十八個月。那麼，我為什麼休學？（聽眾笑）

這得從我出生前講起。

我的親生母親當時是個研究生，年輕未婚媽媽，她決定讓別人收養我。她強烈地覺得應該讓有大學文憑的人收養我，所以我出生時，她就準備讓我被一對律師夫婦收養，但是這對夫妻到了最後一刻反悔了，他們想收養女孩。所以在等待收養名單上的另一對夫妻，我的養父母，在一天半夜裡接到一通電話，問他們：「有一名意外出生的男孩，你們要認養他嗎？」而他們的回答是「當然要」。後來，我的生母發現，我的養母並沒有大學文憑，我的養父

則連高中也沒有畢業。她因此拒絕在認養文件上做最後簽字。直到幾個月後，我的養父母保證將來一定會讓我上大學，她的態度才軟化。

十七年後，我上大學了。當時的我無知地選了一所學費幾乎跟史丹福一樣貴的大學（聽眾笑），我那工人階級的父母將所有的積蓄都花在我的學費上。六個月後，我看不出唸這個書的價值何在。那時候，我不知道這輩子要幹什麼，也不知道唸大學能對我有什麼幫助，只知道我為了唸大學，花光了我父母這輩子的所有積蓄，所以我決定休學，相信船到橋頭自然直。

當時這個決定看來相當可怕，可是現在看來，那是我這輩子做過最好的決定之一。（聽眾笑）

當我休學之後，我再也不用上我沒興趣的必修課，而能把時間拿去聽那些我有興趣的課。

這一點也不浪漫。我沒有宿舍，所以我睡在朋友家裡的地板上，靠著一點點回收可樂空罐的酬勞買吃的，每個星期天晚上得走七哩的路繞過大半個鎮去印度教的Hare Krishna神廟吃頓好料，我喜歡Hare Krishna神廟的好料。

就這樣追隨我的好奇與直覺，大部分我所投入過的事務，後來似乎都成了無比珍貴的經歷（And much of what I stumbled into by following my curiosity and intuition turned out to be priceless later on）。

舉個例來說：

當時里德學院有著大概是全國最好的書寫教育。校園內的每一張海報上，每個抽屜的標籤上，都是美麗的手寫字。因為我休學了，可以不照正常選課程序來，所以我跑去上書寫課。我學了serif

與sanserif字體，學到在不同字母組合間變更字間距，學到活字印刷偉大的地方。書寫的美好、歷史感與藝術感是科學所無法掌握的，我覺得這很迷人。

我沒預期過學這些東西能在我生活中產生任何實際作用，不過十年後，當我在設計第一台麥金塔時，我想起了當時所學的東西，所以把這些東西都設計進了麥金塔裡，這是第一台能印刷出漂亮事物的電腦。

如果我沒沉迷於那樣一門課裡，麥金塔可能就不會有多重字體跟等比例間距字體了。又因為Windows抄襲了麥金塔的使用方式（聽眾鼓掌大笑），因此，如果當年我沒有休學，沒有去上那門書寫課，大概所有的個人電腦都不會有這些東西，印不出現在我們看到的漂亮的字來了。當然，當我還在大學就讀時，不可能把這些點點滴滴預先串連在一起，但在十年後的今天去回顧，一切就顯得非常清楚。

我再說一次，你無法預先把人生中的點點滴滴串連起來；只有在未來回顧時，你才會明白那些點點滴滴是如何串聯在一起的（you can't connect the dots looking forward; you can only connect them looking backwards）。所以你得相信，眼前你經歷的種種，將來多少會連結在一起。你得信任某個東西，直覺也好，命運也好，生命也好，或者業力。這種做法從來沒讓我失望，我的人生因此變得完全不同。（Jobs停下來喝水）

我的第二個故事，是有關愛與失去。

我很幸運！年輕時就發現自己愛做什麼事。我二十歲時，跟Steve Wozniak在我爸媽的車庫裡開始了蘋果電腦的事業。我們拼命

工作，蘋果電腦在十年間從一間車庫裡的兩個小夥子擴展成了一家員工超過四千人、市價二十億美金的公司，在那事件之前一年，我們推出了最棒的作品——麥金塔電腦（Macintosh），那時我才剛邁入三十歲，然後我被解僱了。

我怎麼會被自己創辦的公司給解僱了？（聽眾笑）

嗯！當蘋果電腦成長後，我請了一個我以為在經營公司上很有才幹的傢伙來，他在頭幾年也確實做得不錯。可是我們對公司未來的願景不同，最後只好分道揚鑣，董事會站在他那邊，就這樣在我三十歲的時候，我被公開地解僱了。我失去了整個生活的重心，我的人生就這樣被摧毀了。

有幾個月，我不知道自己要做些什麼。我覺得我令企業界的前輩們失望——我把他們交給我的接力棒弄丟了。我見了創辦HP的David Packard跟創辦Intel的Bob Noyce，跟他們說：「很抱歉！我把事情給搞砸了。」我成了公眾眼中的失敗範例，我甚至想要離開矽谷。

但是漸漸的，我發現，我還是熱愛那些我曾做過的事情，在蘋果電腦中經歷的那些事絲毫沒有改變我的喜好。雖然我被否定了，可是我還是熱愛那些事情，所以我決定從頭來過。

當時我沒發現，但現在看來，被蘋果電腦開除，是我所經歷過最好的事情。成功的沉重被從頭來過的輕鬆所取代，每件事情都不那麼確定，讓我自由進入這輩子最有創意的年代。

接下來五年，我開了一家叫做NeXT的公司，又開一家叫做Pixar的公司，也跟後來的老婆（Laurene）談起了戀愛。Pixar接著製作了世界上第一部全電腦動畫電影——玩具總動員（Toy Story），現在

是世界上最成功的動畫製作公司（聽眾鼓掌大笑）。然後，蘋果電腦買下了NeXT，我回到了蘋果，我們在NeXT發展的技術成了蘋果電腦後來復興的核心部份。

我也有了一個美好幸福的家庭。

我很確定，如果當年蘋果電腦沒開除我，就不會發生這些事情。這帖藥很苦口，可是我想蘋果電腦這個病人需要這帖藥。有時候，人生會用磚頭打你的頭。不要喪失信心。我確信我愛著我所做的事情，這就是這些年來支持我繼續走下去的唯一理由（I'm convinced that the only thing that kept me going was that I loved what I did）。

你得找出你的最愛，工作上是如此，人生伴侶也是如此。

你的工作將佔據你人生的一大部分，唯一真正獲得滿足的方法就是做你相信是偉大的工作，而唯一從事偉大工作的方法是愛你所做的事（And the only way to do great work is to love what you do）。

如果你還沒找到這些事，繼續找，別停下來。盡你的全心全力去找，你知道你一定會找到。而且，如同任何偉大的事業，事情只會隨著時間愈來愈好。所以，在你找到之前，繼續找，別停下來。（聽眾鼓掌，Jobs喝水）

我的第三個故事，是關於死亡。

當我十七歲時，我讀到一則格言，好像是「把每一天都當成生命中的最後一天，你就會輕鬆自在。（If you live each day as if it was your last, someday you'll most certainly be right）」（聽眾笑）

這對我影響深遠，在過去的三十三年裡，我每天早上都會照鏡子，自問：「如果今天是我此生的最後一日，我今天要做些什

265

麼？」每當我連續好幾天都得到一個「沒事做」的答案時，我就知道我必須有所改變了。

提醒自己快死了，是我在人生中面臨重大決定時，所用過的最重要的方法。因為幾乎每件事——所有外界的期望、所有的名聲、所有對困窘或失敗的恐懼——在面對死亡時，都消失了，只有最真實、最重要的東西才會留下。（Remembering that I'll be dead soon is the most important tool I've ever encountered to help me make the big choices in life. Because almost everything - all external expectations, all pride, all fear of embarrassment or failure - these things just fall away in the face of death, leaving only what is truly important）

提醒自己快死了，是我所知道的避免掉入畏懼失去的陷阱裡最好的方法。人生不帶來、死不帶去，沒理由不能順心而為。

一年前，我被診斷出癌症。我在早上七點半做斷層掃描，在胰臟處清楚地出現一個腫瘤，我連胰臟是什麼都不知道。醫生告訴我，那幾乎可以確定是一種不治之症，預計我大概只能再活三到六個月了。醫生建議我回家，好好跟親人們聚一聚，這是醫生對臨終病人的標準建議。那代表你得試著在幾個月內把你將來十年想跟小孩講的話講完。那代表你得把每件事情搞定，家人才能盡量輕鬆。那代表你得跟所有人說再見了。

我整天都在思索那個診斷結果，那天晚上做了一次切片，從喉嚨伸入一個內視鏡，穿過胃進到腸子，將探針伸進胰臟，取了一些腫瘤細胞出來。我打了鎮靜劑，不醒人事，但是我妻子在場。她後來跟我說，當醫生們用顯微鏡看過那些細胞後，他們都哭了，因為那是非常少見的一種胰臟癌，可以用手術治好。所以我接受了手

術，康復了。（聽眾鼓掌）

這是我最接近死亡的時候，我希望那會繼續是未來幾十年內最接近的一次。經歷此事後，我可以比先前對死亡只是一種純粹的想像時，要能更肯定地告訴你們下面這些：

沒有人想死。即使那些想上天堂的人，也想活著上天堂。（聽眾笑）

但是死亡是我們共同的終點，沒有人逃得過。這是註定的，因為死亡很可能就是生命中最棒的發明，是生命交替的媒介，送走老人們，給新生代讓出道路。現在你們是新生代，但是不久的將來，你們也會逐漸變老，被送出人生的舞台。很抱歉講得這麼戲劇化，但是這是真的。

你們的時間有限，所以不要浪費時間活在別人的生活裡。不要被教條所侷限——盲從教條就是活在別人的思考結果裡。不要讓別人的意見淹沒了你內在的心聲。最重要的是，擁有追隨自己內心與直覺的勇氣，你的內心與直覺多少已經知道你真正想要成為什麼樣的人（have the courage to follow your heart and intuition. They somehow already know what you truly want to become），任何其他事物都是次要的。（聽眾鼓掌）

在我年輕時，有本神奇的雜誌叫做《Whole Earth Catalog》，當年這可是我們的經典讀物。那是一位住在離這不遠的Menlo Park的Stewart Brand發行的，他把雜誌辦得很有詩意。那是1960年代末期，個人電腦跟排版軟體都還沒出現，所有內容都是打字機、剪刀跟拍立得相機做出來的。雜誌內容有點像印在紙上的平面Google，在Google出現之前三十五年就有了：這本雜誌很理想主義，充滿新

奇工具與偉大的見解。

Stewart跟他的團隊出版了好幾期的《Whole Earth Catalog》，然後很自然的，最後出了停刊號。當時是1970年代中期，我正是你們現在這個年齡的時候。在停刊號的封底，有張清晨鄉間小路的照片，那種你四處搭便車冒險旅行時會經過的鄉間小路。

在照片下印了一行小字：**求知若飢，虛心若愚**（Stay Hungry，Stay Foolish）。

那是他們親筆寫下的告別訊息，我總是以此自許。當你們畢業，展開新生活，我也以此祝福你們。

求知若渴，虛心若愚（Stay Hungry, Stay Foolish）。

非常謝謝大家。（聽眾起立鼓掌二分鐘）

Legal Disclaimer: The information contained in this message may be privileged and confidential. It is intended to be read only by the individual or entity to whom it is addressed or by their designee. If the reader of this message is not the intended recipient, you are on notice that any distribution of this message, in any form, is strictly prohibited. If you have received this message in error, please immediately notify the sender and delete or destroy any copy of this message

崔曉麗醫師養生療法經典著作

18K大開本彩色圖解版

健康養生小百科中醫保健書系
中醫無副作用自然療法大解析
附DVD教學彩色圖解工具書

圖解特效養生36大穴
NT：300（附DVD）

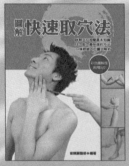

圖解快速取穴法
NT：300（附DVD）

圖解對症手足頭耳按摩
NT：300（附DVD）

圖解刮痧拔罐艾灸養生療法
NT：300（附DVD）

國家圖書館出版品預行編目資料

每個人都要會的幽默學 / 張偉祥作. -- 初　版. --
新北市：華志文化，2012.11
　　面；　　公分. --（心理勵志小百科；13）

ISBN 978-986-5936-19-8（平裝）

1. 幽默　2. 生活指導

185.8　　　　　　　　　　　　　101019552

華志文化事業有限公司

系列／心理勵志小百科 013

書名／每個人都要會的幽默學

作　　　者　張偉祥

執行編輯　林雅婷

美術編輯　黃美惠

文字校對　陳麗鳳

企劃執行　康敏才

總　編　輯　黃志中

社　　　長　楊凱翔

出　版　者　華志文化事業有限公司

電子信箱　huachihbook@yahoo.com.tw

地　　　址　116台北市文山區興隆路四段九十六巷三弄六號四樓

電　　　話　02-22341779

總經銷商　旭昇圖書有限公司

地　　　址　235新北市中和區中山路二段三五二號二樓

電　　　話　02-22451480

傳　　　真　02-22451479

郵政劃撥　戶名：旭昇圖書有限公司（帳號：12935041）

電子信箱　s1686688@ms31.hinet.net

出版日期　西元二〇一二年十一月初版第一刷

售　　　價　二八〇元

版權所有　禁止翻印

Printed in Taiwan

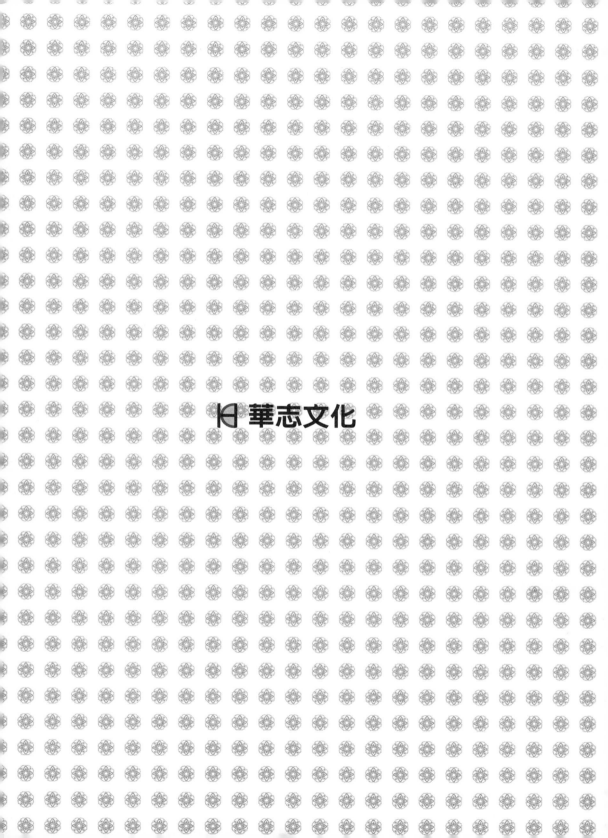

華志文化

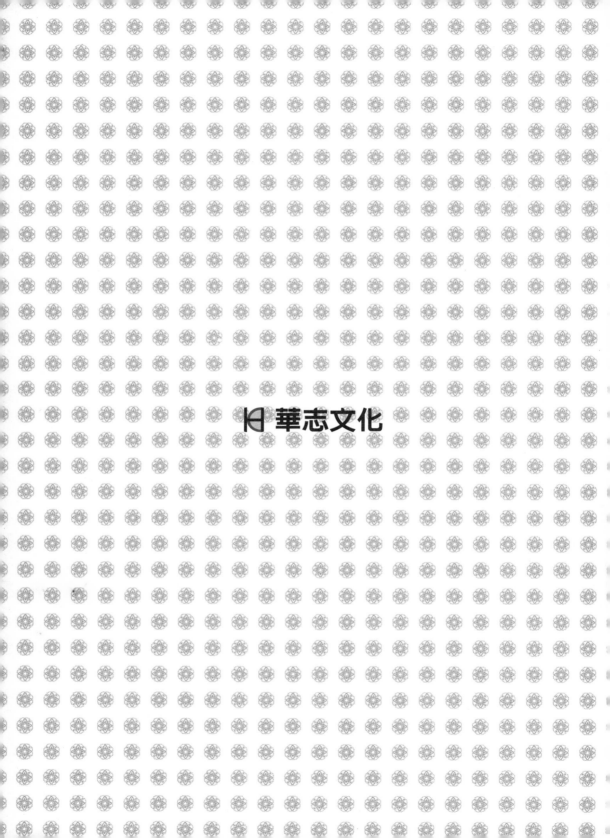

華志文化